WEITBLICK

Das große Panorama

B2

Deutsch als Fremdsprache

Kursbuch

Nadja Bajerski
Claudia Böschel
Julia Herzberger
Elisabeth Lazarou
Hildegard Meister
Anne Planz
Matthias Scheliga
Ulrike Würz (Phonetik)

Dieses Buch gibt es auch auf
www.scook.de/eb
yz7dt-nw37q

Cornelsen

WEITBLICK
Das große Panorama

Das Lehrwerk WEITBLICK Das große Panorama richtet sich an fortgeschrittene Lernende im In- und Ausland, die Deutsch für ihre Ausbildung, ihr Studium oder ihren Beruf lernen. Es führt zum Abschluss der Niveaustufen B1+ und B2 des erweiterten *Gemeinsamen europäischen Referenzrahmens* von 2019 und bereitet die Lernenden auf die B2-Prüfungen *Goethe-Zertifikat B2, telc Deutsch B2* und *ÖSD Zertifikat B2* vor. Das Lehrwerk erscheint in zwei Gesamtbänden (B1+ und B2), B2 alternativ auch in zwei Teilbänden (B2.1 und B2.2).

WEITBLICK bietet den Lernenden die Möglichkeit, die deutsche Sprache entsprechend ihren Interessen zu erleben, sie zu begreifen und sprachlich sicher zu handeln.

Erleben
Jede Lernerin und jeder Lerner bringt eigene sprachliche und persönliche Erfahrungen mit. Der plurikulturelle und mehrsprachige Ansatz, dem WEITBLICK folgt, greift diese Diversität auf und ermöglicht einen vielfältigen Austausch. Auf diese Weise regt das Lehrwerk dazu an, den eigenen Blick zu erweitern und neue Perspektiven einzunehmen.

Begreifen
So vielfältig die Lernenden selbst sind, so unterschiedlich ist ihre Motivation, Deutsch zu lernen. WEITBLICK bietet den Lernenden verschiedene Möglichkeiten, die Inhalte auszuwählen, und vermittelt Strategien zum selbstbestimmten Lernen. Darüber hinaus enthält das Lehrwerk binnendifferenzierende Aufgaben zur Wiederholung und Vertiefung des Gelernten, die eine individuelle Förderung ermöglichen.

Handeln
Das wichtigste Ziel des Sprachunterrichts ist das Handeln in der Fremdsprache. Die Lern- und Übungsphasen der einzelnen Einheiten münden in handlungsorientierte Zielaufgaben, in denen das Gelernte aktiv in authentischen, kommunikativen Kontexten angewendet wird. Kooperative Aufgaben fördern außerdem das Lernen mit- und voneinander, indem die Lernenden ein gemeinsames Ziel verfolgen und eine Aufgabe zusammen lösen.

Mit der PagePlayer-App in neue Lernwelten
Unter dem Motto *Bring Your Own Device* wird das Lehrwerk sinnvoll und zielgerichtet durch digitale Bestandteile ergänzt. Über die PagePlayer-App greifen die Lernenden mit ihrem Smartphone oder Tablet bequem auf alle folgenden digitalen Materialien zum Lehrwerk zu:
– Hörtexte und Videos,
– Erklärvideos zu Lernstrategien,
– zusätzliche Lese- und Hörtexte für kooperative Aufgaben,
– unterstützende und vertiefende Aufgaben zur Binnendifferenzierung sowie
– weiterführende Links zu ausgewählten Aufgaben.

Das Lehrwerk im Überblick
WEITBLICK B2 umfasst zwölf Einheiten und hat einen klaren, modularen Aufbau, der eine große Flexibilität in der Unterrichtsgestaltung ermöglicht. In jeder Einheit setzen sich die Lernenden mit einem übergreifenden Thema auseinander, das aus unterschiedlichen Perspektiven dargestellt wird. Diese thematische Vielfalt erlaubt einen abwechslungsreichen Unterricht und bietet differenzierte Einblicke in das Leben und die Kulturen der deutschsprachigen Länder.

Das Kursbuch

Die Vermittlung aller wichtigen Sprachhandlungen findet auf den ersten sechs Seiten jeder Einheit statt. Dieser erste Teil

- enthält vielfältige authentische Texte zu aktuellen, relevanten und lebensnahen Themen.
- trainiert alle fünf Fertigkeiten (Lesen, Hören, Schreiben, Sprechen und Hör-Sehen).
- bietet alle für die Sprachhandlungen notwendigen Werkzeuge (Wortschatz, Redemittel, Phonetik sowie grammatische Strukturen).
- vermittelt Strategien zur sicheren mündlichen und schriftlichen Textkompetenz.
- fasst die Sprachhandlungen in handlungsorientierten Zielaufgaben zusammen.

Im zweiten, modularen Teil werden die Lerninhalte vertieft. In jedem Modul stehen eine oder zwei Fertigkeiten im Fokus, die systematisch trainiert werden. Somit bieten die Module eine weitere Möglichkeit zur Binnendifferenzierung.

Das Übungsbuch

In den Übungsbuch-Einheiten finden die Lernenden zahlreiche Übungen, in denen der relevante Wortschatz, wichtige Redemittel und Strukturen geübt und vertieft sowie alle Fertigkeiten trainiert werden. Darüber hinaus gibt es Übungen und Aufgaben zur Sprachmittlung, in denen die Lernenden Textinhalte in eine andere Sprache übertragen oder zum bewussten Sprachvergleich angeregt werden. Jede Übungsbuch-Einheit schließt mit einem zweiseitigen Prüfungstraining ab, das die Lernenden auf die gängigen B2-Prüfungen vorbereitet.

Die Nummerierung im Übungsbuch spiegelt die Aufgaben des Kursbuchs wider. Dies ermöglicht eine eindeutige Zuordnung der Übungen zum Kursbuch.

Die PagePlayer-App

Mit der PagePlayer-App können alle digitalen Inhalte zum Kurs- und Übungsbuch heruntergeladen und anschließend abgespielt werden.
Die App kann kostenlos im App-Store oder auf **www.cornelsen.de/pageplayer** heruntergeladen werden.

Alle im Lehrwerk abgedruckten Icons führen zu den Inhalten in der PagePlayer-App:

🔊 Hörtext

▶️ Video

▶️ Erklärvideo zur Strategie

🌐 weiterführender Link

Y Textauswahl zur inhaltlichen Differenzierung

Y kooperative Aufgabe mit individueller Textauswahl

◉ vorbereitende oder vertiefende Übung

Alle digitalen Inhalte aus der App sowie weitere Zusatzmaterialien sind zudem online unter **www.cornelsen.de/codes** (Webcodes: B2.1 **pafuba** / B2.2 **xazewi**) verfügbar. Unter dem am Anfang jeder Einheit abgedruckten Webcode finden sich die gesammelten digitalen Inhalte zur jeweiligen Einheit. Eine Übersicht über alle Webcodes finden Sie im Umschlag dieses Buches.

Inhalt

Auf den ersten Blick

1 Der neue Kurs

a Kursspaziergang. Gehen Sie im Raum herum und sprechen Sie mit den anderen Teilnehmerinnen und Teilnehmern im Kurs. Stellen Sie einander Fragen und stellen Sie sich vor.

> *Hallo, ich heiße … Und du / Und Sie?*

> *Ich bin … und komme aus …*

b Schreiben Sie eine Aussage über sich selbst auf ein Kärtchen. Lesen Sie dann Ihre Aussage laut vor. Alle anderen, auf die die Aussage auch zutrifft, stehen auf. Vergleichen Sie: Welche Gemeinsamkeiten gibt es im Kurs?

> *Ich wohne in einer WG.*

> *Ich lerne Deutsch, weil ich Deutsch für mein Studium brauche.*

> *Ich liebe Currywurst.*

2 Weitblick – ein erster Blick ins Buch

a Kurskette. Was sieht man auf dem Bild? Beschreiben Sie es im Kurs. Jede/Jeder sagt einen Satz.

> *Im Hintergrund sieht man einen Berg. Ich glaube, das ist das Schweizer Matterhorn.*

> *Links davon gibt es einen Fallschirmspringer.*

> *Auf der rechten Seite sieht man die Berliner Mauer.*

b Arbeiten Sie in Gruppen. Welche Themen assoziieren Sie mit den verschiedenen Motiven in der Illustration? Schreiben Sie Stichwörter auf Klebezettel.

Wandern

deutsche Geschichte

c Tauschen Sie Ihre Zettel mit einer anderen Gruppe und ordnen Sie sie in der Illustration zu. Vergleichen Sie dann Ihre Ideen.

d Welche Themen kommen in Weitblick vor? Vergleichen Sie Ihre Ideen mit dem Inhaltsverzeichnis. Auf welches Thema freuen Sie sich am meisten? Warum? Tauschen Sie sich im Kurs aus.

Erwartungen und Erfahrungen

1 **Den Horizont erweitern. Was bedeutet das? Was verbinden Sie damit? Wie haben Sie bisher Ihren Horizont erweitert? Tauschen Sie sich aus. Die Wörter helfen.**

etwas Neues ausprobieren – Abenteuer erleben –
sich überraschen lassen – eine neue Sprache lernen –
eine Reise machen – Erfahrungen sammeln –
ins kalte Wasser springen – die Perspektive wechseln

> *Ich mache gern lange Reisen. Dabei habe ich schon viele interessante Menschen kennengelernt und wichtige Erfahrungen gesammelt.*

2 **Neue Erfahrungen in einer anderen Kultur**

1.02
1.03 **a** Über welche Erfahrungen sprechen die Personen? Wählen Sie A oder B, hören Sie und kreuzen Sie an.

A
Keijo Virtanen und Ana Garcia-Lopez
berichten über ihr Leben in Deutschland.

B
Ling Wi und Nicolas Dubois berichten
über ihr Leben in Österreich.

1 ○ die regionale Küche   4 ○ die Sprache / den Dialekt   7 ○ die Begrüßung
2 ○ die Wohnungssuche   5 ○ das Heimweh   8 ○ Freizeitaktivitäten
3 ○ Duzen und Siezen   6 ○ die Pünktlichkeit   9 ○ die Gastfreundschaft

b Wählen Sie eine Person aus Ihrem Hörtext. Hören Sie noch einmal und machen Sie Notizen.

1 Woher kommt sie/er? Warum lebt sie/er jetzt in Deutschland bzw. Österreich?
2 Was hat sie/er in den ersten Wochen erlebt?
3 Welche kulturellen Unterschiede oder Gemeinsamkeiten hat sie/er wahrgenommen?
4 Was hat sie/ihn in Deutschland/Österreich überrascht? Was war anders, als sie/er es erwartet hatte?
5 Was empfiehlt sie/er, um sich in Deutschland bzw. Österreich gut einzugewöhnen?

c Stellen Sie Ihre Person mithilfe Ihrer Notizen aus b in der Gruppe vor.

3 **Eigentlich wollte ich nach Hamburg gehen.**

1.04 **a** Phonetik: das Wort *eigentlich*. Hören Sie und sprechen Sie nach.
1.04 **b** In welchen Sätzen ist *eigentlich* betont?
Hören Sie noch einmal und notieren Sie.   *Satz 1, ...*

- darüber sprechen, wie man seinen Horizont erweitern kann; über Erwartungen und Erfahrungen sprechen; etwas vergleichen
- *eigentlich* als Adverb und Modalpartikel; Vergleichssätze mit Nebensatz; Phonetik: das Wort *eigentlich*

1

c Was passt: Adverb oder Modalpartikel? Lesen Sie die Regel und ergänzen Sie im Grammatikkasten.

Das Wort *eigentlich*

_____ : Ich wollte eigentlich nach Hamburg gehen. Aber das hat nicht geklappt.
Eigentlich wollte ich nach Hamburg gehen. Aber das hat nicht geklappt.

_____ : Warum sind Sie eigentlich in die Schweiz eingewandert?

Als Adverb hat eigentlich *in Aussagesätzen eine einschränkende Bedeutung. Danach folgt oft ein Satz mit* aber. *In Fragesätzen ist* eigentlich *eine Modalpartikel und drückt Interesse oder freundliche Neugierde aus. Modalpartikeln stehen immer im Mittelfeld des Satzes und sind immer unbetont.*

▶ Grammatik A 5.4

---

d Kurskette. Bilden Sie Sätze mit *eigentlich* und *aber* wie im Beispiel.

Eigentlich wollte ich nach Hamburg gehen, …

… aber dann bin ich nach Berlin gegangen.
Eigentlich wollte ich Medizin studieren, …

… aber dann …

e Kursspaziergang. Schreiben Sie eine Frage mit *eigentlich* auf ein Kärtchen. Fragen und antworten Sie zu zweit. Tauschen Sie dann Ihre Fragen und sprechen Sie mit der nächsten Person, usw.

Warum lernst du eigentlich Deutsch?

Warum lernst du eigentlich Deutsch?

Ich möchte ein Semester in Österreich studieren.

4 Am Ende ist sowieso alles anders, als man es geplant hat.

1.05 🔊 **a** Hören Sie die Sätze aus den Interviews und ergänzen Sie.

Vergleichssätze mit einem Nebensatz mit *als* oder *wie*

Die Menschen sind _____ , als viele glauben.

Am Ende ist sowieso alles anders, _____ man es geplant hat.

Die Natur und die Landschaft sind _____ , wie ich dachte.

Das ist nicht so gefährlich, _____ man denkt.

▶ Grammatik A 2.2.2 und B 2.2.9

---

b Wie war Ihr letzter Deutschkurs? Bilden Sie Vergleichssätze und sprechen Sie zu zweit.

der Kurs – die Lehrerin / der Lehrer – das Buch – die Themen –
die Grammatik – die anderen Teilnehmerinnen und Teilnehmer

Der Kurs war besser, als ich erwartet hatte.

c Und Ihre Erfahrungen? Wählen Sie ein Thema und schreiben Sie einen kurzen Text. Beantworten Sie die Fragen und benutzen Sie die Redemittel auf Seite 25.

Die erste Zeit in einem anderen Land	Die erste Zeit in einem neuen Job	Die erste Zeit an der Uni

– Welche Erwartungen hatten Sie vorher? Haben sich Ihre Erwartungen erfüllt?
– Was hat Sie überrascht? Was war anders, als Sie erwartet hatten?

1

■ über die Situation von Expats in der Schweiz sprechen; über Ein- und Auswandern sprechen; eine Zusammenfassung schreiben und überarbeiten
■ Dativ- und Akkusativobjekte im Mittelfeld des Satzes

Das Leben in einer anderen Kultur

1 Einwandern auf Zeit

a Was glauben Sie: Worum geht es in dem Artikel? Was könnten die Personen gemeinsam haben? Lesen Sie die Überschrift, sehen Sie sich die Fotos an und sammeln Sie Ideen.

Basler Nachrichten

Zwischen den Kulturen *von Henriette Kurz*

Kim Park, Masoud Hejazi und Wendy Taylor leben als Expats in der Schweiz. Alle drei sind hochqualifiziert und wurden von ihrem Arbeitgeber, einem internationalen Pharmaunternehmen, nach Basel geschickt, um für
5 einige Jahre in der Baseler Zweigstelle zu arbeiten.

Schwierigkeiten im Alltag

Kim Park ist erst vor zwei Monaten nach Basel gekommen. Sie hat sich sehr auf ihr Leben in der Schweiz gefreut. „Ein Leben in einem anderen Land ist ein großes
10 Abenteuer. Man kann spannende Erfahrungen sammeln und die Perspektive wechseln. Das finde ich interessant." Kims erstes großes Abenteuer in Basel war, eine Wohnung zu finden: „Ich habe mir die Wohnungssuche viel einfacher vorgestellt", gibt Kim zu. Aber von der hohen
15 Lebensqualität und dem vielfältigen kulturellen Angebot in Basel ist sie begeistert. „Mir gefällt es hier", sagt sie.

**Kim Park,
Informatikerin aus
Korea**

Auch Masoud Hejazi, der seit acht Monaten in Basel lebt, ist zufrieden. Trotzdem hat er sich das Leben in der Schweiz anders vorgestellt. Obwohl er Deutsch lernt,
20 hat er selten Gelegenheit, Deutsch zu sprechen. „Eigentlich muss man hier gar kein Deutsch können. Beim Fahrkartenautomaten kann man die Sprache auswählen und auf der Straße findet man immer jemanden, der Englisch spricht." In holprigem Deutsch versucht er, im
25 Café einen „Zwibelewaije", den typischen Baseler Zwiebelkuchen, zu bestellen. Die Bedienung antwortet aber gleich auf Englisch. Das frustriert ihn manchmal.

**Masoud Hejazi,
Projektmanager aus
dem Iran**

Wendy Taylor lebt schon seit zwei Jahren in Basel. Auch sie spricht in ihrem Alltag fast nur Englisch. In ihrem
30 Stadtviertel leben viele Expats. „Man bleibt unter sich", sagt sie. „Am Anfang war das auch sehr nützlich. Ich wusste nicht, wie das mit den Steuern und der Krankenversicherung funktioniert. Die Schweiz ist doch sehr bürokratisch. Da haben mir die Tipps der anderen
35 Expats sehr geholfen." Inzwischen hätte sie doch gern mehr Kontakt zu den Schweizern. „Die Schweizer sind zurückhaltender, als ich gedacht habe. Es ist nicht so leicht, hier Menschen kennenzulernen." So richtig angekommen in der Schweiz fühlt sie sich auch nach zwei
40 Jahren noch nicht.

**Wendy Taylor,
Marketingmanagerin
aus Großbritannien**

Integration kann gelingen

Die schwierige Integration und die Parallelgesellschaft, in der die Expats leben, machen auch der Schweizer Regierung und den Unternehmen Sorgen: Die Expats sol-
45 len sich zu Hause fühlen, Freunde finden, die Schweiz als zweite Heimat erleben. Deshalb gibt es inzwischen viele Programme, die den Expats die berufliche und soziale Integration erleichtern sollen. Neben normalen Sprachkursen gibt es auch Kurse, in denen man den Dialekt und
50 die kulturellen Besonderheiten lernen kann. Beratungsstellen helfen bei der Wohnungssuche, beim Eröffnen eines Bankkontos oder bei der Steuererklärung weiter. Und viele Unternehmen bieten den Expats ein großes Freizeitangebot an: Ausflüge in die Umgebung, Schiff-
55 fahrten auf dem Rhein, sportliche Aktivitäten und After-Work-Partys mit den Schweizer Kollegen.
Auch Wendy, Kim und Masoud wollen sich besser integrieren. Kim ist in die „Basler Fasnachtsgesellschaft", einen Karnevalsverein, eingetreten. Masoud hat sich in einem
60 Fitnessstudio in der Stadt angemeldet. Und Wendy geht seit Kurzem regelmäßig zu einem Basler Spielekreis, wo sie zum Beispiel „Jassen", ein typisches Schweizer Kartenspiel lernt. So haben die drei schon einige Basler kennengelernt. Noch sind keine engen Freundschaften entstan-
65 den, aber immerhin schon ein paar neue Kontakte.
Am Beispiel der drei Expats sieht man gut, wie schwierig das Ankommen in einer neuen Kultur sein kann. Um sich in einem anderen Land wohlzufühlen, braucht man nicht nur Kenntnisse über die Sprache und Kultur, son-
70 dern vor allem viel Geduld.

---

b Lesen Sie den Artikel in a und vergleichen Sie mit Ihren Vermutungen.

c Wo stehen diese Informationen? Lesen Sie noch einmal und unterstreichen Sie im Zeitungsartikel in a.

  1 Welche Unterstützungsangebote gibt es für die Expats, um sich zu integrieren?
  2 Was sind Expats?
  3 Was machen die Expats, um mehr Kontakt zu den Schweizern zu bekommen?
  4 Wie fühlen sich die Expats in Basel?
  5 Welche Schwierigkeiten haben sie?

d Beantworten Sie die Fragen aus c in Ihrem Heft.

2 Ich habe mir das Leben in Basel anders vorgestellt.

a Markieren Sie die Dativ- und Akkusativobjekte in den Sätzen im Grammatikkasten in zwei Farben.
  Was fällt Ihnen auf? Ergänzen Sie die Regel.

Dativ- und Akkusativobjekte im Mittelfeld des Satzes

1 Ich habe mir das Leben in Basel anders vorgestellt.   3 Ich habe es mir anders vorgestellt.
2 Die Firma bietet den Expats ein Freizeitprogramm an.   4 Sie bietet es den Expats sehr günstig an.

Normalerweise steht das Dativobjekt vor dem Akkusativobjekt (Satz 1 und).

Wenn das Akkusativobjekt ein Pronomen ist, steht Akkusativ vor Dativ (Satz und).

▶ Grammatik B 1.2

---

b Fragen und antworten Sie zu zweit wie im Beispiel.

  1 die Bedienung – bringen – der Gast – der Zwiebelkuchen
  2 das Unternehmen – schicken – die Mitarbeiter – das Programm
  3 der Projektmanager – weiterleiten – die Kollegin – die E-Mail
  4 sie – erklären – ihr Kollege – die Steuererklärung

> *Hat die Bedienung dem Gast den Zwiebelkuchen gebracht?*

> *Ja, sie hat ihn ihm gebracht.*

c Könnten Sie sich vorstellen, für einige Jahre in ein anderes Land zu gehen, um dort zu arbeiten oder zu studieren? Tauschen Sie sich aus.

> *Also ich würde gern mal für eine Zeit zum Studium nach … gehen. Dort gibt es sehr gute Unis.*

3 Strategietraining: eine Zusammenfassung schreiben und überarbeiten

a Was ist bei einer Zusammenfassung wichtig? Sehen Sie das Strategievideo und machen Sie Notizen.
b Schreiben Sie mithilfe der Redemittel eine Zusammenfassung des Zeitungsartikels in 1a.

  – Nennen Sie in der Einleitung das Thema.
  – Benutzen Sie für den Hauptteil Ihre Informationen aus 1c und d.
  – Fassen Sie im Schlussteil die Meinung der Autorin zusammen.

---

einen Text zusammenfassen
In dem Zeitungsartikel geht es um … / Der Zeitungsartikel handelt von …
Im ersten/zweiten/… Teil berichtet die Autorin von …
Dann/Danach/Anschließend argumentiert die Autorin … / Zum Schluss …
Die Autorin ist der Meinung, dass … / Sie findet/meint/kritisiert, dass …

▶ Redemittel S. 25

---

c Haben Sie alle Tipps berücksichtigt? Sehen Sie das Video zum Strategietraining noch einmal und überprüfen bzw. überarbeiten Sie Ihren Text.

1

■ Personen beschreiben; über den ersten Eindruck sprechen; über Unterschiede in Selbst- und Fremdwahrnehmung sprechen;
ein Erklärvideo über Stereotype und Vorurteile verstehen; über Stereotype und Vorurteile sprechen
■ Perfekt: *lassen, sehen, hören*; Phonetik: Wortakzent

Vorurteile überwinden

1 Aussehen und Charaktereigenschaften

a Welche Adjektive beschreiben das Aussehen, welche den Charakter einer Person? Machen Sie zwei Listen.

kreativ – freundlich – spießig – fleißig – langweilig – aggressiv – gepflegt – selbstbewusst – nachdenklich –
ruhig – hübsch – offen – optimistisch – blond – unsicher – sportlich – ängstlich – zuverlässig – naiv –
ehrgeizig – elegant – neugierig – temperamentvoll – muskulös – vernünftig – eitel – arrogant – humorvoll –
perfektionistisch – altmodisch – schüchtern

b Phonetik: Wortakzent. Wo liegt der Wortakzent? Lesen Sie die Adjektive aus a laut und machen Sie eine
Tabelle in Ihrem Heft.

auf der 1. Silbe	auf der 2. Silbe	auf der letzten Silbe	an anderer Stelle
freundlich, ...	*gepflegt, ...*	*kreativ, ...*	*optimistisch, ...*

1.06 c Hören Sie, markieren Sie den Wortakzent in a und sprechen Sie leise mit. Vergleichen Sie mit Ihrer Tabelle.

d Auf welcher Silbe liegt der Wortakzent meistens? Welche Ausnahmen gibt es? Tauschen Sie sich aus.

e Sprechen Sie die Adjektive aus a abwechselnd zu zweit. Zeigen Sie den Wortakzent mit einer Hand-
bewegung.

2 Der erste Eindruck

a Was finden oder glauben Sie: Wie sind die Personen auf dem Foto? Notieren Sie Ideen zu den Stichwörtern.

Aussehen	Beruf	Interessen	Charakter

A Leonie Hilbert   B Hannes Makowski   C Eva-Maria Hünig

b Vergleichen Sie Ihre Ideen aus a in Gruppen. Unterscheiden sich Ihre Eindrücke? Tauschen Sie sich aus.

> *Ich finde, Hannes Makowski sieht ein bisschen gefährlich aus.
> Ich könnte mir vorstellen, dass er als Türsteher in einem Club arbeitet.*

> *Wirklich!? Ich finde, er sieht sehr
> freundlich aus. Vielleicht ...*

1.07 c Was wurde in dem Experiment untersucht? Hören Sie den Anfang der Radiosendung und sprechen
Sie im Kurs.

1.08
1.09 d Arbeiten Sie zu dritt. Wählen Sie jeweils eine Person aus a. Hören Sie das passende Interview
1.10 (A, B oder C) und machen Sie Notizen zu den Fragen.

1 Welchen Beruf hat sie/er?
2 Welche Hobbys und Interessen hat sie/er?
3 Wie wird sie/er von anderen wahrgenommen?

4 Warum wird sie/er so wahrgenommen?
5 Wie beschreibt sie/er sich?

e Stellen Sie Ihre Person mithilfe Ihrer Notizen aus d
in der Gruppe vor und vergleichen Sie mit Ihren
eigenen Ideen aus a.

> *Ich habe das Interview mit Leonie Hilbert gehört.
> Sie hat erzählt, dass ... Das hat mich überrascht.
> Ich hatte erwartet, dass ...*

1.11 🔊 **f** Wie ist das Perfekt? Hören Sie Sätze aus den Interviews und ergänzen Sie.

Perfekt: *lassen, sehen, hören*

Danach *hat* sie mich in Ruhe *gelassen* .

Die Leute _____ mich einmal _____ und haben sofort …

Ich _____ schon immer gern solche Musik _____ .

Ich _____ mir vor Kurzem ein neues Piercing _____ .

Der Kollege der anderen Firma _____ mich _____ …

Als er mich so _____ _____ _____ , war er sehr überrascht.

Perfekt von lassen/sehen/hören *mit einem zweiten Verb:*
haben *(konjugiert)* + *Infinitiv* + lassen/sehen/hören *(Infinitiv).*
Im Nebensatz stehen drei Verben am Satzende:
haben *(konjugiert)* + *Infinitiv* + lassen/sehen/hören *(Infinitiv).*

▶ Grammatik A 1.1.3

---

g Fragen und antworten Sie zu zweit mit *sehen* oder *hören*. Benutzen Sie die Verben aus dem Kasten.

Klavier spielen – reinkommen – singen – streiten – arbeiten – Fußball spielen – schnarchen

Hast du mich gehört?

Ja, ich habe dich Klavier spielen hören.

3 Stereotype und Vorurteile

a Der erste Eindruck täuscht. Was ist damit gemeint? Stimmen Sie zu? Diskutieren Sie.

Vielleicht bedeutet es, dass man einen Menschen nicht nach seinem Aussehen beurteilen soll.

▶️ **b** Was wird im Video zum ersten Eindruck gesagt? Sehen Sie das Video und vergleichen Sie mit Ihren Ideen aus a.

▶️ **c** Welche Definition passt? Sehen Sie das Video noch einmal und ordnen Sie die Begriffe zu.

ein Vorurteil – eine Kategorie – ein Stereotyp

1	2	3
eine Klasse oder Gruppe, in die man Dinge oder Personen wegen bestimmter gemeinsamer Merkmale einordnet	ein vereinfachendes, verallgemeinerndes und festes Bild von Personen oder Gruppen	eine feste, oft negative Meinung über Personen oder Gruppen, über die man nicht viel weiß

▶️ **d** Welche Beispiele für Kategorienbildung, Stereotype und Vorurteile werden genannt? Sehen Sie das Video noch einmal und notieren Sie.

e Welche Stereotype oder Vorurteile über Deutsche, Österreicher oder Schweizer kennen Sie? Sind sie Ihrer Erfahrung nach wahr oder falsch?

über Stereotype und Vorurteile sprechen
Ich habe schon oft gehört, dass … / Manche Leute sind der Meinung, dass …
Aber das ist Quatsch. / Aber das stimmt nicht. / Das ist ein Stereotyp/Vorurteil.
Ein Vorurteil gegenüber Deutschen/Österreichern/Schweizern/… ist, wenn man sagt …
Es gibt viele Stereotype über Deutsche/Österreicher/Schweizer/… Zum Beispiel: …

▶ Redemittel S. 25

1

■ einen literarischen Text verstehen; über Eitelkeit sprechen; sich unbekannte Wörter erschließen; einen Tagebucheintrag /
ein alternatives Ende schreiben

Frauen sind eitel. Männer? Nie!

1 Eitelkeit

a *Frauen sind eitel. Männer? Nie –!* Das ist der Titel einer Kurzgeschichte von Kurt Tucholsky aus dem
Jahr 1928. Würden Sie dem Satz zustimmen? Warum (nicht)? Sprechen Sie im Kurs.

> Ich würde schon sagen, dass das stimmt.

> Ich finde, das ist ein Vorurteil. Ich kenne viele eitle
> Männer, die stundenlang vor dem Spiegel stehen.

b Ist der Mann eitel? Warum (nicht)? Lesen Sie den ersten Teil der Geschichte und tauschen Sie sich aus.

Frauen sind eitel. Männer? Nie –!

Das war in Hamburg [...] und es war vor dem
dreiteiligen Spiegel. Der Spiegel stand in
einem Hotel, das Hotel stand vor der Alster,
der Mann stand vor dem Spiegel. Die Morgen-
5 Uhr zeigte genau fünf Minuten vor halb zehn.

[...] Männer sind nicht eitel. Frauen sind es.
Alle Frauen sind eitel. Dieser Mann stand vor
dem Spiegel, weil der dreiteilig war und weil
der Mann zu Hause keinen solchen besaß.
10 Nun sah er sich [...] mit dem Hängebauch im
dreiteiligen Spiegel und bemühte sich, sein
Profil so kritisch anzusehen, wie seine egoisti-
sche Verliebtheit das zuließ ... eigentlich ...
und nun richtete er sich ein wenig auf –
15 eigentlich sah er doch sehr gut im Spiegel aus,
wie –? Er strich sich mit gekreuzten Armen
über die Haut [...] und bei dieser Betätigung
sah sein linkes Auge ganz zufällig durch die
dünne Gardine zum Fenster hinaus. Da stand
20 etwas.

Es war eine enge Seitenstraße, und gegenüber, in gleicher Etagenhöhe, stand an einem
Fenster eine Frau, eine ältere Frau, schien's,

die hatte die [...] Gardine leicht zur Seite ge-
25 rafft [...] und sie stierte, starrte, glotzte, äugte
auf des Mannes gespiegelten Bauch. Allmäch-
tiger.[1] Der erste Impuls hieß[2] den Mann vom
Spiegel zurücktreten, in die schützende Weite
des Zimmers, gegen Sicht gedeckt. So ein Frau-
30 enzimmer[3]. Aber es war doch eine Art Kompliment [...] Der Mann wagte sich drei Schritt vor.

Wahrhaftig[4]: Da stand sie noch immer und
äugte und starrte. Nun – man ist auf der Welt,
um Gutes zu tun [...] – heran an den Spiegel,
35 heran ans Fenster! Nein. Es war zu schehnier-
lich[5] ... der Mann hüpfte davon, wie ein junges
Mädchen, eilte ins Badezimmer und rasierte
sich mit dem neuen Messer, das glitt sanft
über die Haut wie ein nasses Handtuch, es
40 war eine Freude. Abspülen [...] , nachwaschen,
pudern ... das dauerte gut und gern seine
zehn Minuten. Zurück. Wollen doch spaßes-
halber einmal sehen –.

Sie stand wahr[6] und wahrhaftig noch immer
45 da; in genau derselben Stellung wie vorhin
stand sie da [...]

[1] *Großer Gott!* (Ausruf); [2] hier: *ließ*; [3] altmodisch: *Frau*; [4] *tatsächlich, wirklich*; [5] normalerweise: *genierlich = peinlich*; [6] hier: *wirklich*

2 Strategietraining: sich unbekannte Wörter erschließen

a Lesen Sie die Geschichte in 1b noch einmal und unterstreichen Sie alle Wörter, die Sie verstehen.
b Was könnten die markierten Wörter in 1b bedeuten? Arbeiten Sie in Gruppen und sammeln Sie Ideen.
Die Fragen helfen.

– Welche Informationen gibt der Satz (der Kontext), in dem das Wort steht?
– Zu welcher Wortart (Nomen, Verb, Adjektiv usw.) gehört das Wort? Oder könnte das Wort ein
Name sein (von einer Person, einem Ort ...)?
– Ist das Wort ein Kompositum (ein zusammengesetztes Wort)? Kennen Sie eventuell schon einen Teil
des Wortes?
– Kennen Sie ähnliche Wörter, die zur gleichen Wortfamilie gehören?
– Kennen Sie Wörter in einer anderen Sprache, die so ähnlich klingen?

„… und sie stierte, starrte, glotzte, äugte gerade auf des Mannes gespiegelten Bauch."

Das sind alles Verben. Sie stehen im Präteritum. Das sieht man an der Endung „te".

Wahrscheinlich bedeuten die Verben alle das Gleiche.

Ich glaube, sie bedeuten alle „sehen". Das passt zum Satz: Sie sah auf den Bauch des Mannes.

Das denke ich auch: mich erinnert „starren" an „staring" im Englischen.

Ja, das kann sein, „äugen" kommt vielleicht von „Auge".

c   Schlagen Sie die Wörter im Wörterbuch nach und überprüfen Sie Ihre Vermutung.

d   Textsurfen. Eine Person steht auf und beginnt, an einer beliebigen Stelle den Text laut vorzulesen. Die anderen versuchen, die richtige Stelle zu finden, um mitzulesen. Wer die Stelle gefunden hat, steht auch auf und liest laut mit. Lesen Sie gemeinsam, bis alle stehen. Spielen Sie drei Runden.

e   Wer? Wo? Was? Lesen Sie die Geschichte in 1b noch einmal und notieren Sie die wichtigsten Informationen. Fassen Sie die Geschichte dann mit eigenen Worten zusammen.

In Tucholskys Kurzgeschichte geht es um einen Mann, der …

3 Ein überraschendes Ende

a   Was glauben Sie: Wie könnte die Geschichte weitergehen? Sammeln Sie Ideen.

b   Lesen Sie das Ende der Geschichte und vergleichen Sie mit Ihren Ideen. Wie finden Sie das Ende? Tauschen Sie sich aus.

Der Mann ging nun überhaupt nicht mehr vom Spiegel fort. […] [E]r bürstete sich und legte einen Kamm von der rechten auf die
50 linke Seite des Tischchens; er schnitt sich die Nägel und trocknete sich ausführlich hinter den Ohren, er sah sich prüfend von der Seite an, von vorn und auch sonst … ein schiefer Blick über die Straße: die Frau, die Dame, das
55 Mädchen – sie stand noch immer da. […]

[E]r zog die Gardine zurück und öffnete mit leicht vertraulichem Lächeln das Fenster. Und sah hinüber. Die Frau war gar keine Frau. Die Frau […] war – ein Holzgestell mit einem
60 Mantel darüber, eine Zimmerpalme und ein dunkler Stuhl.
[…] Frauen sind eitel. Männer –? Männer sind es nie.

c   Wählen Sie eine Aufgabe und schreiben Sie einen Text.

A   Schreiben Sie einen Tagebucheintrag aus der Perspektive des Mannes. Wie fühlt er sich? Was denkt er über die Situation?

B   Schreiben Sie ein alternatives Ende für die Geschichte.

1

■ über Alltagskulturen und kulturelle Stereotype sprechen; über transkulturelle Kommunikationsschwierigkeiten und Missverständnisse sprechen

Wenn sich Kulturen begegnen

1 Kulturelle Stereotype

a Welche Begriffe passen Ihrer Erfahrung nach zum Alltag in Ihrer eigenen Kultur? Welche passen Ihrer Meinung nach zur Alltagskultur in den deutschsprachigen Ländern? Schreiben Sie zwei Listen.

Alltagskultur in ...
- Humor (auch in schwierigen Situationen macht man Witze)

Alltagskultur in D-A-CH
- Freundlichkeit (die Menschen sind höflich und hilfsbereit)
- Verschlossenheit (schwierig, Freunde zu finden)

b Welche Gemeinsamkeiten oder Unterschiede sehen Sie zwischen den Alltagskulturen in deutschsprachigen Ländern und in Ihrer Heimat? Stellen Sie Ihre Listen in der Gruppe vor.

> Bei uns in … legt man viel Wert auf Zuverlässigkeit. Das haben wir mit den Deutschen gemeinsam. Aber beim Humor gibt es viele Unterschiede. Ich finde, wir sind humorvoller als die Leute in Deutschland.

c Unterscheiden sich Ihre Wahrnehmungen von den Alltagskulturen in den deutschsprachigen Ländern? Was glauben Sie: Warum ist das so? Vergleichen Sie Ihre Listen in der Gruppe und diskutieren Sie.

> Ich habe die Erfahrung gemacht, dass die Deutschen sehr lustig sein können. Vielleicht gibt es ja einen Unterschied zwischen jüngeren und älteren Menschen.

d Welche Gruppen oder „Kulturen" können einen Menschen beeinflussen? Lesen Sie die Definition und notieren Sie. Sammeln Sie weitere Ideen in der Gruppe. Vergleichen Sie dann Ihre Ergebnisse im Kurs.

Transkulturalität ist ein Konzept, das annimmt, dass „Kulturen" keine geschlossenen Systeme sind, sondern sich flexibel verändern können. Nach diesem Konzept sind Menschen nicht nur durch ihre Nationalkultur geprägt. Jeder Mensch gehört zu vielen verschiedenen Gruppen und „Kulturen" (z. B. die Familie, die Firma, der Sportverein oder eine religiöse Gruppe), die ihn beeinflussen.

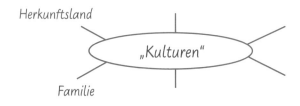

2 Transkulturelle Kommunikationsschwierigkeiten

a Arbeiten Sie in Gruppen. Wählen Sie eine Situation und diskutieren Sie die Fragen.

– Was ist hier passiert? Was für ein Kommunikationsproblem oder Missverständnis wird hier beschrieben?
– Was glauben Sie: Warum verhalten sich die Personen so? Welche kulturellen Annahmen könnten sie haben?

A
Amin kommt aus dem Irak und lebt seit Kurzem in Deutschland. Seine Nachbarin hat ihn zum Essen eingeladen. Beim Essen bietet ihm Kathrin, die Gastgeberin, eine zweite Portion an. Amin lehnt höflich ab. Als Kathrin dann das Essen abräumt, ist er überrascht und etwas enttäuscht. Kathrin merkt davon nichts.

B
Yumi aus Korea studiert seit Kurzem in Deutschland. Sie ist von ihrer Kommilitonin Lea zu einer WG-Party eingeladen worden. Als Yumi pünktlich um 21 Uhr vor der Tür steht, ist Lea noch beim Kochen und Dekorieren und etwas überrascht. Die meisten Gäste kommen erst gegen 22 Uhr. Yumi ist die erste und wundert sich.

C
Anna Mai ist Seminarleiterin an der Uni. In ihrem Seminar sind Studierende aus Deutschland, China und Japan. Frau Mai fragt während des Seminars regelmäßig nach Feedback und Kritik. Normalerweise sagen nur die deutschen Studierenden etwas. Bei der anonymen schriftlichen Evaluation am Ende des Semesters bekommt Frau Mai auch von den anderen Studierenden positive, aber auch negative Kritik. Sie ist irritiert.

D
Paul Mwangi kommt aus Kenia, wo seine Familie in einem Dorf auf dem Land lebt. Er studiert seit zwei Wochen in Deutschland und hat einen Termin bei seinem Dozenten Achim Handke. Im Büro des Dozenten bleibt er neben der Tür stehen und wartet. Achim Handke ist über die Situation irritiert. Er bittet den Studenten, sich zu setzen. Erst dann nimmt Paul Mwangi Platz.

b Stellen Sie Ihre Ideen im Kurs vor und vergleichen Sie sie mit den Lösungen unten. Was hat Sie überrascht?

c Haben Sie solche oder ähnliche Situationen selbst schon erlebt? Berichten Sie im Kurs.

über transkulturelle Schwierigkeiten und Missverständnisse sprechen
In … gilt es als sehr unhöflich, wenn … / Ich habe gelesen/gehört, dass man in … nicht …
Von einem Freund aus … weiß ich, dass man dort leicht missverstanden wird, wenn man …
Als ich einmal in … war, ist mir etwas sehr Lustiges/Peinliches passiert: …
Als …, war ich sehr irritiert/überrascht.
▶ Redemittel S. 25

d Was könnte dieses Zitat bedeuten? Was hat das Zitat mit kulturellen Missverständnissen zu tun? Diskutieren Sie im Kurs.

„Wir sehen die Dinge nicht so, wie sie sind. Wir sehen sie so, wie wir sind". (Anaís Nin, Schriftstellerin)

A In einigen arabischen Ländern gehört es zur Routine, nicht gleich beim ersten Mal „Ja" zu sagen, sondern erst einmal mit „Nein" zu antworten. In Deutschland gilt ein „Ja" oder „Nein" in den meisten Situationen schon beim ersten Mal.

B Pünktlichkeit gilt im Allgemeinen in Deutschland als besonders wichtig. Unter jüngeren Menschen spielt Pünktlichkeit vor allem bei privaten informellen Treffen aber keine so große Rolle. Bei Partys kommt man lieber eine halbe Stunde zu spät als zu früh.

C In einigen asiatischen Ländern steht die Lehrperson in der Hierarchie weiter oben und sollte nicht offen kritisiert werden. In Deutschland ist es an der Uni üblich, die eigene Meinung zu sagen und Kritik zu äußern.

D Im traditionelleren ländlichen Raum Kenias gilt es als unhöflich, wenn man sich im Haus oder Büro einer Person, die in der Hierarchie weiter oben steht, einfach setzen würde. Man wartet, bis die Person es einem erlaubt. In größeren Städten Kenias ebenso wie in Deutschland werden solche Höflichkeitsformen nicht immer gepflegt.

1

■ eine Radiosendung über extreme Freizeitaktivitäten verstehen; über extreme Hobbys und Freizeitaktivitäten sprechen; eine Zusammenfassung einer Radiosendung schreiben

◁)) ✎

An seine Grenzen gehen

1 Extreme Hobbys

a Was macht man bei diesen Hobbys? Beschreiben Sie die Fotos mithilfe der Wörter.

das Eisbaden

das Bungee-Jumping

das Bergsteigen

das Wüsten-Camping

der Hindernislauf

das Überlebenstraining

das Wildwasser-Rafting

das Fallschirmspringen

ans Ziel kommen – im Team Spaß haben – an einem Seil hochklettern –
ins kalte Wasser / ins Leere / aus einem Flugzeug / von einer Brücke springen –
an seine Grenzen gehen – ein Risiko eingehen – Insekten essen –
das Risiko / ein Abenteuer suchen – ein Feuer machen – Abenteuer erleben –
mit einem Schlauchboot durch hohe Wellen fahren – ein Hindernis überwinden

> *Beim Bungee-Jumping springt man an einem Seil von einer Brücke oder einem hohen Bauwerk. Dafür muss man sehr mutig sein.*

b Finden Sie die Hobbys in a extrem? Warum (nicht)? Was finden Sie extrem?
Tauschen Sie sich aus.

> *Wüsten-Camping finde ich auf jeden Fall extrem. Das ist bestimmt sehr kalt in der Nacht.*

> *Ja, aber noch viel krasser finde ich …*

2 Extreme Erfahrungen

1.12 ◁)) a Über welche Hobbys sprechen die Personen in der Radiosendung? Hören Sie und kreuzen Sie in 1a an.
1.12 ◁)) b Was mögen die Personen an ihren extremen Hobbys? Welche Folgen hat es für ihren Alltag? Hören Sie noch einmal und machen Sie Notizen.

	Valentin	Özlem	Oliver	Sofia
Warum?	Spaß im Team			
Folgen?	fitter, teamfähiger			

c Wie finden Sie die Hobbys aus der Radiosendung? Würden Sie auch gern so etwas machen? Warum (nicht)? Tauschen Sie sich aus.

 d Schreiben Sie eine kurze Zusammenfassung der Radiosendung. Benutzen Sie Ihre Notizen aus b. Brauchen Sie Hilfe oder sind Sie schon fertig? Dann arbeiten Sie mit der App.

e Tauschen Sie Ihre Zusammenfassung mit einer anderen Person und vergleichen Sie: Haben Sie über alle wichtigen Punkte geschrieben?

Auf einen Blick

über Erwartungen und Erfahrungen sprechen

Ich habe mir vorgestellt, dass … Aber dann habe ich erlebt, dass …

Meine Erwartungen haben sich (voll und ganz / leider nicht) erfüllt.

Ich habe die Erfahrung gemacht, dass …

Ich habe (nicht) damit gerechnet, dass … / Ich hätte nicht gedacht/erwartet, dass …

… hat mich sehr überrascht. / An der Uni wird viel diskutiert. Das war neu für mich.

Es war viel besser / ganz anders …, als ich gedacht hatte.

Meine Erfahrungen haben mir gezeigt, dass …

Das war eine wichtige/neue Erfahrung für mich, weil …

einen Text zusammenfassen

In dem Zeitungsartikel / In der Reportage / In der Radiosendung geht es um …

Der Zeitungsartikel / Die Reportage / Die Radiosendung handelt von …

Das Thema des Textes ist … / Der Artikel informiert über …

Im ersten/zweiten Teil berichtet die Autorin / der Autor von …

Die Personen berichten/beschreiben/erklären/erzählen, wie/dass …

Zuerst/Dann/Danach/Anschließend … / Zum Schluss …

Die Autorin / Der Autor ist der Meinung, dass …

Sie/Er findet/meint/kritisiert, dass …

über Stereotype und Vorurteile sprechen

Ich habe schon oft gehört, dass …

Manche/Viele Leute sind der Meinung, dass …

Aber das ist Quatsch. / Aber das stimmt nicht. / Das ist ein Stereotyp/Vorurteil.

Ein Vorurteil gegenüber Deutschen / den Deutschen / … ist, wenn man sagt, dass …

Es gibt viele Stereotype über Deutsche / die Deutschen / … Zum Beispiel: …

über transkulturelle Schwierigkeiten und Missverständnisse sprechen

In … gilt es als sehr unhöflich, wenn … / Ich habe gelesen/gehört, dass man in … nicht … sollte.

Von einem Freund aus … weiß ich, dass man dort leicht missverstanden wird, wenn man …

Als ich einmal in … war, ist mir etwas sehr Lustiges/Peinliches/Blödes passiert: …

Als …, war ich sehr irritiert/überrascht.

Wie würden Sie gern leben?

1 Zu Hause

a Wie und mit wem kann man wohnen und leben? Welche Wohn- und Lebensformen sieht man auf den Fotos? Beschreiben Sie die Fotos. Die Wörter helfen.

---

in einem Bauwagen / auf einem Wagenplatz – auf einem Hausboot – in einem eigenen Haus / in einer Eigentumswohnung – in einer Mietwohnung / zur Miete – in einer Kommune / in einem Wohnprojekt – im Studentenwohnheim – in einer WG/Wohngemeinschaft

---

> *Auf Foto 5 sieht man die Mitbewohnerinnen einer WG. Sie wohnen wahrscheinlich zur Miete.*

> *Oder das ist die Gemeinschaftsküche in einem Studentenwohnheim.*

b Worum geht es in dem Lied? Sehen Sie das Musikvideo und tauschen Sie sich aus.

c In welcher Reihenfolge äußern sich die Personen zum Thema *zu Hause*? Sehen Sie das Video noch einmal und ordnen Sie die Personen.

a **4** die Familie

b ☐ der junge Geflüchtete

c **11** der Geflüchtete aus Afghanistan

d ☐ die Großfamilie

e **1** die junge alleinstehende Frau

f ☐ der Mann im Gefängnis

g ☐ der ältere obdachlose Mann

h ☐ die ältere Frau

i ☐ der Mann im Bauwagen

j ☐ die Frau um die 50

k ☐ die alleinerziehende Mutter mit ihrer Tochter

d Was erfährt man über die Personen? Wie leben sie? Wie fühlen sie sich? Was bedeutet *zu Hause* für sie? Wählen Sie zwei Personen aus c. Sehen Sie das Video noch einmal, lesen Sie die Texte mit und machen Sie Notizen.

e Stellen Sie Ihre Personen aus d im Kurs vor. Was denken Sie: Wer lebt gern so? Wer würde lieber anders leben? Tauschen Sie sich aus.

f Und Sie? Was bedeutet *zu Hause* für Sie? Wo sind Sie zu Hause? Berichten Sie im Kurs.

> *Liebe Menschen und Geborgenheit – das ist zu Hause für mich. Ich bin an vielen Orten zu Hause.*

■ darüber sprechen, was *zu Hause* für einen bedeutet; über Wohn- und Lebensformen sprechen; ein Musikvideo verstehen, Wünsche und Vorlieben ausdrücken
■ Infintivsätze mit *zu* und Nebensätze mit *dass*

2

2 Alternative Wohn- und Lebensmodelle

a Welche Fotos links passen zu den Personen? Lesen Sie die Forumsbeiträge und ordnen Sie zu.

www.example.net/studi-magazin

Wie wohnt ihr?

Wir wollten wissen, wie Studis wohnen und leben. Lest hier einige zum Teil überraschende Antworten:

A

David (24): Seit ich von zu Hause ausgezogen bin, lebe ich in einem Bauwagen in einer Kommune auf dem Land. Bei uns leben 20 Erwachsene und vier Kinder. Wir sind eine große Gemeinschaft – fast wie eine Familie. Ein Leben wie früher kommt für mich nicht mehr infrage. Als Kind und Jugendlicher habe ich mit meinen Eltern und meinen Brüdern in einem Haus am Stadtrand gewohnt – schrecklich spießig! In der Nachbarschaft haben sich alle bemüht, höflich zu sein, aber es gab dauernd Streit um Kleinigkeiten. <u>Es ist doch blöd</u>, sich so oft zu streiten. Auf unserem Wagenplatz unterstützen wir uns gegenseitig. Ich kann meine Nachbarn gut leiden und weiß, dass ich mich auf sie verlassen kann. Außerdem gefällt es mir, Ruhe und Natur um mich herum zu haben. Ich kann mir nicht mehr vorstellen, anders zu leben.

B

Yana (29): Während meines Studiums habe ich mit acht anderen Studis in einer Groß-WG zusammengelebt. <u>Zuerst hatte ich gar nicht vor</u>, so zu leben. Aber als Studentin konnte ich mir keine eigene Wohnung leisten. In der WG habe ich mich sehr wohlgefühlt. Ich fand es schön, dass wir uns so gut verstanden haben und <u>es hat viel Spaß gemacht</u>, Zeit miteinander zu verbringen. Als ich einen festen Job hatte, habe ich dann doch angefangen, über eine eigene Wohnung nachzudenken. Meine Bedürfnisse haben sich geändert und das WG-Leben passte einfach nicht mehr so gut. Jetzt wohne ich seit einem Jahr allein mit nur einem kleinen Mitbewohner – meinem Hund Oskar. Ich liebe die Unabhängigkeit und es freut mich, alles allein entscheiden zu können, z. B. wie oft das Bad geputzt wird, was es zum Abendessen gibt und ob ich das Wohnzimmer renovieren will oder nicht.

C

Till (32): Ich habe im Moment keinen festen Wohnsitz. Mir reicht eine Couch und WLAN. Früher habe ich mit meiner Freundin in einer ganz normalen Mietwohnung gelebt. Wir waren sogar verlobt und <u>hatten die Absicht</u>, irgendwann ein Haus zu bauen und eine Familie zu gründen. Doch dann kam alles anders. Nach unserer Trennung ist sie ausgezogen und ich habe mich in der Wohnung sehr allein gefühlt. Da habe ich einfach entschieden, den Mietvertrag zu kündigen. Seitdem übernachte ich mal bei Freunden, mal zelte ich auf dem Campingplatz und zurzeit lebe ich auf einem Hausboot. So brauche ich viel weniger Geld und muss mich um weniger kümmern. Es ist großartig, mehr Freizeit zu haben und weniger arbeiten zu müssen. Und <u>inzwischen stresst es mich sogar</u>, viele Dinge zu besitzen. Irgendwann hätte ich auch Lust, eine Weltreise mit einem Wohnmobil zu machen. Das wäre auch etwas für mich.

b Wie haben die Personen früher gelebt? Wie leben sie heute? Bilden Sie drei Gruppen. Jede Gruppe wählt einen Text (A, B, C). Lesen Sie und notieren Sie die Antworten.

c Welche Wünsche oder Vorlieben hat Ihre Person? Lesen Sie Ihren Text noch einmal und schreiben Sie Sätze. Benutzen Sie die Redemittel.

> **Wünsche und Vorlieben ausdrücken**
> Sie/Er findet es toll, … zu … / … ist ihr/ihm (auch) sehr wichtig. / Sie/Er würde gern …
> Sie/Er hat den Wunsch, … zu … / Sie/Er wünscht sich, dass … / … wäre auch etwas für sie/ihn.
> … ist nichts für sie/ihn. / … kommt für sie/ihn nicht infrage.
>
> ▶ Redemittel S. 37

d Bilden Sie neue Gruppen. In jeder Gruppe ist mindestens eine Person aus den Gruppen A, B, C. Stellen Sie Ihre Person mithilfe der Informationen aus b und c vor.

e Welche Wohnform finden Sie am interessantesten? Mit welcher Person können Sie sich (gut oder gar nicht) identifizieren? Tauschen Sie sich in der Gruppe aus.

3 Ich habe keine Lust, in einem spießigen Reihenhaus zu leben.

a Lesen Sie den Grammatikkasten und unterstreichen Sie in den Forumsbeiträgen in 2a die Satzanfänge, nach denen ein Infinitiv mit *zu* folgt. Machen Sie dann eine Liste in Ihrem Heft.

Infinitiv mit *zu*

Ich habe keine Lust, in einem spießigen Reihenhaus zu leben.
Ich habe vor, irgendwann umzuziehen. Es ist toll, wenig arbeiten zu müssen.

Ein Infinitivsatz mit zu *folgt nach bestimmten Nomen, Verben und Formulierungen.*

▶ Grammatik B 2.1.1

Nomen (+haben)	Es + Verb + Objekt	Es ist / Ich finde es + Adjektiv	bestimmte Verben
die Absicht (haben) Es macht Spaß	Es stresst mich	Es ist blöd	vorhaben

b Welche Sätze sind im Forum anders formuliert? Suchen Sie die Textstellen in 2a und notieren Sie.

1	David:	Es ist doch blöd, dass man sich so oft streitet.
2	David:	Ich weiß, dass ich mich auf meine Nachbarn verlassen kann.
3	Yana:	Ich fand es schön, dass wir uns so gut verstanden haben.
4	Till:	Ich habe entschieden, dass ich den Mietvertrag kündige.
5	Till:	Es stresst mich, dass ich so viele Dinge besitze.

1 Es ist doch blöd, dass man sich so oft streitet. / Es ist doch blöd, sich so oft zu streiten.

c Welcher Satz aus b passt? Lesen Sie die Regeln im Grammatikkasten und ordnen Sie die Sätze zu.

Infinitivsätze mit *zu* und Nebensätze mit *dass*

Es ist doch blöd, dass man sich so oft streitet. – Es ist doch blöd, sich so oft zu streiten.

Manche Nebensätze mit dass *kann man alternativ als Infinitivsätze mit* zu *formulieren.*

Ein Infinitivsatz mit *zu* ist möglich:

- *wenn die Subjekte im Hauptsatz und* dass*-Satz identisch sind.* ☐
- *wenn das Objekt im Hauptsatz identisch mit dem Subjekt im* dass*-Satz ist.* ☐
- *wenn das Subjekt im Hauptsatz* es *und das Subjekt im* dass*-Satz* man *ist.* ☐ 1

Ein Infinitivsatz mit *zu* ist nicht möglich:

- *wenn die Subjekte im Hauptsatz und* dass*-Satz verschieden sind.* ☐
- *wenn im Hauptsatz ein Modalverb oder ein bestimmtes Verb wie z. B.* wissen, sagen, antworten *steht.* ☐

▶ Grammatik B 2.1.1

---

d Schreiben Sie Sätze mit *dass* zu den Satzanfängen. Tauschen Sie dann Ihre Sätze mit einer anderen Person und schreiben Sie die neuen Sätze mit Infinitiv mit *zu*, wenn es möglich ist.

Es hat mich überrascht, … – Es ärgert mich, … – Wie findest du die Idee, … ? – Ich schlage vor, …

4 Und wie leben Sie?

a Wie leben und wohnen Sie? Wie haben Sie vorher gewohnt? Welche Wünsche haben Sie? Schreiben Sie einen Forumsbeitrag wie in 2a.

b Tauschen Sie Ihre Texte zu zweit und lesen Sie sie. Haben Sie ähnliche Wünsche?

■ darüber sprechen, wie digitale Kommunikation zwischenmenschliche Beziehungen verändert; eine Diskussion führen;
   die eigene Meinung schriftlich zusammenfassen
■ Infinitivsätze mit *zu* in der Gegenwart und Vergangenheit

2

Beziehungen im digitalen Zeitalter

1 Digitale Kommunikation

a Wie hat sich die Kommunikation in den letzten
zehn Jahren verändert? Tauschen Sie sich aus.

> *Heutzutage sieht man oft Leute, die sich nicht unterhalten, sondern auf ihr Handy schauen.*

b Wählen Sie Person A oder B und lesen Sie den passenden Text in der App. Wie begründen die Personen
ihre Meinung? Welche Argumente nennen sie? Markieren Sie und machen Sie Notizen in Ihrem Heft.

> *Durch digitale Medien wird die Kommunikation oberflächlicher.*

> *Durch digitale Medien kommuniziert man mehr und intensiver.*

Meggi   James

c Arbeiten Sie zu zweit und fassen Sie die Position der Person Ihres Textes mithilfe Ihrer Notizen aus b
zusammen.

d Welche Satzteile passen zusammen? Verbinden Sie. Die Texte aus b helfen.

1 Ich hatte lange den Wunsch,   a über große Distanz den Kontakt nicht zu verlieren.
2 Digitale Medien erlauben uns,   b niemals ein Smartphone zu besitzen.
3 Heute bin ich froh,   c den Kontakt zu meinen Freunden verloren zu haben.
4 Ich finde es traurig,   d als Kind kein Smartphone besessen zu haben.

e Welches Beispiel aus d passt? Lesen Sie den Grammatikkasten und ergänzen Sie.

Infinitivsätze mit *zu* in der Gegenwart und Vergangenheit

Infinitivsatz in der Gegenwart: Es hat mir immer gefallen, Briefe zu schreiben.

Die Handlungen im Hauptsatz und Infinitivsatz passieren gleichzeitig.   *Satz 1b*   und _____

Infinitivsatz in der Vergangenheit: Ich bin froh, früher viele Briefe geschrieben zu haben.

Die Handlung im Infinitivsatz ist zuerst passiert.   *Satz* _____   und _____
Man benutzt den Infinitiv Perfekt (Partizip II + zu + haben/sein).

▶ Grammatik B 2.1.2

---

f Und Sie? Schreiben Sie Infinitivsätze in der Vergangenheit in Ihr Heft. Vergleichen Sie dann zu zweit.

1 Ich bin froh/traurig, früher …   mit/ohne Internet aufwachsen – (k)einen Computer besitzen –
2 Es freut/ärgert mich, früher …   (keine) Briefe schreiben – (nicht) immer erreichbar sein – …
3 Ich finde es gut/schlecht, früher …

2 Strategietraining: eine Diskussion führen

a Worauf sollte man beim Diskutieren achten? Sehen Sie das Video und notieren Sie. Welche Tipps
finden Sie besonders hilfreich? Tauschen Sie sich aus.

b Was denken Sie? Ist die Kommunikation durch digitale Medien intensiver oder oberflächlicher
geworden? Wählen Sie eine Position und bilden Sie zwei Gruppen. Sammeln Sie Argumente und
mögliche Gegenargumente in Ihrer Gruppe.

c Bilden Sie 4er-Gruppen, sodass in jeder Gruppe beide Meinungen vertreten sind, und diskutieren Sie.
Benutzen Sie Ihre Argumente aus b und die Redemittel auf Seite 37.

d Fassen Sie Ihre eigene Meinung in einem kurzen Text zusammen und begründen Sie Ihre Argumente.

2

- über Probleme am Arbeitsplatz oder an der Universität sprechen; Ratschläge geben
- Nomen und Adjektive mit Präpositionen; Nebensätze und Infinitivsätze nach Präpositionaladverbien; Phonetik: Ratschläge flüssig sprechen

Miteinander arbeiten

1 Probleme am Arbeitsplatz und an der Universität

a Was für Situationen zeigen die Bilder? Beschreiben Sie sie. Die Wörter helfen.

eine schlechte Arbeits-/Lernatmosphäre – in Elternzeit sein / Elternzeit nehmen – ein höheres/niedrigeres Gehalt bekommen – der Gehaltsunterschied – gerecht/ungerecht – sich respektvoll/respektlos verhalten

1.13 b Welches Bild passt? Hören Sie und ordnen Sie in a zu. Fassen Sie dann die Gespräche kurz zusammen.

1.13 c Was ist richtig? Hören Sie noch einmal und kreuzen Sie an. Korrigieren Sie danach die falschen Sätze.

1 ○ Heike verdient weniger als ihr Kollege, weil sie noch nicht so lange in der Firma ist.
2 ○ Sie hat Angst vor dem Gespräch mit dem Betriebsrat.
3 ○ Als Abteilungsleiter ist Jonas für viele Projekte verantwortlich.
4 ○ Nach dem Gesetz haben Väter ein Recht auf Elternzeit.
5 ○ Luisa möchte lieber unabhängig von der Gruppe arbeiten.
6 ○ Mit der Arbeitsweise ihrer deutschen Kommilitonen ist sie nicht einverstanden.
7 ○ Prof. Hering ist unzufrieden mit der Diskussionskultur in den Seminaren.
8 ○ Prof. Eldem möchte, dass die Teilnahme an den Vorlesungen Pflicht ist.

d Welche Erfahrungen haben Sie mit den Themen aus a gemacht? Wie ist die Situation in Ihrem Heimatland? Tauschen Sie sich aus.

> *Auch bei uns werden Frauen leider immer noch schlechter bezahlt als Männer.*

e Welche Präposition passt? Lesen Sie die Sätze in c noch einmal und ergänzen Sie.

Nomen und Adjektive mit Präpositionen

mit Akkusativ:	die Antwort auf, Lust auf, das Recht _____
	angewiesen auf, verantwortlich _____
mit Dativ:	(die) Angst _____, (das) Interesse an, die Teilnahme _____
	einverstanden _____, (un)abhängig _____, (un)zufrieden _____

▶ Grammatik A 4.1; Anhang S. 114–116

f Schreiben Sie fünf Sätze mit den Nomen und Adjektiven aus e in Ihr Heft.

2 Ich habe Angst davor, dass man mir kündigt.

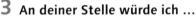 **a** Hören Sie das erste Gespräch aus 1b noch einmal und ergänzen Sie die Sätze.

> **Nebensätze und Infinitivsätze nach Präpositionaladverbien**
>
> Ich bin _____ angewiesen, _____ . (Ich bin auf meine Stelle angewiesen.)
>
> Ich habe Angst _____ , _____ . (Ich habe Angst vor Stress.)
>
> *Das Präpositionaladverb (da + Präposition) leitet einen Neben- oder Infinitivsatz ein. Es steht normalerweise am Satzende des Hauptsatzes bzw. vor dem Verb am Satzende.*
> ▶ Grammatik A 4.3

b Schreiben Sie Fragen und Antworten wie im Beispiel.

1 Das Projekt muss rechtzeitig fertig werden. Die Geschäftsführung ist dafür verantwortlich.
2 Sie wollen am Forschungsseminar teilnehmen. Sie haben großes Interesse daran.
3 Sie ist befördert worden. Darüber ist sie sehr glücklich.
4 Die Angestellten kommen oft zu spät. Ihr Vorgesetzter ist sehr unzufrieden damit.
5 Er hat das Stipendium wirklich verdient. Davon ist er überzeugt.

1 Wofür ist die Geschäftsführung verantwortlich? – Sie ist verantwortlich dafür, dass das Projekt ...
2 Woran ...? – Sie haben großes Interesse daran, ... zu ...

c Kurskette. Fragen und antworten Sie mit Ihren Sätzen aus b.
d Und Sie? Schreiben Sie fünf Sätze über sich. Benutzen Sie
Adjektive und Nomen mit Präpositionen aus b.

Ich bin verantwortlich dafür, dass ...

3 An deiner Stelle würde ich ...

 a Welche Ratschläge geben die Personen? Hören Sie noch einmal
die Gespräche aus 1b und machen Sie Notizen.
Vergleichen Sie dann im Kurs.

Die Kollegin rät ihr, mit dem Betriebsrat zu sprechen.

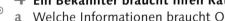 **b** Phonetik: Ratschläge flüssig sprechen. Hören Sie und unterstreichen Sie den Hauptakzent.

> **Ratschläge geben**
> An <u>deiner</u> Stelle würde ich ... / Wenn ich Sie wäre, würde ich ... / Ich kann dir nur raten, ...
> Ich würde ihnen vielleicht einfach vorschlagen, dass ... / Wie wäre es, wenn ...
> Wenn du wirklich Elternzeit nehmen möchtest, würde ich ...
> Hast du schon mal darüber nachgedacht, das Problem zu besprechen?
> ▶ Redemittel S. 37

c Hören Sie noch einmal und sprechen Sie nach.
d Üben Sie zu zweit: Setzen Sie sich gegenüber und sprechen Sie die Satzanfänge abwechselnd schnell.
Unterstützen Sie den Hauptakzent mit einer Geste.

4 Ein Bekannter braucht Ihren Rat.

a Welche Informationen braucht Ole? Hören Sie die Sprachnachricht und machen Sie Notizen.
Vergleichen Sie zu zweit.
b Arbeiten Sie zu zweit. Wählen Sie jeweils eine andere Informationsquelle in der App (A: FAQs für
Studis oder B: Tipps im Uni-Radio). Lesen bzw. hören Sie und notieren Sie passende Tipps für Ole.
c Stellen Sie sich Ihre Ergebnisse aus b gegenseitig vor und schreiben Sie Ratschläge für Ole. Benutzen
Sie die Redemittel aus 3b.
d Nehmen Sie Ihre Ratschläge für Ole als Sprachnachricht mit dem Smartphone auf. Hören Sie danach
Ihre Nachricht ab und überprüfen Sie: Haben Sie flüssig und gut betont gesprochen?

Mehrere Generationen unter einem Dach

1 Das Zusammenleben mit älteren Menschen

a Wie und wo können ältere Menschen leben? Wie leben ältere Menschen in Ihrer Heimat? Sehen Sie sich die Fotos an und tauschen Sie sich aus.

> Die Frau im Rollstuhl lebt wahrscheinlich in einem Altenheim. Bei uns gibt es nur wenige Altenheime.

b Wie leben die älteren Menschen hier? Lesen Sie den Zeitungsartikel und berichten Sie im Kurs.

Das Wochenblatt   07/2020

Jung und Alt unter einem Dach

Im Seniorenheim der *Villa Torgraben* steht Singen auf dem Programm. Nóra Szabó, 21, freut sich, dabei zu sein, und
5 hilft, wo sie kann. Heinz Wimmer, ein älterer Herr im Rollstuhl, bittet sie darum, dass sie ihn näher ans Klavier schiebt. Der 86-Jährige, der von allen
10 hier nur Opa Heinz genannt wird, ist schwerhörig. Trotzdem liebt er die Chornachmittage. Nóra Szabó verbringt viel Zeit mit Heinz und den ande-
15 ren. Obwohl sie keine Altenpflegerin ist, kümmert sie sich mehrmals in der Woche um die älteren Menschen.

Die *Villa Torgraben* in Linz,
20 Oberösterreich ist ein Mehrgenerationenprojekt mit mehreren Wohnungen. Insgesamt sieben Familien wohnen hier, davon fünfzehn junge Men-
25 schen – vor allem Studierende wie Nóra Szabó, die meisten von ihnen alleinstehend. Im angeschlossenen Seniorenheim leben zurzeit 21 Senioren und
30 Seniorinnen in kleinen 1- bis 2-Zimmer-Appartements. Dazu gibt es einen riesigen Garten, eine große Gemeinschaftsküche und Räume zum gemeinsamen
35 Essen, Fernsehen, Basteln oder Spielen.

„Es war uns wichtig, kein isoliertes Altenheim zu bauen, wo die Bewohner überwiegend al-
40 lein sind. Wir wollten im nahen Wohnumfeld Kontakte zu anderen – auch jüngeren – Menschen ermöglichen", erklärt Doris Dalheim, die Leiterin des
45 Projekts. Die Idee funktioniert: Die *Villa Torgraben* gibt es seit über zehn Jahren und für die meisten Senioren aus der *Villa* kommt ein normales Alten-
50 heim nicht infrage. Annemarie Huber, 79 und seit sieben Jahren Bewohnerin der *Villa*, sagt dazu: „Nur mit Menschen in meinem Alter zusammen zu
55 sein, wäre mir viel zu langweilig. Es ist mir sehr wichtig, dass ich den Kontakt zu jungen Menschen nicht verliere. So fühle ich mich selbst auch jün-
60 ger." Die Senioren freuen sich über den Austausch und geben gern etwas von ihrer Liebe und Wärme an die jungen Leute weiter.

65 Auch für Frau Dalheim und ihr Team hat das Konzept des Mehrgenerationenprojektes viele Vorteile: „In einem normalen Heim haben die Altenpfleger
70 und -pflegerinnen oft so viel zu tun, dass viel zu wenig Zeit bleibt, um sich in Ruhe um die älteren Menschen zu kümmern und auf ihre Wünsche einzuge-
75 hen. Mit der Unterstützung der jungen Bewohner können die Älteren besser betreut werden. Und die Familien und jungen Studierenden profitieren von
80 der günstigen Miete." Wer auf dem Gelände der *Villa* lebt, verpflichtet sich dazu, regelmäßig im Seniorenheim mitzuarbeiten und zahlt dadurch weniger
85 Miete. Die Studentin Nóra Szabó könnte sich sonst allein eine 2-Zimmer-Wohnung niemals leisten. Ihr gefällt es aber nicht nur wegen der günstigen
90 Miete im Projekt. Nóra Szabó findet es schön, viel Zeit mit den Älteren zu verbringen: „Es macht Spaß, verschiedene Sachen zu unternehmen, und die
95 Arbeit ist einfach: Wir reden miteinander, gehen zusammen eine Runde spazieren, spielen Karten oder ein Brettspiel oder singen gemeinsam im Chor. Die
100 alten Menschen strahlen viel Ruhe aus und sind nicht so gestresst. Dabei kann ich selbst gut entspannen." ■

c Welche Vorteile hat das Mehrgenerationenprojekt für die verschiedenen Bewohner? Lesen Sie den Artikel in b noch einmal und machen Sie Notizen.

für die Senioren
– *Kontakt mit jüngeren*
  Menschen

für die Familien und Studierenden

für die Heimleitung und Altenpfleger

d Vergleichen Sie Ihre Ideen aus 1c in Gruppen.

Für die Senioren ist es ein Vorteil, dass sie mehr Austausch mit jüngeren Menschen haben.

2 Das Leben im Mehrgenerationenhaus

a Was ist Nóra Szabó beim Zusammenleben wichtig? Lesen Sie das Interview und tauschen Sie sich aus.

Frau Szabó, Sie wohnen in einem Mehrgenerationenprojekt. Was ist das Besondere an dieser Wohnform?

Bei uns, in der *Villa Torgraben* leben Jung und Alt zusammen. Wir Jüngeren haben alle bestimmte Aufgaben. Ich organisiere zum Beispiel den Chornachmittag im Altenheim, pflege gemeinsam mit den Senioren den Garten und kümmere mich regelmäßig um zwei ältere Menschen: Heinz und Annemarie. Wir gehen spazieren, spielen Karten oder essen gemeinsam.

Sie studieren Pädagogik im Bachelor. Ist die Arbeit im Projekt nicht etwas viel neben dem Studium?

Nóra Szabó beim Kartenspielen mit den Altenheimbewohnern Heinz Wimmer und Annemarie Huber

Naja, ich mache das ja nicht den ganzen Tag, sondern nur zwei, drei Abende pro Woche und manchmal am Wochenende. Außerdem finde ich das Projekt großartig. Es ist toll, dass bei uns verschiedene Generationen zusammenleben. Wenn ich später mal alt bin, möchte ich auf keinen Fall allein wohnen. Der Gedanke, irgendwann einsam zu sein, macht mir Angst.

Wie sind Sie auf die Idee gekommen, hier einzuziehen?

Ich finde es schlimm, dass heutzutage so viele alte Leute allein leben. Meine Oma zum Beispiel wohnte in einem normalen Altenheim. Sie wurde dort zwar betreut, aber sie hatte kaum die Gelegenheit, sich mit anderen auszutauschen. Das hat mich sehr gestört. Deshalb finde ich Projekte wie dieses sehr wichtig.

Was gefällt Ihnen besonders am Zusammenleben mit älteren Menschen?

Ich mag die Gespräche. Die alten Leute haben so viel zu erzählen. Ich bin absolut sicher, dass wir jungen Menschen viel von den älteren lernen können. Davon bin ich überzeugt.

b Lesen Sie noch einmal und beantworten Sie die Fragen in Ihrem Heft. Brauchen Sie Hilfe oder sind Sie schon fertig? Dann arbeiten Sie mit der App.

1 Wofür ist Nóra Szabó verantwortlich?
2 Wovon ist sie begeistert?
3 Wovor hat sie Angst?
4 Womit ist sie unzufrieden?
5 Wovon ist sie überzeugt?

1 Sie ist für den Garten und den Chornachmittag verantwortlich. Sie ist auch dafür verantwortlich, ... zu ...

c Wie finden Sie dieses Wohnprojekt? Wäre das jetzt oder im Alter vorstellbar für Sie? Gibt es solche Angebote in Ihrem Heimatland? Sprechen Sie im Kurs.

Für mich persönlich wäre das wahrscheinlich nichts. Ich möchte lieber mit Menschen in meinem Alter zusammenleben.

Also ich finde das eine tolle Idee, weil ...

2

- über die Vor- und Nachteile digitaler Technik sprechen; ein Radiointerview zum Thema Digitalisierung verstehen; beim Hören mithilfe von Schlüsselwörtern Detailinformationen verstehen; darüber sprechen, wie Digitalisierung das Arbeitsleben verändert; die eigene Meinung schriftlich wiedergeben

Mensch und Maschine

1 Digitale Technik

a Welche Rolle spielt digitale Technik in Ihrem Leben? Wofür nutzen Sie digitale Technik (im Studium, im Beruf oder in der Freizeit)? Tauschen Sie sich in Gruppen aus.

> *Ich melde mich immer online zu den Seminaren an und kann auch alle Seminarunterlagen digital ansehen. Das finde ich super praktisch.*

> *Auf der Arbeit nutze ich natürlich einen digitalen Terminkalender. Aber privat kommt das für mich nicht infrage. Da habe ich noch immer einen Kalender aus Papier.*

b Welche Vor- oder Nachteile hat digitale Technik Ihrer Meinung nach? Notieren Sie Ideen in der Gruppe.

Vorteile	Nachteile
– man kann Zeit sparen	– man muss immer online sein

2 Wie Digitalisierung das Arbeitsleben verändert

1.19 a Über welche Themen wird in der Radiosendung gesprochen? Hören Sie und kreuzen Sie an.

1 ◯ Roboter   3 ◯ Online-Banking   5 ◯ Spracherkennung
2 ◯ selbstfahrende Autos   4 ◯ künstliche Intelligenz 6 ◯ automatischer Kundenservice

b **Strategietraining: Detailinformationen mithilfe von Schlüsselwörtern verstehen.** Lesen Sie die Sätze und unterstreichen Sie die Schlüsselwörter.

1 ◯ Computer werden immer intelligenter und können mehr Aufgaben für Menschen erledigen.
2 ◯ Technischer Fortschritt kann Menschen mit Behinderungen helfen.
3 ◯ Die Digitalisierung gibt mehr Menschen die Möglichkeit, von überall auf der Welt aus zu arbeiten.
4 ◯ Die Interaktion zwischen Mensch und Maschine ist unpersönlich.
5 ◯ Roboter werden nicht müde und können das Pflegepersonal unterstützen.
6 ◯ Digitale Technik funktioniert nicht immer gut. Es kann zu Fehlern kommen.
7 ◯ Anstrengende oder langweilige Arbeiten können von Robotern übernommen werden.
8 ◯ Die Menschen machen sich zu stark von der Technik abhängig.
9 ◯ Die Digitalisierung geht zu schnell. Es fehlen Fachkräfte.
10 ◯ Es gibt weniger Arbeit für Menschen mit einem niedrigen Bildungsniveau.

c Welche Wörter haben Sie in b unterstrichen? Warum? Vergleichen Sie Ihre Schlüsselwörter und begründen Sie.

> *In Satz 1 habe ich „intelligenter" und „Aufgaben" unterstrichen. Da es sowieso um Technik geht, finde ich das Wort „Computer" hier nicht wichtig.*

1.19 d Welche Argumente für oder gegen Digitalisierung nennen die Experten? Hören Sie noch einmal und kreuzen Sie in b an. Achten Sie beim Hören auf die Schlüsselwörter bzw. auf ähnliche Wörter.

1.19 e Hören Sie noch einmal und überprüfen bzw. ergänzen Sie Ihre Ergebnisse in c.

3 Und was denken Sie?

a Wie verändert Digitalisierung Ihrer Meinung nach das Arbeitsleben? Schreiben Sie einen kurzen Text und begründen Sie Ihre Meinung. Benutzen Sie die Redemittel auf Seite 37. Die Argumente in 2b helfen.

b Tauschen Sie Ihre Texte mit einer Partnerin / einem Partner und lesen Sie sie. Sind Sie einer Meinung? Vergleichen Sie und sprechen Sie zu zweit.

> *Du hast geschrieben, dass … Das ist interessant. Das sehe ich nämlich ganz anders, weil …*

■ sagen, was einem im Leben wichtig ist; eine Rangliste erstellen und die Ergebnisse vergleichen;
Pläne und Wünsche für die Zukunft beschreiben

2

Zukunftswünsche

1 Was ist wichtig im Leben?

a Was glauben Sie: Was wünschen sich die beiden auf dem Foto? Arbeiten Sie zu zweit und wählen Sie jeweils eine Person. Schreiben Sie fünf Wünsche für Ihre Person. Die Redemittel auf Seite 37 helfen.

b Lesen Sie die Wünsche Ihrer Person vor und vergleichen Sie: Passen die Wünsche der beiden zusammen?

2 Und Sie? Was ist Ihnen wichtig im Leben?

a Schreiben Sie eine Rangliste von 1–10 in Ihr Heft. Benutzen Sie die Wörter aus dem Schüttelkasten und ergänzen Sie weitere Ideen.

Karriere machen – eine Familie gründen – die Welt kennenlernen – viele Freunde haben
– oft in den Urlaub fahren – ein Eigentumshaus besitzen – viel Geld verdienen –
die große Liebe finden – gesund bleiben – eine interessante Arbeit haben – …

b Arbeiten Sie in Gruppen. Stellen Sie Ihre Rangliste vor und vergleichen Sie: Haben Sie ähnliche Wünsche und Ziele? Welche Gemeinsamkeiten, welche Unterschiede gibt es?

> *Mir ist es am wichtigsten, eine Familie zu gründen. Das habe ich auf Platz 1.*

> *Das ist mir auch wichtig. Aber es steht nicht an erster Stelle. Noch wichtiger, als eine Familie zu gründen, ist für mich, Karriere zu machen.*

c Wo sehen Sie sich in fünf oder zehn Jahren? Welche Wünsche, Pläne und Ziele haben Sie? Schreiben Sie einen Text. Die Redemittel helfen.

> **über Pläne und Wünsche für die Zukunft sprechen**
> Es ist mir sehr wichtig, dass … Daher möchte ich … / … bedeutet mir sehr viel. Deshalb will ich später einmal …
> In der Zukunft möchte ich … erreichen. Deshalb … / Ich möchte/will später unbedingt … Darum …
> Für meine Zukunft wünsche ich mir … / Es ist mein Ziel / größter Traum, später einmal …
> Ich hoffe, dass ich in der Zukunft … / Ich habe vor, in fünf Jahren … zu …
> ▶ Redemittel S. 37

■ sagen, was einem in einer Freundschaft wichtig ist; über Probleme in Freundschaften sprechen; Wünsche ausdrücken; Ratschläge geben

Unter Freundinnen

1 Freundschaften

a Was wünschen Sie sich von einer Freundschaft? Welchen Aussagen stimmen Sie zu? Lesen Sie und kreuzen Sie an. Was ist Ihnen noch wichtig? Notieren Sie weitere Ideen.

1 ◯ Mir ist wichtig, dass man sich alles erzählt und keine Geheimnisse voreinander hat.
2 ◯ Ich will viel Zeit mit meinen Freunden verbringen. Wenn wir wenig Kontakt haben, leidet unsere Freundschaft.
3 ◯ Ich wünsche mir, dass man unabhängig bleibt. Zu viel Nähe ist nichts für mich.
4 ◯ Man kann nur befreundet sein, wenn man die gleichen Werte und Interessen hat.
5 ◯ Ich möchte mich auf meine Freunde verlassen können, wenn ich ihre Unterstützung brauche.
6 ◯ Meine Partnerschaft ist mir wichtiger als jede Freundschaft. Das müssen meine Freunde verstehen.
7 ◯ Ich zähle nur wenige Menschen zu meinen Freunden. Oberflächliche Freundschaften kommen für mich nicht infrage.

b Tauschen Sie sich in Gruppen über Ihre Meinungen in a aus.

> *Meine Freunde sind mir wichtig, aber ich brauche meine Unabhängigkeit. Das können manche meiner Freunde nicht gut verstehen.*

> *Als meine beste Freundin ihren neuen Freund kennengelernt hat, war ich sehr eifersüchtig. Ich hatte Angst davor, sie zu verlieren.*

 1.20 c Wie ist die Freundschaft von Samira und Edda? Welches Problem gibt es? Hören Sie das Telefongespräch und sprechen Sie im Kurs.

Samira

Edda

d Kennen Sie solche Probleme? Mit wem können Sie sich besser identifizieren: Mit Edda oder Samira? Tauschen Sie sich aus.

> *Ich kann Edda gut verstehen. Wenn ich meine Freunde zu selten sehe, fühle ich mich schnell einsam.*

2 Ratschläge in Sachen Freundschaft

 1.20 a Was wünscht sich Edda von ihrer Freundschaft mit Samira? Hören Sie und notieren Sie ihre Wünsche. Vergleichen Sie Ihre Notizen zu zweit.

mehr miteinander unternehmen; …

b Stellen Sie sich vor, Edda bittet Sie um Rat. Sprechen Sie mit Ihrer Partnerin / Ihrem Partner aus a. Wählen Sie jeweils eine Rolle (A oder B) und spielen Sie das Gespräch. Tauschen Sie danach die Rollen.

A
Sie sind Edda und bitten B um Rat. Berichten Sie von dem Telefongespräch und erklären Sie, was Sie sich wünschen.

B
Edda (A) erzählt Ihnen von dem Telefongespräch. Geben Sie ihr Ratschläge, was sie tun könnte, um die Situation zu verbessern.

Auf einen Blick

Wünsche und Vorlieben ausdrücken

Ich finde es toll/wichtig, dass … / … zu …

… ist mir (auch) sehr wichtig.

Ich wünsche mir schon lange, dass … / … zu … / Ich habe (schon lange) den Wunsch, … zu …

Ich würde gern/lieber / auf keinen Fall …

… wäre auch etwas für mich.

… ist/wäre nichts für mich. / … kommt für mich nicht infrage.

---

eine Diskussion führen

die eigene Meinung ausdrücken

Meiner Meinung/Einschätzung nach … / Aus meiner Sicht …

Ich bin der Ansicht, dass …

Es ist/wird kritisch, wenn … / Ich finde es problematisch, wenn …

Ich halte wenig/nichts davon, … zu …

Argumente nennen

Zum einen …, zum anderen … / Einerseits …, andererseits …

Ein weiteres Argument dafür/dagegen ist … / Es gibt gute Gründe für/gegen …

Dafür/Dagegen spricht, dass … / Ein Vorteil/Nachteil von … ist …

auf andere Meinungen reagieren

Das überzeugt mich nicht. / In diesem Punkt habe ich eine ganz andere Meinung. Im Gegenteil: …

Ich teile Ihre/deine Meinung über … (nicht).

Teilweise haben Sie / hast du recht, aber …

Ich verstehe Ihre/deine Position, aber trotzdem/dennoch …

Ich bezweifle, dass … / Da muss ich Ihnen/dir widersprechen.

Das sehe ich (ganz) anders.

Ratschläge geben

An Ihrer/deiner Stelle würde ich … / Wenn ich Sie/du wäre, würde ich …

Ich kann Ihnen/dir nur raten/empfehlen, dass … / … zu …

Ich würde vielleicht einfach …

Wenn Sie/du wirklich … möchten/möchtest, würde ich …

Am besten wäre es, wenn …

Wenn Sie mich fragen / du mich fragst, sollten Sie / solltest du …

Vielleicht könnten Sie / könntest du …?

Warum machen Sie / machst du nicht …?

Haben Sie / Hast du schon mal darüber nachgedacht, … zu …?

über Pläne und Wünsche für die Zukunft sprechen

Es ist mir sehr wichtig, dass … Daher möchte ich …

… bedeutet mir sehr viel. Deshalb will ich später einmal …

In der Zukunft möchte ich … erreichen. Deshalb … / Ich möchte/will später unbedingt … Darum …

Für meine Zukunft wünsche ich mir … / Es ist mein Ziel / größter Traum, später einmal …

Ich hoffe, dass ich in der Zukunft … / Ich habe vor, in fünf Jahren … zu …

Auf der Suche nach Informationen

1 Wissen auf Abruf

a Wie suchen Sie im Internet Informationen? Was für Informationen suchen Sie? Tauschen Sie sich aus.

b Wie hat sich die Informationssuche durch Smartphones verändert? Lesen Sie und sprechen Sie im Kurs.

Internet und Smartphone – Hilfe in allen Lebenslagen?

Früher saß man in der Kneipe und konnte ewig diskutieren, ob und welche Harry-Potter-Filme eigentlich für einen Oscar nomi-
5 niert waren. Vier Leute – vier Meinungen und am Ende hat man vielleicht das Thema gewechselt, weil man sich nicht einigen konnte. Heute googelt
10 schnell jemand auf dem Smart-phone und die Antwort ist da: Es waren zwölf Nominierungen, aber kein Film hat je einen Oscar gewonnen. Und nebenbei erfährt 15 man noch, dass es inzwischen ein Spin-Off zur Harry-Potter-Reihe gibt. Und einer dieser Spin-Off-Filme erhielt 2017 tatsächlich einen Oscar für das be- 20 ste Kostümdesign.

c Welche Überschrift passt zu welchem Textabschnitt? Lesen Sie weiter und ordnen Sie zu.

1 Neue Kompetenzen sind gefragt

2 Mehr Wissen für alle

3 Das „Wo?" wird wichtiger als das „Was?"

4 Suchmaschinen: neutral oder subjektiv?

☐ Wenn man bei Google die Begriffe „Oscar" und „Harry Potter" eingibt, dann zeigt die Suchmaschine innerhalb von 0,44 Sekunden ungefähr 121.000 Ergebnisse. Das online gesammelte Wissen – auf Web-
25 seiten und Blogs, in Videos oder Podcasts – wird nach den Stichwörtern durchsucht und in einer bestimmen Reihenfolge angezeigt. Neutral oder objektiv sind die Ergebnisse aber nicht unbedingt. Verschiedene Faktoren beeinflussen das Suchergebnis. Zum einen der
30 eigene „digitale Fußabdruck". Denn bei jedem Online-Besuch hinterlässt man auch Informationen über sich selbst: Welche Produkte hat man online gekauft, welche Videos zu welchen Themen zuletzt gesehen, welche Wörter in E-Mails besonders oft benutzt? Spe-
35 zielle Programme erkennen und merken sich unser Online-Verhalten und nutzen Filter, die das Suchergebnis beeinflussen. Daher ist es nicht ungewöhnlich, dass man auf dem Smartphone andere Informationen erhält, als auf dem Laptop und dass andere Nutzer bei
40 gleichen Suchbegriffen wieder andere Ergebnisse bekommen. Oft findet man auch Werbung für Produkte – z.B. die letzte Harry-Potter-DVD auf Amazon – weit oben in der Ergebnisliste. Für uns Nutzer bedeutet das, dass die ersten Treffer nicht unbedingt die besten sind.

45 ☐ Die riesigen Mengen an Daten und Informationen, die uns das Internet anbietet, erfordern einen neuen Umgang mit diesem Wissen. Es ist wichtig, zu erkennen, welchen Inhalten man vertrauen kann und welchen besser nicht. Nicht alles, was man im Netz findet, sollte in Hausarbeiten zitiert oder als Quelle angege- 50 ben werden. Doch zu erkennen, ob eine Information korrekt ist, ist leider oft nicht so einfach. Die Entwicklung der digitalen Technologien und ihrer Möglichkeiten ist oft viel schneller, als die Menschen lernen können, mit ihnen umzugehen. 55

☐ Der Wissenschaftler Peter Burke spricht in seinem Buch *Die Explosion des Wissens* davon, dass wir gleichzeitig Informationsgiganten und Wissenszwerge werden: Obwohl – oder sogar weil – wir auf unzählige 60 Informationen zugreifen können, haben wir wenig eigenes Faktenwissen. Das Wissen, wie etwas funktioniert oder wann etwas Wichtiges in der Geschichte passiert ist, wird weniger wichtig. Anders als früher, kommt es nicht so sehr darauf an, alles zu wissen. 65 Wichtiger wird die Frage, wo man die Informationen findet, die man braucht.

☐ Das Internet macht lebenslanges Lernen einfacher. Durch die Möglichkeit, auf riesige Informationsmengen zuzugreifen, können wir uns selbst wei- 70 terbilden und sind seltener auf das Wissen von Experten angewiesen. Ein Online-Lexikon wie Wikipedia liefert schnell Erklärungen zu komplexen Themen. Unzählige Blogs oder YouTube-Videos bieten nützliches Wissen für den Alltag. So kann man lernen, sein 75 Fahrrad selbst zu reparieren, die perfekte Schwarzwälder Kirschtorte zu backen oder sich auf schwierige Fragen in einem Vorstellungsgespräch vorzubereiten. Schnell, einfach und kostenlos bilden wir uns weiter.

d Arbeiten Sie in Gruppen. Schreiben Sie zu jedem Abschnitt eine Frage auf einen Zettel. Mischen Sie die Zettel und geben Sie sie an eine andere Gruppe weiter.

e Ordnen Sie in der Gruppe die neuen Fragen den Abschnitten zu und schreiben Sie Antworten. Geben Sie die Fragen und Antworten an die nächste Gruppe weiter.

f Überprüfen Sie in der Gruppe, ob die Antworten zu den Fragen passen.

2 Es ist sehr praktisch, sich im Internet zu informieren.

a Welche Sätze kann man umstellen? Wo entfällt das *es* bei der Umstellung des Satzes? Lesen Sie den Grammatikkasten und kreuzen Sie an.

Das Wort *es*

Das Wort es *hat verschiedene Funktionen. Je nach Funktion ist* es *obligatorisch oder kann entfallen.*

es muss stehen
als Pronomen:
Das Smartphone ist ein wichtiges Kommunikationsgerät. = Es ist ein wichtiges Kommunikationsgerät.
als grammatisches inhaltloses Subjekt oder Objekt:
Es kommt darauf an. / Wie geht es dir? / Sie hat es eilig.

es entfällt bei Umstellung des Satzes
es bezieht sich auf einen Nebensatz mit *dass* oder auf einen Infinitivsatz:
Es nervt mich, dass man so viel Werbung im Internet sieht.
(Dass man so viel Werbung im Internet sieht, nervt mich.)
Ich finde es praktisch, alles mit dem Handy zu organisieren.
(Alles mit dem Handy zu organisieren, finde ich praktisch.)

▶ Grammatik A 5.2

---

1 ○ Das Smartphone ist besonders praktisch, wenn ich <u>es</u> eilig habe.
2 ○ <u>Es</u> ist wichtig, die richtigen Inhalte auszuwählen.
3 ○ Wird <u>es</u> morgen regnen?
4 ○ <u>Es</u> ist nicht ungewöhnlich, dass ich auf dem Smartphone andere Ergebnisse erhalte als auf dem PC.
5 ○ Das Harry-Potter-Spin-Off läuft im Kino. Kennst du <u>es</u> schon?

b Schreiben Sie die Sätze aus a ohne *es*, wo es möglich ist.

c Ergänzen Sie die Satzanfänge und schreiben Sie Sätze mit *dass* oder Infinitiv mit *zu*.

Ich finde es wichtig, … – Es ist schön, … –
Es macht mir Spaß, … – Es nervt mich sehr, …

Ich finde es wichtig, dass man den Informationen im Netz vertrauen kann.

d Tauschen Sie Ihre Sätze mit einer Partnerin / einem Partner. Schreiben Sie die Sätze neu ohne *es*.

3 Wikipedia – Wissen ist Macht

a Benutzen Sie Wikipedia? Wann und wofür? Tauschen Sie sich aus.
b Wie funktioniert Wikipedia? Was wissen Sie darüber? Sammeln Sie Ideen.
c Lesen Sie die Fragen. Sehen Sie dann das Video in Abschnitten und machen Sie Notizen.

1 Was ist das Besondere an Wikipedia? Was ist das „Wiki-Prinzip"? *(0:00–2:00)*
2 Wer schreibt die Artikel auf Wikipedia? Wie kommen die Inhalte auf die Internetseite? *(2:00–3:00)*
3 Wie wird die Qualität gesichert? Warum ist ein kritischer Umgang mit Wikipedia wichtig? *(3:00–4:33)*

d Welche Informationen waren neu für Sie? Vergleichen Sie mit Ihren Ideen aus b.
e Und Sie? Vertrauen Sie den Informationen aus dem Internet? Tauschen Sie sich aus.

Den Traumjob finden

1 Berufliche Ziele

a Welche Ziele haben Sie? Was machen Sie dafür? Tauschen Sie sich aus.

> *Ich möchte in Österreich studieren. Deshalb lerne ich viel Deutsch, um die B2-Prüfung zu bestehen.*

1.21 b Welche beruflichen Ziele haben die Personen? Hören und notieren Sie.

Mika (25), Design-Student

Ziel: _____

Thea (31), Altenpflegerin

Ziel: _____

Carlos (37), freiberuflicher Lehrer

Ziel: _____

1.21 c Mika, Thea oder Carlos? Zu wem passt die Information? Hören Sie noch einmal und ergänzen Sie.

1 *Mika* schließt gerade ihr/sein Studium ab, nachdem sie/er die Studienrichtung gewechselt hat.

2 _____ sammelt Erfahrungen in einer freiberuflichen Tätigkeit neben dem Studium.

3 _____ sucht eine unbefristete Stelle und möchte mehr Verantwortung übernehmen.

4 _____ hat ihre/seine feste Stelle als Angestellte/Angestellter gekündigt, um etwas Neues anzufangen.

5 _____ möchte sich an der Uni einschreiben und muss dafür eine Aufnahmeprüfung bestehen.

6 _____ fand durch einen Nebenjob zu ihrem/seinem Traumberuf.

7 _____ macht eine berufsbegleitende Fortbildung und muss eine Abschlussprüfung ablegen.

8 _____ braucht für die Bewerbung ihren/seinen Lebenslauf, ein Bewerbungsschreiben und ein Portfolio.

2 Sich beruflich neu orientieren

a Wer schreibt an wen und warum? Lesen Sie den Briefkopf und tauschen Sie sich aus.

Thea Nordhäus – Linkestraße 52 – 38112 Braunschweig

Braunschweig, 28.12.2019

Vivatana Pflegezentrum
Peiner Straße 12
38112 Braunschweig

Bewerbung um die Stelle als Praxisanleiterin

---

b Was steht in einem Bewerbungsschreiben? Was sollte man beachten? Sammeln Sie Ideen.

> *Ich denke, man muss auf jeden Fall von seinen Erfahrungen berichten.*

> *Ich würde schreiben, was ich mir von der neuen Stelle wünsche.*

 c **Strategietraining: ein Bewerbungsschreiben verfassen.** Sehen Sie das Strategievideo, notieren Sie die wichtigsten Informationen und vergleichen Sie mit Ihren Ideen. Welche Informationen waren neu für Sie? Tauschen Sie sich aus.

d Wie finden Sie Theas Bewerbung? Welche Tipps aus dem Video hat sie berücksichtigt? Lesen Sie ihre Bewerbung und sprechen Sie im Kurs.

Sehr geehrte Damen und Herren,

in Ihrer Anzeige im Braunschweiger Stadtanzeiger habe ich von der Stelle als Praxisanleiterin in der Pflege erfahren. Da ich im Moment auf der Suche nach neuen beruflichen Herausforderungen bin, bewerbe ich mich um die Stelle in Ihrem Unternehmen.

Nach dem Abschluss meiner Berufsausbildung zur Altenpflegerin konnte ich bereits drei Jahre Berufs-erfahrung in einer Klinik sammeln. Zu meinen Aufgaben gehören die Pflege und Betreuung der Patienten im Alltag. Ich motiviere sie aber auch zu mehr Bewegung und unterstütze sie beim Aufbau sozialer Kontakte mit anderen Patienten. Dabei hilft mir meine aufgeschlossene und feinfühlige Art. In meiner jetzigen Position arbeite ich regelmäßig neue Kolleginnen und Kollegen ein, was mir viel Spaß macht. Deshalb entschied ich mich zu einer berufsbegleitenden Fortbildung zur Praxisanleiterin in der Pflege und erhielt kürzlich das Zertifikat.

Mit dem Eintritt in Ihr Unternehmen verbinde ich die Erwartung, junge Menschen in ihrer Ausbildung zu betreuen und zu unterstützen und so die Arbeitsbedingungen in der Pflegebranche zu verbessern. Außerdem reizt mich das große Weiterbildungsangebot Ihres Unternehmens, da ich es wichtig finde, immer wieder Neues zu lernen. Ich bin sehr verantwortungsbewusst, flexibel und belastbar und glaube daher, dass ich für die Stelle sehr geeignet wäre.
Gern überzeuge ich Sie in einem persönlichen Gespräch von meinen Fähigkeiten.

Mit freundlichen Grüßen

Thea Nordhäus

[1]

e Wie ist ein Bewerbungsschreiben aufgebaut? Lesen Sie noch einmal den Briefkopf und die Bewerbung und ordnen Sie in a und d zu.

1 Motivation und Ziele	4 Betreff (Thema des Briefes)	7 Ort und Datum
2 bisherige Berufserfahrung	5 Adresse des Empfängers	8 Anrede
3 Einleitung / Gründe für die Bewerbung	6 Adresse des Absenders	9 Gruß/Unterschrift

f Richtig oder falsch? Lesen Sie noch einmal und kreuzen Sie an. Korrigieren Sie die falschen Sätze.

	richtig	falsch
1 Thea hat von einer Kollegin von der offenen Stelle erfahren.	○	○
2 Sie hat vor drei Jahren ihre Ausbildung als Altenpflegerin abgeschlossen.	○	○
3 Im Umgang mit den Patienten ist sie sensibel und hat eine offene Art.	○	○
4 Seit sie die Fortbildung beendet hat, arbeitet sie auch neue Kollegen ein.	○	○
5 Thea findet es wichtig, sich regelmäßig weiterzubilden.	○	○

3 Ein Bewerbungsschreiben verfassen

a Mika und Carlos suchen eine Stelle. Welche Erfahrungen und Fähigkeiten brauchen sie dafür? Wählen Sie eine Person (A oder B), lesen Sie die passende Stellenanzeige in der App und notieren Sie.

A
Mika bewirbt sich um ein Praktikum bei einer Werbeagentur.

B
Carlos bewirbt sich um eine Stelle als Englischlehrer.

22 23 **b** Welche Erfahrungen und Fähigkeiten bringen Mika bzw. Carlos schon für die Stelle mit? Hören Sie noch einmal den Text zu Ihrer Person und machen Sie Notizen.

c Schreiben Sie das Bewerbungsschreiben für Ihre Person. Benutzen Sie Ihre Notizen aus a und b und die Redemittel auf Seite 49.

d Tauschen Sie Ihre Bewerbung mit einer anderen Person. Wie finden Sie die Bewerbung? Lesen Sie sie und tauschen Sie sich aus.

3

■ über Assessment-Center sprechen; Vorschläge diskutieren und sich einigen; eine Veranstaltung planen
■ Konjunktiv II ohne *würde*; Phonetik: englische Wörter im Deutschen (Anglizismen)

Auf der Suche nach frischen Ideen

1 Unter Druck stehen

a Was glauben Sie: Wer sind die Personen? Wo sind sie? Was machen sie? Sehen Sie sich das Foto an, hören Sie und sammeln Sie Ideen.

b Lesen Sie den Text und überprüfen Sie Ihre Ideen aus a.

Viele Unternehmen führen im Bewerbungsprozess ein Assessment-Center durch, um ihre potentiellen Mitarbeiter genauer zu prüfen. Sie möchten sehen, wie die Bewerber arbeiten, wenn sie unter großem Druck stehen. Ein wichtiger Teil sind Gruppengespräche. Dafür wird eine Situation aus dem Arbeitsalltag simuliert, in der die Bewerber gemeinsam in der Gruppe unter Zeitdruck ein Problem oder einen Konflikt lösen müssen. Die Mitarbeiter der Personalabteilung beobachten, ob die Bewerber die richtigen Fragen stellen, an passender Stelle Kritik üben und zum richtigen Zeitpunkt eine gemeinsame Entscheidung treffen. Für die Arbeitgeber spielen auch soziale Kompetenzen für die spätere Zusammenarbeit eine wichtige Rolle. Deshalb sollte man sich als Bewerberin oder Bewerber nicht nur Mühe geben, eine Lösung zu finden, sondern vor allem auch gut im Team arbeiten können.

c Haben Sie schon einmal an einem Assessment-Center teilgenommen? Wie war das? Berichten Sie.

> *Ich habe während eines Berufsvorbereitungsseminars ein paar Aufgaben aus einem Assessment-Center gemacht. Das war ein gutes Training für echte Bewerbungssituationen.*

d Welches Verb passt? Suchen Sie die Nomen-Verb-Verbindungen in b und ergänzen Sie.

Nomen-Verb-Verbindungen		
unter Druck *stehen*	ein Problem / einen Konflikt	eine Frage
Kritik	eine Entscheidung	eine (wichtige) Rolle
sich Mühe	eine Lösung	

Eine Nomen-Verb-Verbindung ist eine Kombination aus einem Nomen und einem bestimmten Verb mit einer festen Bedeutung. Manche Nomen-Verb-Verbindungen kann man mit einem einfachen Verb ausdrücken, z. B. Kritik üben = kritisieren.

▶ Grammatik A 5.5; Anhang S. 197

e Was bedeuten diese Nomen-Verb-Verbindungen? Verbinden Sie. Der Text in b hilft.

1 eine große/wichtige Rolle spielen   a gestresst sein
2 sich Mühe (bei/mit etwas) geben   b (etwas z. B. ein Problem) lösen
3 Kritik (an etwas/jemandem) üben   c fragen
4 unter Druck stehen   d wichtig sein
5 eine Lösung (für etwas) finden   e (etwas) entscheiden
6 eine Frage stellen   f (etwas/jemanden) kritisieren
7 eine Entscheidung treffen   g sich bemühen

f Wählen Sie fünf Nomen-Verb-Verbindungen aus e und schreiben Sie das Nomen und das Verb jeweils einzeln auf Kärtchen. Mischen Sie die Kärtchen und tauschen Sie sie mit einer anderen Person.

g Was passt zusammen? Legen Sie die Kärtchen neu zusammen. Schreiben Sie dann zu jeder Nomen-Verb-Verbindung einen Satz in Ihr Heft.

2 Eine Lösung finden

1.24 **a** Welche Aufgabe muss die Gruppe lösen? Hören Sie noch einmal und tauschen Sie sich aus.

1.25 **b** Welche Vorschläge machen die Personen? Wofür entscheidet sich die Gruppe am Ende? Hören Sie weiter und notieren Sie. Vergleichen Sie danach im Kurs.

1.26 **c** Was sagen die Personen? Hören Sie und ergänzen Sie den Redemittelkasten.

Vorschläge diskutieren und sich einigen	
Vorschläge machen	Wie _____ es, wenn wir … ? / Ich _____ da noch eine Idee: …
Gegenvorschläge machen	Ich _____ es besser, wenn … / _____ wir nicht lieber …?
Kompromisse vorschlagen und sich einigen	Wir _____ uns vielleicht auf Folgendes einigen: …
	Ja, das _____ vielleicht. / Gut, dann machen wir das so. Okay, dann einigen wir uns darauf, dass … / ▶ Redemittel S. 49

d Wie heißen die Verben? Lesen Sie den Grammatikkasten und ergänzen Sie die Infinitive.

Konjunktiv II ohne *würde*
Bei den Verben haben *und* sein, *den Modalverben und einigen besonders häufig gebrauchten Verben benutzt man den Konjunktiv II ohne* würde.

z. B. es wäre (*sein*) – ich fände (_____) – das ginge (_____) – wir bräuchten (_____)

Konjunktiv II ohne würde: *Verbstamm im Präteritum (ggf. + Umlaut) + Endung:*

ich ging → ich ginge – wir brauchen → wir bräuchten
▶ Grammatik A 1.4.1

e Kursspaziergang: Gehen Sie durch den Raum und sprechen Sie mit verschiedenen Personen. Machen Sie Vorschläge und reagieren Sie. Benutzen Sie dabei Verben im Konjunktiv II ohne *würde*.

Wie wäre es, wenn wir morgen zusammen Eis essen gehen? *Ja, das fände ich super.*

3 Eine Veranstaltung planen

1.27 **a** Welche Aufgabe wird hier gestellt? Was gibt es zu tun? Hören Sie und notieren Sie die wichtigsten Informationen.

Veranstaltung: *zu organisieren:*
Teilnehmer: *Budget:*

b Phonetik: englische Wörter im Deutschen. Gibt es diese Wörter auch in Ihrer Sprache? Wie schreibt und spricht man sie? Vergleichen Sie im Kurs.

1 das Catering	2 das Marketing	3 das Start-up	4 der Co-Working-Space
5 das Homeoffice	6 die Location	7 der Manager	8 das/der Event

1.28 **c** Hören Sie und markieren Sie den Wortakzent in den Wörtern in b.

1.29 **d** Hören Sie noch einmal und sprechen Sie nach.

e Planen Sie zu dritt das Event aus a. Wählen Sie jeweils A, B oder C und lesen Sie die Angebote in der App. Wählen Sie zwei geeignete Angebote aus und notieren Sie die wichtigsten Informationen.

A	B	C
Veranstaltungsort	Catering	Abendprogramm

f Stellen Sie Ihre Vorschläge in der Gruppe vor, diskutieren Sie und einigen Sie sich. Die Redemittel auf Seite 49 helfen. Notieren Sie Ihre Ergebnisse auf einem Plakat.

g Präsentieren Sie Ihr Plakat im Kurs und begründen Sie Ihre Entscheidungen.

Der berufliche Werdegang

1 **Ein Lebenslauf**

a Worauf sollte man bei einem Lebenslauf achten?
Welche Informationen sollte man nennen?
Sammeln Sie Ideen.

> Man sollte auf jeden Fall über seine Berufserfahrungen schreiben.

> Die Informationen sollten chronologisch geordnet sein.

b Lesen Sie den Lebenslauf von Jonas Biermann und vergleichen Sie mit Ihren Ideen.

Lebenslauf von Jonas Biermann

Anschrift: Melchiorstraße 328, 50670 Köln

Geburtsdatum und -ort: 15.04.1986 in Köln
Familienstand: verheiratet

Telefon: 0162 – 20 814 30
E-Mail: jbiermann@example.net

Berufserfahrung

seit 10/2017:	freiberuflicher Online-Redakteur für diverse Kunden im Raum Köln u.a.: *GEDANKENtanken* (Redaktion); *Digital Effects* (Recherche, Schreiben von Artikeln)
07/2014 – 04/2016:	Bildredakteur bei *Prima Produktion*, Köln (Recherche von Bildmaterial, Klärung von Rechten, Budgetverwaltung)
10/2012 – 06/2014:	Redaktionsassistent bei *Prima Produktion*, Köln (Themenrecherche und -auswahl, Recherche von Bildmaterial)
09/2010 – 09/2012:	Produktionsassistent bei *Kreativlounge*, Köln (Planung und Begleitung der Dreharbeiten, Betreuung der Schauspieler*innen)

Aus- und Weiterbildung

05/2016 – 10/2017:	Weiterbildung zum Online-Redakteur bei *mabeg-Institut Medien*, Hamburg
09/2010 – 09/2012:	Masterstudium: International Marketing und Media Management (berufsbegleitend) Abschluss M.A., Note: 1,2 *Rheinische Fachhochschule Köln*
09/2006 – 08/2010:	Bachelorstudium: International Media and Entertainment Management Abschluss B.A., Note: 1,0 *NHTV Breda University of Applied Science*, Breda, Niederlande
08/1998 – 03/2005:	Schulbildung: Abschluss: Abitur, Note 1,4 *Hansa-Gymnasium, Köln*

Praktika und Auslandserfahrungen

10/2009 – 03/2010:	Auslandssemester; *Northern Arizona University*, Flagstaff, USA
04/2007 – 09/2007:	Praktikum als Videojournalist bei *center.tv Heimatfernsehen Köln GmbH* (Recherche, Schreiben und Vertonung von Beiträgen)
06/2005 – 07/2006:	Mitarbeiter im *EPCOT-Themenpark, Walt Disney World*, Florida, USA

Sprachkenntnisse	Deutsch (Muttersprache), Englisch (TOEFL C1), Niederländisch (CNaVT B2)
Sonstige Qualifikationen	sicherer Umgang mit Microsoft-Office-Anwendungen geübter Umgang mit Adobe Photoshop, Adobe InDesign Führerschein Klasse B

Köln, 06.02.2020

Jonas Biermann

> Ich hätte nicht gedacht, dass man ein Foto braucht.

> Ich glaube, dass das Foto aber nicht obligatorisch ist.

c Was sagt Jonas über seinen beruflichen Werdegang? Lesen Sie den Lebenslauf noch einmal und ergänzen Sie die Verben in der passenden Form.

abschließen – ~~auswählen~~ – betreuen – recherchieren – verwalten – weiterbilden

1 Als Redaktionsassistent habe ich die Themen für Sendungen *ausgewählt*   und recherchiert.

2 Ich habe als Praktikant oft für Beiträge zu verschiedenen Themen _____ .

3 Im Jahr 2016 konnte ich mich zum Online-Redakteur _____ .

4 Bei meinem ersten Job habe ich die Schauspieler am Set _____ .

5 Als Bildredakteur gehörte es zu meinen Aufgaben, das Budget für Bildrechte zu _____ .

6 Ich habe mein Bachelorstudium mit der Bestnote _____ .

d Was war wann? Suchen Sie die Informationen aus c im Lebenslauf und ordnen Sie zu.

e Suchen Sie die Informationen im Lebenslauf und schreiben Sie die Antworten. Achten Sie auf die richtige Zeitform der Verben.

1 Was für eine Stelle hatte Jonas Biermann nach seinem Masterstudium?
2 Was hat er gemacht, bevor er in die Niederlande gegangen ist?
3 Wo und als was hat er während des Masterstudiums gearbeitet?
4 Was hat er gemacht, nachdem er die Schule abgeschlossen hatte?
5 Was macht er seit seiner Weiterbildung?

> 1 Nachdem er sein Masterstudium beendet hatte, hat er als ... bei ... gearbeitet.

f Fragen und antworten Sie zu zweit mit Ihren Sätzen in e.

> Was für eine Stelle hatte Jonas Biermann nach seinem Masterstudium?

> Nachdem er ...

2 Und Ihr Lebenslauf?

a Notieren Sie mindestens fünf Informationen zu Ihrem Lebenslauf und bereiten Sie eine kurze Präsentation vor. Brauchen Sie Hilfe oder sind Sie schon fertig? Dann arbeiten Sie mit der App.

2006–2013	Gymnasium in ...; Abitur
2013–2017	... – Studium an der Universität ...
2017	Praktikum bei ...

b Stellen Sie Ihren beruflichen Werdegang mithilfe Ihrer Notizen aus a in Gruppen vor. Stellen Sie Fragen zu den Präsentationen der anderen.

> Ich bin von 2006 bis 2013 aufs Gymnasium gegangen. Sobald ich mein Abitur hatte, habe ich angefangen zu studieren.

> Hast du während deines Studiums auch gearbeitet?

c Schreiben Sie Ihren Lebenslauf wie in 1b.

d Mischen Sie die Lebensläufe und verteilen Sie sie im Kurs. Stellen Sie den Lebenslauf vor, ohne den Namen der Person zu nennen. Die anderen raten, von wem der Lebenslauf ist.

> Die Person hat in den USA Elektrotechnik studiert.

> Das ist bestimmt Amy. Sie kommt aus den USA.

3

■ über Wandern und Erholung in der Natur sprechen; mit einer Mindmap arbeiten; ein Interview mit einer Bloggerin verstehen

Ruhe finden

1 In der Natur

a **Strategietraining: mit einer Mindmap arbeiten.** Woran denken Sie bei dem Wort *Natur*? Was kann man in der Natur machen? Notieren Sie zu zweit Ideen.

b Vergleichen Sie Ihre Mindmap mit einem anderen Paar. Erklären Sie sich gegenseitig unbekannte Wörter und ergänzen Sie neue Ideen in Ihrer Mindmap.

c Sind Sie gern in der Natur? Warum (nicht)? Was machen Sie dort? Tauschen Sie sich im Kurs aus.

> *Ich bin gern in meinem Garten. Dort kann ich Ruhe und Erholung vom Alltag finden.*

2 Der kleine rote Rucksack

a Welche Frage passt? Lesen Sie das Interview und ordnen Sie die Fragen zu.

Welche Tipps hast du für Wander-Anfänger? – Das Bloggen ist also dein Ausgleich zum Job? – Wieso hast du deine Meinung geändert? – ~~Anne, dein Blog heißt „Little Red Hiking Rucksack". Was können wir da lesen?~~ – Wie bist du zum Wandern gekommen? – Und seit wann bloggst du? – Viele wünschen sich in der Natur auch Ruhe vom Handy. Ist Bloggen da nicht ein Widerspruch?

Aktiv und draußen 02/20

Interview mit …
Anne, leidenschaftlicher Wanderin und Bloggerin

Natur liegt schwer im Trend! Vor allem Großstädter suchen einen Ausgleich zum stressigen Leben in der Stadt. Eine der beliebtesten Outdoor-Aktivitäten der Deutschen ist das Wandern. Fast die Hälfte der Bevölkerung geht regelmäßig wandern oder klettern. Anne, freiberufliche Deutschlehrerin aus Berlin, ist eine von ihnen und schreibt darüber in ihrem Blog (www.littleredhikingrucksack.de).

Anne, dein Blog heißt „Little Red Hiking Rucksack".
Was können wir da lesen?

Ich schreibe hier über Erlebnisse während meiner Wanderungen. Mein kleiner, roter Wanderrucksack ist fast immer dabei, daher der Name. Auf dem Blog könnt ihr etwas zu den Orten und Routen lesen, wo ich gewandert bin und so vielleicht auch Ideen für eure nächsten Reisen finden. Aber ihr bekommt auch Tipps, was man beim Wandern braucht und worauf man achten sollte. Es macht natürlich Spaß, einfach spontan loszulaufen. Aber mit guter Vorbereitung ist es noch besser.

Mein erstes Wandererlebnis ist inzwischen fast 20 Jahre her und auch eine ganz lustige Geschichte. In der Schulzeit war ich in einem Feriencamp in den österreichischen Alpen. Eigentlich hatte ich mich für ein Camp an der Ostsee beworben. Das war aber leider schon voll und so wurde ich einfach in die Berge geschickt. „Was soll ich denn da???", dachte ich damals. Ich wollte Strand und Meer – die Wanderungen in den Bergen fand ich damals ziemlich langweilig. Inzwischen ist das anders.

Vor einigen Jahren – 2013 – hatte ich ziemlich plötzlich das Bedürfnis, mal „raus zu müssen": Niemanden sehen, mit niemandem sprechen, weg aus Berlin, alleine sein! Eine Auszeit von meinem stressigen Berufsalltag. Da habe ich mitten in der Nacht angefangen, im Internet zu recherchieren und habe den „Caminho Portugues" – das ist ein Teil des berühmten Jakobsweges – entdeckt. Ich habe den Flug gebucht, Wanderschuhe gekauft und zwei Wochen später ging es los. Meine erste große Wanderung – das war der Beginn einer großen Liebe.

Den Blog gibt es seit 2017. Als ich wieder einmal von einer mehrwöchigen Wanderung zurückkam, fiel es mir schwer, in den Berufsalltag zurückzufinden. Obwohl ich doch gerade erst im Urlaub gewesen war, fühlte ich mich müde und lustlos. Mir wurde klar: Ich brauche Veränderungen in meinem Leben. Ich finde es toll, Deutsch zu unterrichten. Aber ich wollte mehr als das! Also habe ich mit dem Bloggen angefangen.

Ja, absolut. Sagen wir, ich bin Teilzeit-Bloggerin. Diese Abwechslung zwischen arbeiten, wandern und bloggen macht mich einfach glücklich. Und es ist ein großes Glück, dass ich meine zwei Hobbys – Wandern und Erzählen – kombinieren kann. Nach meiner ersten Wanderung war ich so stolz darauf, den Weg alleine geschafft zu haben. Plötzlich hatte ich das Gefühl, dass ich alles schaffen kann. Und genau dieses Gefühl möchte ich anderen Menschen gern mitgeben, ihnen Mut machen: Auch wenn nur drei Leute durch meinen Blog inspiriert werden und das Wandern mal ausprobieren, dann hat sich das Schreiben schon gelohnt.

Das ist eine sehr gute Frage. Mir ist es wichtig, die Natur und Landschaften mit meinen eigenen Augen zu sehen und nicht nur durch die Kamera oder das Handydisplay. Während einer Wanderung will ich mich auf das konzentrieren, was um mich herum passiert. Da würde ich nichts posten. Aber da es in den Bergen selten Empfang gibt, ginge das sowieso nicht. Meine Berichte schreibe ich erst zu Hause. Dabei genieße ich es sehr, nochmal in die Erlebnisse einzutauchen.

Jede Tour ist einzigartig. Natürlich sind passende Kleidung und Schuhe, ein guter Rucksack und die richtige Menge an Gepäck wichtig. Noch viel wichtiger finde ich aber die Entscheidung, ob man allein oder mit anderen Menschen wandert. Ich bin oft mit meiner Frau Nathalie unterwegs. Das ist toll. Aber man kann auch mal in schwierige Situationen kommen: Man geht an seine körperlichen Grenzen, hat vielleicht unterschiedliche Wünsche und ein eigenes Lauftempo. Da muss man gut kommunizieren können, dem anderen vertrauen und sich auf ihn verlassen können. Vor allem sollte es beim Wandern darum gehen, die Zeit zu genießen und nicht so streng mit sich zu sein. Man will ans Ziel kommen. Aber es kommt nicht so sehr darauf an, wie schnell das geht. ■

b Lesen Sie noch einmal und beantworten Sie die Fragen in Ihrem Heft.

1 Wann war Anne zum ersten Mal wandern? Wie fand sie das?
2 Warum hat sich Anne entschieden, auf dem *Caminho Portugues* zu wandern?
3 Wie hat sich Anne nach ihrer ersten Wanderung gefühlt?
4 Warum postet Anne nicht während ihrer Wanderungen auf ihrem Blog?
5 Warum empfiehlt Anne, sich gut zu überlegen, ob man zusammen mit anderen Menschen wandert?

c Was passt zusammen? Lesen Sie noch einmal und verbinden Sie.

1 Es macht Spaß,
2 Anne fiel es schwer,
3 Anne findet es toll,
4 Für Anne ist es ein großes Glück,
5 Es ist ihr wichtig,
6 Sie genießt es sehr,
7 Beim Wandern sollte es darum gehen,

a Deutsch zu unterrichten.
b die Natur mit den eigenen Augen zu sehen.
c beim Bloggen nochmal in die Erlebnisse einzutauchen.
d zwei Hobbys kombinieren zu können.
e die Zeit zu genießen.
f einfach spontan loszulaufen.
g in den Berufsalltag zurückzufinden.

d Mit *es* oder ohne *es*? Fragen und antworten Sie zu zweit mit den Sätzen aus c wie im Beispiel.

> Was macht Spaß?

> Einfach spontan loszulaufen, macht Spaß. Was fiel Anne schwer?

e Und Sie? Was tun Sie, wenn Sie eine Auszeit brauchen? Schreiben Sie einen kurzen Text.
f Arbeiten Sie zu dritt. Tauschen Sie Ihre Texte und vergleichen Sie: Haben Sie ähnliche Interessen?

Kreativ gelöst

1 Wer sucht, der findet …

a Welche Dienstleistungen kennen Sie? Sammeln Sie Wörter an der Tafel.

1.30 b Welcher Titel passt? Hören Sie den Anfang des Podcasts und kreuzen Sie an.

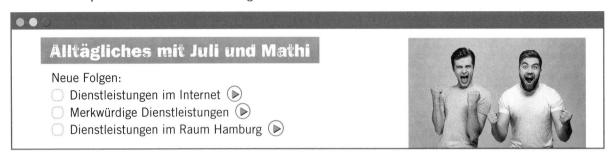

Alltägliches mit Juli und Mathi

Neue Folgen:
- ○ Dienstleistungen im Internet ▶
- ○ Merkwürdige Dienstleistungen ▶
- ○ Dienstleistungen im Raum Hamburg ▶

1.31 c Über welche Anzeigen berichtet der Podcast? Lesen Sie, hören Sie dann und kreuzen Sie an.

a Studis aufgepasst!

Wir unterstützen euch bei der Erstellung eurer Haus- und Abschlussarbeiten. Unser Workshop- und Seminarangebot:
- Ideenfindung und Recherche
- korrektes Zitieren
- Zeitmanagement

b Die große Liebe haben Sie schon gefunden?

Doch die richtigen Worte fehlen Ihnen manchmal? Professioneller Liebesbriefschreiber bietet seine Hilfe an. Sie liefern die Ideen, ich helfe mit dem passenden Text. Diskret und zuverlässig.

c Job-Coaching:

Was will ich? Was kann ich? Wie erreiche ich meine Ziele?

Wir trainieren mit Ihnen Situationen für das Vorstellungsgespräch oder Assessment-Center und geben Tipps für das perfekte Bewerbungsschreiben.

d Partnervermittlung für Ihr Haustier:

Hasen und Meerschweinchen günstig wochen- und monatsweise zu vermieten.

e Keine Lust auf alleine Shoppen?

Gemeinsam finden wir das perfekte Abendkleid, das richtige Hemd für das Bewerbungsgespräch und etwas Passendes für jeden Anlass. Sympathische, geduldige und stilsichere Studenten unterstützen Sie bei Ihrem nächsten Einkaufsbummel.

f Reparaturservice:

ehemaliger Hausmeister bietet Reparaturen jeglicher Art, auch Reinigung möglich

Preis: Verhandlungsbasis
Kontakt: 0162-2090503

g Biete Nachhilfe in Deutsch (Rechtschreibung und Grammatik). Auch Korrekturlesen für Seminararbeiten und Abschlussarbeiten. Günstig und zeitlich flexibl.

1.31 d Hören Sie noch einmal und korrigieren Sie die falschen Sätze.

1 Ein Schweizer Gesetz verbietet, Meerschweinchen zu Hause zu halten.
2 Seit es das Internet gibt, wird das Schwarze Brett nicht mehr benutzt.
3 Es ist gesetzlich verboten, für Bewerbungen einen Ghostwriter zu engagieren.
4 Matthi würde gern einen Liebesbriefeschreiber engagieren.

e Wie finden Sie die vorgestellten Dienstleistungen? Tauschen Sie sich aus.

> *Das Angebot des Liebesbriefschreibers hört sich sehr gut an. Das wäre auf jeden Fall etwas für mich.*

2 Besondere Dienstleistungen

a Was ist Ihre Idee für eine besondere Dienstleistung? Schreiben Sie eine kurze Anzeige.
b Gestalten Sie ein Schwarzes Brett im Kurs. Hängen Sie Ihre Anzeigen auf und lesen Sie sie. Welche Dienstleistung interessiert Sie? Tauschen Sie sich aus.

Auf einen Blick

ein Bewerbungsschreiben verfassen

Einleitung	Mit großem Interesse habe ich Ihre Stellenanzeige gelesen. In Ihrer Anzeige suchen Sie … / In Ihrer Anzeige in … habe ich von der Stelle … erfahren. An der Stelle als … bin ich sehr interessiert.
Gründe für die Bewerbung	Da ich mich beruflich verändern möchte, bewerbe ich mich um die Stelle als … / um einen Praktikumsplatz in Ihrem Unternehmen. Ich bin auf der Suche nach neuen beruflichen Herausforderungen. Daher …
Berufserfahrung	Meine Berufsausbildung zur/zum … habe ich erfolgreich abgeschlossen. Seitdem … Nach erfolgreichem Abschluss meines Studiums / meiner Ausbildung … In meiner jetzigen Tätigkeit als … konnte ich viele Erfahrungen im Bereich … sammeln. Ich bin zurzeit als … tätig. / Durch meine Tätigkeit als … weiß ich, dass … Zu meinen Aufgaben gehören … / In meiner jetzigen Position …
Motivation und Ziele	An der ausgeschriebenen Stelle reizt mich, dass … Von einem Wechsel zu Ihrer Firma erhoffe ich mir, … / dass … Mit dem Eintritt in Ihr Unternehmen verbinde ich die Erwartung, … Ich bin sehr flexibel/belastbar/zuverlässig/… Daher glaube ich, dass ich für die Stelle sehr geeignet wäre.
Abschluss	Mit der Tätigkeit als … kann ich zum … beginnen. Ich würde mich freuen, Sie in einem Vorstellungsgespräch persönlich überzeugen zu können. / Gern überzeuge ich Sie von meinen Fähigkeiten in einem persönlichen Gespräch. / Über die Einladung zu einem persönlichen Gespräch freue ich mich sehr.

Vorschläge diskutieren und sich einigen

Vorschläge machen	Wie wäre es mit … ? / Wie wär's, wenn wir …? Ich finde, man sollte zuerst … Könnten wir nicht …? / Wir könnten doch (auch) … Erstmal würde ich vorschlagen, dass … Ich hätte da noch eine Idee: … Was halten Sie / hältst du davon?
Gegenvorschläge machen	Ich hätte einen anderen Vorschlag: … / Ich fände es besser, wenn … Ich würde es vielleicht lieber so machen: … Sollten wir nicht lieber …? / Lassen Sie uns / Lasst uns lieber … Es wäre vielleicht/bestimmt besser, wenn … Keine schlechte Idee! Aber wie wäre es, wenn …?
Kompromisse vorschlagen und sich einigen	Warum machen wir es denn nicht so: …? Wir könnten uns vielleicht auf Folgendes einigen: … Schön, dann können wir also festhalten, dass … Okay, dann einigen wir uns darauf, dass … Gut, dann machen wir das so.

Botschaften senden

1 Kommunikation

a Wer kommuniziert hier wie und mit wem?
Welche Arten der Kommunikation sieht man?
Beschreiben Sie das Bild. Die Wörter helfen.

> Die beiden Männer rechts im Bild streiten sich.
> Das erkennt man an der Körpersprache.

digital – Gebärdensprache – Gesichtsausdruck – Körpersprache – nonverbal – schriftlich – verbal – Zeichen

b Welche anderen Beispiele für Kommunikation kennen Sie noch? Sprechen Sie im Kurs.

2 Wo ist Julie? – Sie könnte krank sein.

2.02 🔊 a Wer sagt was? Hören und ergänzen Sie: P (Pablo) oder L (Lena).

1 ☐ Sie könnte zu Hause sein, weil sie krank ist.

2 ☐ Sie müsste noch im Seminar bei Prof. Sambanis sein.

3 ☐ Vermutlich ist Julie bei Prof. Kurzler im Büro.

4 ☐ Julie bereitet sich bestimmt in der Bibliothek auf ihre Prüfung vor.

2.03 🔊 b Wie drücken Pablo und Lena ihre Vermutungen aus? Hören Sie und vergleichen Sie mit den Sätzen in
a. Ergänzen Sie dann die Modalverben und Adverbien im Grammatikkasten.

Vermutungen über die Gegenwart und Zukunft mit Modalverben ausdrücken
Sie könnte krank sein. – Sie ist vielleicht krank.

sehr sicher (100%) ↑	_____	sicher/bestimmt
	müsste	höchstwahrscheinlich/_____
	_____	wahrscheinlich/vermutlich/sicherlich
nicht so sicher	könnte/kann	vielleicht/eventuell/möglicherweise

▶ Grammatik A 1.6.2

---

c Was ist mit Julie los? Schreiben Sie Vermutungen mit verschiedenen Modalverben und Adverbien.

im Stau stehen – keinen Hunger haben – ein Bewerbungsgespräch
haben – auf Reisen sein – etwas später kommen – beim Arzt sein

Sie könnte im Stau stehen.
Sie steht möglicherweise im Stau.

- über verbale und nonverbale Kommunikation sprechen; Vermutungen äußern; ein Video über kulturelle Unterschiede bei Gesten verstehen
- mit Modalverben Vermutungen ausdrücken; modale Infinitiv- und Nebensätze mit *ohne ... zu ...* und *ohne dass ...*

4

3 Ohne Worte

a Welche Überschrift passt wo? Lesen Sie den Zeitschriftenartikel und ergänzen Sie die Überschriften.

Kann man Körpersprache lernen? – Körpersprache: universell oder kulturell? – Mit den Händen sprechen – Was der Gesichtsausdruck verrät – ~~Was die Körpersprache erzählt~~

Kommunikation und Körpersprache

„Wir können nicht nicht kommunizieren", lautet ein berühmtes Zitat des Kommunikationswissenschaftlers Paul Watzlawick. Denn Kommunikation ist sehr viel mehr als nur die gesprochene Sprache. Ein Großteil unserer Kommunikation läuft nonverbal ab, zum Beispiel über Mimik, Gestik, Körperhaltung und Bewegungen. Diese Art der Kommunikation findet oft unbewusst statt, also ohne dass man darüber nachdenkt. Deshalb verrät sie viel über die Gefühle und Gedanken der
5 Gesprächspartner.

Was die Körpersprache erzählt

Wir hüpfen vor Freude oder lassen unsere Schultern hängen, wenn wir traurig sind. Ein gesenkter Kopf kann Nervosität oder Scham bedeuten. Wer sich schnell und hektisch bewegt, wirkt gestresst. Studien haben gezeigt, dass mehr als 80 % des Inhalts einer Aussage über Körpersprache und Stimme kommuniziert und verstanden werden. Entscheidend ist also weniger, was wir sagen, sondern, wie wir es sagen und wie wir uns dabei verhalten. Wenn mein Gesprächspartner lacht,
10 weiß ich, dass er sich gut amüsiert. Wenn er seine Arme verschränkt, wirkt er verärgert. Wer bei einem Vortrag unruhig hin und her läuft, seine Hände knetet oder sich ständig ins Gesicht fasst, ist vermutlich sehr nervös.

Aber Vorsicht: Körpersprache ist keine Weltsprache. Wissenschaftliche Studien zeigen, dass es nur wenige Gefühle gibt, die weltweit gleich ausgedrückt werden. Diese sogenannten primären Emotionen haben sich vermutlich evolutionär entwickelt und sind daher universell, also unabhängig von der kulturellen Sozialisation eines Menschen. Wut erkennt man
15 beispielsweise überall an einem Stirnrunzeln, Freude an einem Lächeln. Bei Überraschung oder Angst sind Augen und Mund weit geöffnet. Auch Trauer oder Ekel sehen bei den meisten Menschen ähnlich aus. Alle anderen Körpersignale sind allerdings kulturell erlernt und können deshalb durchaus missverständlich sein. Zum Beispiel wird ein Kopfschütteln in vielen Teilen der Welt als „Nein" verstanden, in Indien oder Bulgarien ist es jedoch ein Zeichen der Zustimmung. Jede Kultur hat ihr eigenes System, das man erst erlernen muss.

20 Die Mimik bezeichnet unsere Gesichtsbewegungen. Dabei sind die Augen besonders wichtig. Mit unserem Blick zeigen wir dem Gesprächspartner, dass wir ihn wahrnehmen und was wir über ihn denken. Auch Blickkontakt wird kulturell sehr unterschiedlich interpretiert: In einigen Kulturen ist das Anschauen des Gesprächspartners ein Zeichen von Respekt und fehlender Blickkontakt wird als Desinteresse oder Unhöflichkeit verstanden. In anderen Kulturen drückt es das Gegenteil aus: Hier wird direkter Blickkontakt als unangenehm oder respektlos empfunden.

25 Beim Sprechen bewegen wir oft unsere Hände, ohne es zu merken. Unsere Gestik verstärkt, was wir sagen. Wie stark wir gestikulieren, kann dabei von unserer Persönlichkeit, unserem aktuellen Gefühlszustand oder auch unserer kulturellen Sozialisation abhängen. Extrovertierte Menschen gestikulieren oft mehr als introvertierte. Wenn wir aufgeregt oder verärgert sind, bewegen wir unsere Hände sehr schnell. Und manche Gesten setzen wir bewusst ein, um etwas Bestimmtes auszudrücken. Solche Gesten können leicht missverstanden werden, wenn nicht beide Gesprächspartner den gleichen
30 kulturellen Hintergrund haben. So bedeutet zum Beispiel der nach oben gestreckte Daumen in Deutschland oder Brasilien „Alles okay!". In anderen Ländern ist diese Geste jedoch eine schlimme Beleidigung.

Für eine gute Kommunikation ist es wichtig, dass wir verstehen, wie unsere Körpersprache auf andere wirkt. Obwohl ein Großteil der Körpersprache unbewusst abläuft und daher schwer kontrollierbar ist, kann man dennoch lernen, sie bewusst einzusetzen. So können wir beispielsweise Körperhaltungen und Bewegungen gezielt trainieren, um eine bestimmte Wirkung zu erzielen. Wenn ich weiß, dass ich in schwierigen Situationen wie zum Beispiel in einem Vorstellungsgespräch
35 oft nervös oder unsicher wirke, kann ich vorher üben, eine Körperhaltung einzunehmen, die Sicherheit ausstrahlt. ∎

b Was steht im Text? Lesen Sie noch einmal in a auf Seite 51 und unterstreichen Sie.

1 Nonverbale Kommunikation verläuft meistens *unbewusst/bewusst*.
2 Der Großteil einer Aussage wird *über Worte / über Körpersprache und Stimme* kommuniziert.
3 Die primären Emotionen werden *weltweit gleich / kulturabhängig unterschiedlich* ausgedrückt.
4 Direkter Blickkontakt wird in manchen Kulturkreisen als eher *unhöflich/extrovertiert* verstanden.
5 Die Gestik *ist immer kulturell erlernt / kann vom Charakter abhängen*.
6 Die eigene Körpersprache kann man *üben und verändern / nicht kontrollieren*.

c Welche Informationen aus dem Artikel in a waren neu für Sie? Was fanden Sie interessant? Tauschen Sie sich aus.

> *Mich hat überrascht, dass Kopfschütteln in Indien Zustimmung bedeutet.*

d *Ohne dass …* oder *ohne … zu … ?* Was passt? Lesen Sie die Beispiele und ergänzen Sie die Regel.

Modale Infinitiv- und Nebensätze mit *ohne … zu …* und *ohne dass …*

Die Kommunikation findet unbewusst statt, ohne dass man darüber nachdenkt.
Beim Sprechen bewegen wir unsere Hände, ohne es zu merken.

_____ *leitet einen Nebensatz ein. Nach* _____ *folgt ein Infinitiv mit* zu.

_____ *kann man nur benutzen, wenn das Subjekt im Hauptsatz und Infinitivsatz*

identisch ist.

▶ Grammatik B 2.1.3

---

e Ergänzen Sie den Satz. Schreiben Sie jeweils einen Satz mit *ohne dass …* und *ohne … zu …* .

> *Ich kann nicht lügen, …*

f Kursspaziergang. Gehen Sie herum und lesen Sie sich Ihre Sätze vor.

> *Ich kann nicht lügen, ohne rot zu werden.*

> *Ich kann nicht lügen, ohne dass man es merkt.*

4 Gesten international

a Kennen Sie diese Gesten? Was könnten Sie bedeuten? Äußern Sie Vermutungen. Die Redemittel auf Seite 61 helfen.

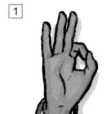    

> *Die Geste auf dem ersten Bild würde bei uns in … bedeuten, dass …*

 b Was bedeuten diese Gesten in den verschiedenen Ländern? Sehen Sie das Video und notieren Sie.

> 1 *Deutschland: „Alles okay!"*
> *Frankreich/Belgien/Tunesien: …*

c Welche typischen Gesten benutzt man in Ihrer Heimat oder in einer Kultur, die Sie gut kennen? Zeigen Sie eine Geste. Die anderen raten, was die Geste bedeutet.

Streitgespräche verstehen; Kritik äußern und auf Kritik reagieren; über (kulturelle) Unterschiede beim Streiten sprechen;
Phonetik: emotionale Intonation

4

Richtig streiten

1 Streitgespräche

a Was glauben Sie: Worüber streiten die Personen? Was könnten sie sagen? Äußern Sie Vermutungen.

b Hören Sie und vergleichen Sie mit Ihren Vermutungen in a.

c Richtig oder falsch? Hören Sie noch einmal und kreuzen Sie an.

	richtig	falsch
1 Der Sohn findet, dass sein Vater übertreibt.	○	○
2 Der Vater kritisiert seinen Sohn, ohne auf sein eigenes Verhalten zu achten.	○	○
3 Das Ehepaar streitet darüber, wie ihre Ferienpension auf Sardinien hieß.	○	○
4 Der Mann wirft seiner Frau vor, dass sie vergesslich ist.	○	○
5 Herr Senger ärgert sich, dass die Konferenzplanung noch nicht fertig ist.	○	○
6 Herr Buhl hat die Einladungen ohne das Konferenzprogramm verschickt.	○	○

2 Umgang mit Kritik

a Phonetik: emotionale Intonation. Hören Sie und markieren Sie die Redemittel, die eher emotional klingen. Vergleichen Sie dann Ihre Ergebnisse im Kurs. Unterscheiden sich Ihre Eindrücke?

> **Kritik äußern**
> Ich kann leider nicht nachvollziehen, warum … / Ich verstehe echt nicht, warum …
> Es ist mir ein Rätsel, wieso … / Kannst du mir mal sagen, warum …?
> Für mich wäre es leichter, wenn …
>
> **auf Kritik reagieren**
> Es tut mir leid, das ist mir gar nicht aufgefallen. / Ich verstehe, was Sie meinen, aber …
> Nein, da irrst du dich. / Das war wohl ein Missverständnis. / Aus meiner Sicht …
> Immer bist du am Meckern, dabei … / Jetzt übertreibst du aber!
>
> ▶ Redemittel S.61

b Welche Beschreibungen passen zu den markierten Redemitteln? Hören Sie noch einmal und kreuzen Sie an.

1 ○ sehr stark betont   2 ○ eher ruhig   3 ○ viel Melodie   4 ○ Satzmelodie fällt stark ab

c Wie finden Sie den Ton in den Streitgesprächen? Gibt es Ihrer Meinung nach kulturelle Unterschiede beim Streiten? Sprechen Sie im Kurs.

> *Bei uns streitet man noch viel emotionaler! Das ist ganz normal.*

d Üben Sie die Redemittel zu zweit. Äußern Sie abwechselnd Kritik und reagieren Sie auf die Kritik.

> *Es ist mir ein Rätsel, wieso du immer zu spät kommst!*

> *Jetzt übertreibst du aber! Gestern war ich pünktlich!*

e Arbeiten Sie zu zweit. Lesen Sie jeweils die Informationen für Ihre Rolle (A oder B) in der App und schreiben Sie dann gemeinsam ein Streitgespräch. Die Redemittel auf Seite 61 helfen.

f Spielen Sie Ihr Streitgespräch im Kurs vor.

4

- über digitale Kommunikation sprechen; ein Interview über eine Studie zu digitalen Medien verstehen; eine Grafik beschreiben
- Adjektivdeklination: Komparativ und Superlativ

Digitale Kommunikation

1 Digitale Medien

a Was machen Sie online? Wie oft und in welchen Situationen? Tauschen Sie sich aus.

Apps benutzen – Online-Dating machen – Nachrichten lesen –
soziale Netzwerke benutzen – E-Mails lesen und schreiben –
über Messenger-Dienste kommunizieren – über das Internet telefonieren

> *Ich benutze regelmäßig soziale Netzwerke, um auf dem Laufenden zu bleiben.*

b Welches Thema passt zu welcher Frage? Ordnen Sie zu. Sehen Sie sich dann die Grafik an und beantworten Sie die Fragen zu zweit.

a Zeitpunkt der Umfrage – **b** Autor oder Quelle – **c** Thema der Grafik – **d** befragte Personen

1 ☐ Worum geht es in der Grafik? Worüber informiert die Grafik?

2 ☐ Wer hat die Umfrage durchgeführt? / Woher kommen die Informationen?

3 ☐ Wann wurde die Umfrage durchgeführt? / Aus welchem Jahr sind die Zahlen?

4 ☐ Wer hat an der Umfrage teilgenommen? / Wer wurde befragt?

> *In der Grafik geht es um die Frage, …*

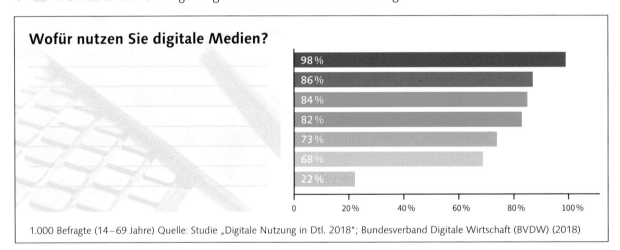

Wofür nutzen Sie digitale Medien?

98 %
86 %
84 %
82 %
73 %
68 %
22 %

0   20 %   40 %   60 %   80 %   100 %

1.000 Befragte (14–69 Jahre) Quelle: Studie „Digitale Nutzung in Dtl. 2018"; Bundesverband Digitale Wirtschaft (BVDW) (2018)

c Was glauben Sie: Was haben die Befragten gesagt? Welche Aktivität in a passt zu welcher Prozentzahl in der Grafik? Diskutieren Sie in Gruppen.

2.06 d Was machen die Befragten online? Hören Sie das Interview und ergänzen Sie in der Grafik in b.

2.07 e Was ist richtig? Hören Sie weiter und kreuzen Sie an. Hören Sie dann noch einmal und korrigieren Sie die falschen Antworten.

1 ☐ Über die Hälfte der Befragten nutzt regelmäßig die „Gefällt-mir-Funktion". Ein etwas kleinerer Anteil schreibt in sozialen Medien Nachrichten an andere.

2 ☐ Unter den sozialen Netzwerken wird Facebook am häufigsten benutzt. Die Nutzerzahl von beruflichen Netzwerken wie XING oder LinkedIn ist kleiner.

3 ☐ Die Zahl der Smartphone-Nutzer ist niedriger als die Zahl der Laptop-Nutzer.

4 ☐ WhatsApp ist nach dem Facebook-Messenger der beliebteste Nachrichtendienst.

5 ☐ Nur wenige Befragte finden, dass reale Kontakte eine höhere Qualität haben als Kontakte im Internet.

f Wie finden Sie die Ergebnisse der Studie? Was hat Sie überrascht? Vergleichen Sie mit Ihren eigenen Nutzungsgewohnheiten und tauschen Sie sich im Kurs aus.

> *Mich hat überrascht, dass es immer noch so viele Laptop-Nutzer gibt. Ich nutze vor allem das Smartphone.*

2 Der größte Teil der Befragten schreibt E-Mails.

a Unterstreichen Sie die Komparativ- und Superlativformen in den Sätzen in 1e und ergänzen Sie die passenden Beispiele im Grammatikkasten.

Komparativ und Superlativ

als Adjektiv oder Adverb ohne Nomen
bleiben der Komparativ und Superlativ unverändert.

Komparativ	= Adjektiv + er	Die Nutzerzahl von XING ist _____ .
Superlativ	= am + Adjektiv + sten	Facebook wird _____ benutzt.

als Adjektiv vor einem Nomen
werden der Komparativ und Superlativ wie andere Adjektive dekliniert.

Komparativ	= Adjektiv + er + Adjektivendung	ein etwas _____ Anteil
Superlativ	= Adjektiv + (e)st + Adjektivendung	der _____ Nachrichtendienst

▶ Grammatik A 2.2.1

---

b Sprechen Sie zu dritt und bilden Sie Komparativ- und Superlativformen wie im Beispiel.

---

eine Suchmaschine (gut) – die App (beliebt) – der Nachrichtendienst (bekannt) – das Angebot (groß) –
ein Teil der Befragten (gering) – die Antwort (häufig) – die Online-Zeitung (wichtig)

---

eine gute Suchmaschine

eine bessere Suchmaschine

*die beste Suchmaschine
– eine beliebte App*

...

c Schreiben Sie zu jeder Wortgruppe in b einen Satz. Benutzen Sie die Adjektive im Komparativ oder Superlativ.

Die beste Suchmaschine, die ich kenne, ist ...

3 Strategietraining: eine Grafik beschreiben

 a Was ist bei einer Grafikbeschreibung wichtig? Sehen Sie das Strategievideo zweimal und notieren Sie die wichtigsten Informationen. Vergleichen Sie dann in der Gruppe.

Einleitung: Hauptinformationen nennen; ...
Hauptteil:
Schluss:

b Wählen Sie ein Thema und lesen Sie dazu die passende Grafik in der App. Beschreiben Sie die Grafik in einem kurzen Text. Benutzen Sie die Redemittel auf Seite 61.

A

Digitale Kommunikation in
Unternehmen

B

Mediennutzung von
Jugendlichen

 c Sehen Sie das Strategievideo noch einmal. Haben Sie alle Tipps berücksichtigt? Überprüfen Sie Ihren Text.

 d Arbeiten Sie in Gruppen. Eine Person liest in der Gruppe ihre Grafikbeschreibung vor. Vergleichen Sie die Informationen aus der Grafik mit Ihren eigenen Erfahrungen zum Thema.

Einfach mal reden!

1 Streitthema Arbeit

a Wann kann die Arbeit für das Privatleben zum Problem werden? Sammeln Sie Ideen im Kurs.

> *Wenn man zu viele Überstunden macht, hat man weniger Freizeit.*

b Was stört Lukas? Was möchte er? Wie reagiert seine Freundin? Lesen Sie und sprechen Sie im Kurs.

www.beispiel.net/fragen-im-forum

Neueste Frage

Lukas 87: **Meine Freundin und ich streiten immer über ihre Arbeit – was soll ich machen?**

Hey Leute, vielleicht könnt ihr mir weiterhelfen. Mein Freundin Lea und ich haben einen kleinen Sohn (Jannik, 2 Jahre). Und seit Lea nach der Elternzeit wieder angefangen hat, zu arbeiten, streiten wir uns dauernd. Lea ist Web-Designerin und hat seit sechs Monaten einen neuen Job in einem jungen Start-up. Sie macht regelmäßig Überstunden und nimmt dann nach der Arbeit manchmal noch an sozialen Aktivitäten der Firma teil. Oft kommt sie, ohne mir Bescheid zu sagen, erst zwei oder drei Stunden nach Feierabend nach Hause. Dann muss ich mich allein um unseren Sohn kümmern und den Haushalt mache ich sowieso allein. Ich liebe es, Zeit mit Jannik zu verbringen, aber das ärgert mich trotzdem. Und wenn ich das Thema anspreche, gibt es jedes Mal Streit. Lea sagt, dass ich Verständnis dafür haben sollte, weil sie ja noch neu in der Firma ist und sich erstmal beweisen muss. Außerdem hat sie das Gefühl, dass sie an den sozialen Aktivitäten nach Feierabend teilnehmen sollte, um sich besser in der Firma zu integrieren. In dem Start-up gibt es viele junge alleinstehende Mitarbeiter*innen. Die freuen sich natürlich darüber, gemeinsam mit ihren Kolleg*innen nach der Arbeit noch etwas zu machen. Aber wir haben doch eine Familie. Da finde ich das nicht ok. Ich bin ziemlich ratlos. Habt ihr vielleicht Tipps? Was kann ich machen?

Antworten lesen

c Was würden Sie Lukas raten? Was würden Sie an seiner Stelle tun? Tauschen Sie sich aus.

> *Er sollte offen über seine Gefühle reden.*

2 Konstruktiv streiten

a Was empfehlen die anderen Forumsteilnehmer? Lesen Sie die Tipps 1–10 und die Antworten im Forum. Unterstreichen Sie die Ratschläge im Text und ordnen Sie die Antworten zu.

1 [a] den anderen respektieren und wertschätzen

2 [ ] gemeinsam Zeit mit schönen Dingen verbringen

3 [ ] wichtige Gespräche nicht unter Zeitdruck führen

4 [a] über Gefühle sprechen, anstatt Vorwürfe zu machen

5 [ ] sich in die Perspektive des anderen hinein-versetzen

6 [ ] vor allem positive Sachen sagen

7 [ ] Verallgemeinerungen vermeiden

8 [ ] sich auf das Wichtige konzentrieren

9 [ ] sich gegenseitig aufmerksam zuhören und Fragen stellen

10 [ ] dem anderen kein schlechtes Gewissen machen

Antworten lesen

a *Brighid:* Hallo Lukas, du klingst sehr frustriert. Sprichst du so direkt auch mit deiner Freundin? Das könnte sie verletzen und dann fühlt sie sich und ihre Arbeit von dir nicht wertgeschätzt. Ich wäre da sehr vorsichtig. Ich denke es ist wichtig, dass du nicht so oft sagst, was sie falsch macht, sondern dass du ihr erklärst, wie du dich dabei fühlst! Dann kann sie deine Kritik sicher viel besser annehmen. Die Arbeit deiner Freundin klingt ja eigentlich ziemlich cool. Wenn sie eure Familie dafür vernachlässigt, ist das natürlich doof. Ich kann mir allerdings kaum vorstellen, dass sie „nie" etwas im Haushalt macht. Manchmal nehmen wir etwas so wahr, weil wir genervt sind. Aber das ist selten die Realität. Deshalb sollte man auch mit solchen allgemeinen Formulierungen aufpassen. Ich wünsche euch alles Gute! Bri

b *Olivia:* Streit gehört zu jeder Beziehung dazu ;). Aber ihr müsst aufpassen, wie ihr kommuniziert. Ihr solltet zum Beispiel darauf achten, dass ihr die wirklich wichtigen Themen besprecht und nicht immer nur nervige Kleinigkeiten. Denn das bringt euch beide nicht weiter. Und dabei ist es auch ganz wichtig, dass ihr euch gegenseitig richtig zuhört. Dazu gehört auch, dass du nachfragst, wenn du etwas nicht verstehst, was sie sagt. Jeder hat seine Meinung und seine Gründe. Deshalb ist es wichtig, dass du versuchst, dich auch in die Perspektive deiner Freundin hineinzuversetzen.

c *Jovin:* Naja, deine Freundin hat jetzt nun mal diesen Job. Das musst du akzeptieren. Wahrscheinlich hat sie für euren Sohn und eure Familie lange auf ihre eigene Karriere verzichtet. Da ist es nur fair, dass du sie jetzt auch unterstützt. Du solltest ihr kein schlechtes Gewissen machen. Wenn sie ihren Job mag, dann verdirbst du ihr damit nur die Laune. Und wenn sie selbst unzufrieden mit der Situation ist, dann verstärkst du nur ihren Stress und setzt sie noch mehr unter Druck. Ich glaube, viel wichtiger als ewige Diskussionen sind gemeinsame Aktivitäten. Unternehmt etwas, macht schöne Sachen miteinander und verbringt mehr gemeinsame Zeit. Dann erlebt ihr etwas Schönes, kommt euch wieder näher und seid wahrscheinlich auch beide offener für schwierige Gespräche.

d *Thaddäus:* Hallo Lukas, das klingt nach einer komplizierten Situation. Ich denke, ihr braucht unbedingt ein Gespräch in Ruhe. Dafür würde ich euch raten, dass ihr euch verabredet, um unter vier Augen und mit genügend Zeit über eure Probleme zu sprechen. Nicht am Telefon und auch nicht abends in der letzten Viertelstunde vor dem Schlafengehen, wenn ihr beide müde seid. Mach deiner Freundin vielleicht erstmal ein Kompliment. (Sie arbeitet sehr hart, sicher auch, um für euch als Familie zu sorgen!) Konzentriert euch in dem Gespräch einfach darauf, was ihr an dem anderen gut findet und mögt und darauf, was ihr euch in Zukunft voneinander wünscht. Ich hoffe, es hilft. Viel Glück!

b Was passt zusammen? Suchen Sie die Ausdrücke in den Forumsantworten in a und verbinden Sie.

1	die Familie	a	verderben
2	Kritik	b	setzen
3	sich in eine Person	c	vernachlässigen
4	jemandem ein schlechtes Gewissen	d	sprechen
5	jemandem die Laune	e	machen
6	jemanden unter Druck	f	annehmen
7	jemandem ein Kompliment	g	hineinversetzen
8	unter vier Augen	h	machen

c Arbeiten Sie zu zweit. Wählen Sie eine Aufgabe und sprechen bzw. schreiben Sie.

A
Wählen Sie jeweils eine Rolle (Lukas oder Lea) und spielen Sie ein Gespräch zwischen den beiden. Versuchen Sie, das Problem im Gespräch konstruktiv zu lösen.

B
Welche Tipps der Forumsteilnehmer finden Sie besonders gut? Welche anderen Tipps hätten Sie? Schreiben Sie zu zweit eine Antwort an Lukas im Forum.

Kommunikation am Arbeitsplatz

1 Ärger im Berufsleben

a Wer schreibt hier an wen und warum? Lesen Sie und sprechen Sie im Kurs.

Von:	o.senger@lund-company.beispiel.com
Betreff:	gemeinsame Zusammenarbeit

Sehr geehrter Herr Buhl,

wir haben ja heute Mittag schon kurz über die Konferenz und die Probleme bei der Organisation gesprochen. Ich möchte Ihnen gern noch einmal schriftlich darstellen, warum ich mit unserer Zusammenarbeit unzufrieden bin. Ich habe leider den Eindruck, dass Sie nicht immer pünktlich und zuverlässig arbeiten. Die Konferenzorganisation ist nur ein Beispiel dafür. Zu gemeinsamen Terminen erscheinen Sie oft unvorbereitet und ich muss wichtige Entscheidungen allein treffen, da Sie Ihre Meinung nicht einbringen. Ich weiß, dass Sie erst seit wenigen Wochen an diesem Projekt mitarbeiten. Trotzdem kann ich nicht nachvollziehen, dass Sie noch immer nicht wissen, was Ihre Aufgaben sind. Ihre Unzuverlässigkeit führt dazu, dass ich Ihre Arbeit teilweise übernehmen muss. Für mich wäre es leichter, wenn Sie die Besprechungsprotokolle regelmäßig lesen und sich selbstständig die nötigen Informationen besorgen würden. Wenn Sie danach noch Fragen haben, können Sie sich natürlich jederzeit an mich wenden. Für die Zukunft würde ich mir wünschen, dass Sie selbstständiger arbeiten und mehr Verantwortung in unseren gemeinsamen Projekten übernehmen.

Mit freundlichen Grüßen, Olaf Senger

b Wie klingt die E-Mail für Sie? Wie würde man in Ihrer Heimat am Arbeitsplatz Kritik ausdrücken? Tauschen Sie sich in Gruppen aus.

2 Eine schwierige E-Mail

a Was kritisiert Herr Senger an der Zusammenarbeit? Unterstreichen Sie in der E-Mail in 1a.

b Was glauben Sie: Welche Probleme hat Herr Buhl in der Zusammenarbeit mit Herrn Senger? Was könnte er vorschlagen, um die Zusammenarbeit zu verbessern? Notieren Sie zu zweit Ideen. Brauchen Sie Hilfe oder sind Sie schon fertig? Dann arbeiten Sie mit der App.

> – *Problem: schlechte Kommunikation; Aufgabenverteilung nicht klar*
> → *Vorschlag: bessere Kommunikation durch regelmäßige Treffen*

c Schreiben Sie zu zweit Herrn Buhls Antwort an Herrn Senger. Benutzen Sie Ihre Notizen aus b und die Redemittel auf Seite 61. Schreiben Sie zu folgenden Punkten:

– Reagieren Sie auf die Kritik des Kollegen: Zeigen Sie Verständnis oder widersprechen Sie.
– Beschreiben Sie Ihre eigene Perspektive und die Gründe für Ihr Verhalten.
– Machen Sie Vorschläge, wie die zukünftige Zusammenarbeit verbessert werden könnte.

> *Sehr geehrter Herr Senger,*
> *danke für Ihre E-Mail. Ich möchte mich gern zu Ihrer Kritik und Ihren Vorwürfen,*
> *was unsere Zusammenarbeit betrifft, äußern. ...*

d Hängen Sie Ihre Antworten im Kursraum auf. Gehen Sie herum und lesen Sie die Antworten. Welche E-Mail ist Ihrer Meinung nach am besten? Warum? Tauschen Sie sich aus.

Es liegt mir auf der Zunge

1 Strategietraining: unbekannte Wörter umschreiben

a Was tun Sie, wenn Ihnen auf Deutsch ein Wort nicht einfällt? Sammeln Sie Ideen im Kurs.

b Welche Tipps werden hier gegeben? Welche finden Sie besonders nützlich? Lesen und unterstreichen Sie und vergleichen Sie mit Ihren Ideen in a.

> ### Wenn die Worte fehlen
> Kennen Sie das: Sie sind mitten in einem Gespräch auf Deutsch, alles läuft super – doch plötzlich: Blackout! Die Vokabel, die Sie jetzt eigentlich brauchen, fällt Ihnen absolut nicht ein. Für Sprachen- lernende eine sehr unangenehme Situation, aber eigentlich auch völlig normal. Und die gute Nachricht: Es gibt ein paar hilfreiche Strategien, um den Blackout zu überspielen:
> Fast jede Vokabel kann man mit anderen Worten umschreiben. Erklären Sie einfach, was Sie meinen. Das dauert vielleicht ein bisschen länger, aber am Ende werden Sie auch verstanden, ohne die Vokabel zu benutzen. Vielleicht fällt Ihnen ja auch ein Synonym ein, also ein Wort, das die gleiche oder eine ähnliche Bedeutung hat. Manche deutschen Wörter kommen ursprünglich auch aus anderen Sprachen. Versuchen Sie doch mal, ein Wort aus einer anderen Sprache „einzudeutschen". Aber Vorsicht vor „falschen Freunden"! Das englische „become" hat mit dem deutschen „bekommen" wenig zu tun. Und vergessen Sie nicht: Kommunikation läuft nicht nur über Worte ab. Setzen Sie Ihre Körpersprache ein und zeigen Sie einfach, was Sie sagen wollen. Wenn Sie mit Händen und Füßen kommunizieren, sorgen Sie auf jeden Fall für gute Stimmung. Probieren Sie es aus!

c Was passt zusammen? Verbinden Sie. Ergänzen Sie dann die passende Strategie.

ein Synonym nennen – die Funktion beschreiben – Beispiele nennen – ~~eine Definition geben~~ – das Gegenteil nennen

1	Damit kann man chatten.	a	Ferien	
2	Wut, Ekel und Freude	b	Nachrichtendienst	
3	Wenn man kommuniziert, ohne zu sprechen.	c	unbewusst	
4	Nicht bewusst, sondern …	d	nonverbal	*Definition geben*
5	Ein anderes Wort für „Urlaub".	e	Gefühle	

2 Wörter raten

a Arbeiten Sie in Gruppen. Schreiben Sie die Wörter einzeln auf Kärtchen. Ziehen Sie jeweils ein oder mehrere Kärtchen. Zeigen Sie Ihr Wort nicht. Wählen Sie eine Strategie (1, 2 oder 3) und stellen Sie das Wort dar. Die anderen raten Ihr Wort.

der/die Bewerber/in – berufsbegleitend – die Dienstleistung – die Elternzeit – der Fußabdruck – die Geschäftsführung – der Horizont – muskulös – sich Mühe geben – recherchieren – schüchtern – das Stipendium – surfen – der/die Türsteher/in – das Vorurteil – das Wohnmobil

Zeichnen Sie das Wort.

Stellen Sie das Wort pantomimisch dar.

Ein tragbarer Computer.

Erklären Sie das Wort.

b Wiederholen Sie das Spiel aus a mit Wörtern, die Sie in dieser Einheit neu gelernt haben.

Mit den Augen hören

1 Was bedeutet *barrierefrei*? Lesen Sie die Definition und beschreiben Sie die Bilder mithilfe der Wörter. Kennen Sie weitere Beispiele für Barrierefreiheit? Tauschen Sie sich aus.

> *barrierefrei:* Etwas ist so gebaut oder organisiert, dass es von Menschen mit Behinderung ohne fremde Hilfe genutzt werden kann.

blind – gehörlos – dolmetschen – das Signal – die Gebärdensprache
– die Untertitel (Pl.) – der Rollstuhl – die Rampe – das Hörgerät

2 Laura Schwengber – eine Musikdolmetscherin

2.08 🔊 **a** Was ist das Thema des Podcasts? Hören Sie den Anfang und tauschen Sie sich aus.

2.09 🔊 **b** In welcher Reihenfolge wird über die Themen gesprochen? Hören Sie und ordnen Sie die Themen.

a [1] Gehörlosenkultur

b [ ] Meinung der Zuschauer

c [ ] Musikdolmetschen auf der Bühne

d [ ] Vom Gebärden- zum Musikdolmetschen

e [ ] Wie Gehörlose Musik wahrnehmen

f [ ] Laura Schwengbers Berufswahl

2.09 🔊 **c** Was ist richtig? Hören Sie noch einmal und kreuzen Sie an.

1 ◯ Die deutsche Gebärdensprache ist als offizielle Sprache anerkannt.
2 ◯ Gehörlose Menschen können Musik über Vibrationen wahrnehmen.
3 ◯ Die Gebärdensprachdolmetscherin Laura Schwengber ist auch professionelle Musikerin.
4 ◯ 2011 hat sie zum ersten Mal die Lieder beim Eurovision Song Contest gedolmetscht.
5 ◯ Laura Schwengber dolmetscht die Musik, ohne ihre eigenen Gefühle zu zeigen.
6 ◯ Sie benutzt nicht nur die Gebärdensprache, sondern auch ihren ganzen Körper.
7 ◯ Manche Fans reisen vor allem wegen Laura Schwengber zu den Konzerten.

⊕ **d** Ein Musikvideo mit Laura Schwengber. Sehen Sie das Video eine Minute ohne Ton und achten Sie auf die Mimik, Gestik und Bewegungen der Dolmetscherin. Was macht sie? Was glauben Sie: Wie ist das Lied (traurig, fröhlich, schnell, langsam usw.)? Sammeln Sie Ihre Ideen und Eindrücke im Kurs.

⊕ **e** Sehen Sie das Video jetzt noch einmal komplett mit Ton und vergleichen Sie mit Ihren Ideen.

f Wie finden Sie Laura Schwengbers Beruf? Tauschen Sie sich aus.

> *Von diesem Beruf habe ich noch nie etwas gehört, aber ich finde toll, was sie macht!*

Auf einen Blick

Vermutungen äußern

Das/Diese Geste könnte/dürfte/müsste (vielleicht/wohl) bedeuten, dass …
Es kann/könnte auch sein, dass es/sie … bedeutet.
Damit wird vielleicht/vermutlich/wahrscheinlich ausgedrückt, dass …
Ich bin (fast) sicher, dass es … bedeutet. / Bestimmt/Sicher soll das heißen, dass …

Kritik äußern

formell	Ich kann leider (überhaupt) nicht nachvollziehen, warum …
	Ich habe leider den Eindruck, dass … / Für mich wäre es leichter, wenn …
informell	Ich verstehe echt/gar/absolut nicht, warum … / Es ist mir ein Rätsel, warum …
	Kannst du mir mal sagen, warum …?
	Warum musst du (eigentlich) ständig …? / Du könntest (doch) wenigstens mal …

auf Kritik reagieren

formell	Es tut mir leid, das ist mir gar nicht aufgefallen. / Das war wohl ein Missverständnis.
	Ich verstehe, was Sie meinen / du meinst, aber …
	Ja, Sie haben / du hast (ja) recht. Aber …
	Nein, da irren Sie sich / irrst du dich. / Aus meiner Sicht …
	Warum glauben Sie denn, dass … / Es würde mir helfen, wenn …
informell	Entschuldigung, so war das (doch gar) nicht gemeint.
	Was soll das denn jetzt?! / Jetzt übertreibst du aber!
	Ich verstehe echt nicht, warum …
	Immer bist du am Meckern, dabei machst du selbst immer …
	Warum musst du mich eigentlich ständig kritisieren? / Immer musst du recht haben!

eine Grafik beschreiben

Einleitung

In der Grafik geht es um … / Die Grafik informiert über …
In der Grafik wird/werden … verglichen/unterschieden.
Die Grafik stellt … dar. / Die Grafik zeigt / stellt dar, wie viele …
Die Grafik stammt von … (Quelle) / ist aus dem Jahr … / Die Angaben sind in Prozent.
Für die Statistik wurden … Personen im Alter von … bis … Jahren / aus verschiedenen Altersgruppen befragt.

wichtigste Ergebnisse beschreiben

Aus der Grafik geht hervor / wird deutlich, dass … / Man kann deutlich erkennen, dass …
Auffällig/Interessant ist auch, dass …

Zahlen nennen und Unterschiede beschreiben

… Prozent der Befragten sind der Meinung, dass … / Jeder zweite Befragte findet, dass …
Fast/Über die Hälfte (der Befragten) sagt, dass …
Der größte Teil / Die Mehrheit / Die Minderheit / Ein Drittel / Ein Viertel findet, dass …
Auf dem ersten Platz / An erster Stelle steht (mit großem Abstand) …
(Knapp) Dahinter folgt … mit … Prozent.
Die Zahl der … ist von … auf … gestiegen/gesunken.
Die Zahl der … ist höher/niedriger als die Zahl der …

Zusammenfassung und Interpretation

Insgesamt sieht man, dass … / Zusammenfassend kann man sagen, dass …
Daraus lässt sich schließen, dass …

Den Kopf frei bekommen

1 Einfach mal abschalten. Was machen die Menschen auf den Fotos? Was könnte *abschalten* hier bedeuten? Tauschen Sie sich aus.

> *Auf dem fünften Foto spielen Leute Theater.*
> *Was könnte das mit „abschalten" zu tun haben?*

> *Auf Foto 2 sieht man Leute meditieren.*
> *Vielleicht hat „abschalten" mit „entspannen" zu tun.*

2 Der perfekte Ausgleich

 2.10 **a** Was machen die Personen, um abzuschalten? Welches Foto passt zu wem? Hören und notieren Sie.

Wer?	Was macht sie/er?
Adrian	*auf dem „Philosophenweg" spazieren gehen (Foto 3)*
Marisa	
Keren	
Yoko	
Felipe	

 2.10 **b** Wovon wollen sich die Personen erholen? Was gefällt ihnen besonders an ihrem Hobby? Wählen Sie zwei Personen. Hören Sie noch einmal und ergänzen Sie Ihre Notizen. Stellen Sie dann Ihre Personen in der Gruppe vor.

Wer?	Was macht sie/er?	Wovon erholt sie/er sich?	Was gefällt ihr/ihm daran?
Adrian	*auf dem „Philosophenweg" spazieren gehen (Foto 3)*	*lernt fürs Examen, ...*	*die Stille/Naturgeräusche, ...*

2.11 **c** Was sagen die Personen? Hören Sie die Ausschnitte aus der Radiosendung und verbinden Sie.

1	Wenn ich spazieren gehe,	a	kommen meine Gedanken zur Ruhe.
2	Beim Applaus des Publikums	b	muss ich mal nicht an Zahlen denken.
3	Beim Meditieren	c	wird mein Kopf wieder frei.
4	Wenn ich Gemälde betrachte,	d	fällt die ganze Nervosität von mir ab.
5	Beim Kochen	e	gebe ich mich den Farben und Formen hin.

- über Freizeitaktivitäten und Entspannungsmethoden sprechen; die Gliederung einer Präsentation verstehen; eine Präsentation halten; Feedback geben
- die temporale Präposition *bei*; die modale Präposition *mithilfe (von)*; Phonetik: flüssig präsentieren

5

d Lesen Sie den Grammatikkasten und ergänzen Sie den passenden Satz aus c. Formulieren Sie dann die übrigen Sätze in c mit *wenn* bzw. *bei* um.

Die temporale Präposition *bei* (+ Dativ)

Beim _____ .
(Wenn das Publikum applaudiert, fällt die ganze Nervosität von mir ab.)

Die temporale Präposition bei *drückt aus, dass etwas gleichzeitig passiert. Oft benutzt man nach* bei *ein nominalisiertes Verb.*

beim Spazierengehen / bei einem Spaziergang

▶ Grammatik A 3.4

---

e Und Sie? Wobei können Sie gut abschalten? Berichten Sie. Benutzen Sie die Redemittel auf Seite 73.

3 Abschalten im digitalen Zeitalter

 a Wer? Was? Wo? Warum? Hören Sie und machen Sie Notizen zu den Fragewörtern.
.12

.13 **b** Wie gliedert Frau Kumar ihren Vortrag? Hören Sie weiter und ordnen Sie die Folien.

a	**Stress im Berufsleben:**

- *Überstunden/Zeitdruck*
- *hohe Erwartungen (Karriere)*
- *Familie und Beruf*
- *wenig Zeit für Entspannung*

b	**„RELAX" –**

vielseitig, einfach, praktisch
Auch im Büro kann man
das Gras unter den Füßen spüren!

Vielen Dank für Ihre Aufmerksamkeit!

c	**Das erfahren Sie heute:**

- *Stressursachen*
- *Funktionen der App*
- *technische Informationen*

d	**Was bietet die App?**

- *angeleitete Meditationen*
- *Entspannungsphasen im Büro*
- *Naturgeräusche und Musik*
- *Pausen-Erinnerung*

e	**Technische Informationen:**

- *in 6 Sprachen*
- *für alle Betriebssysteme*
- *verschiedene Abo-Modelle (Einzel-Abo, Firmen-Abo)*

f	**Produktpräsentation**

Entspannungs-App „RELAX"

Sunita Kumar
(Leiterin Forschung und Entwicklung)

1

c Was sagt Frau Kumar? Hören Sie noch einmal und kreuzen Sie an.

1 ◯ Fast alle Berufstätigen wollen zwischendurch mal entspannen.
2 ◯ Studierende leiden am meisten unter Stress.
3 ◯ Höhere Erwartungen im Beruf führen zu Stress.
4 ◯ Mithilfe von einfachen Methoden kann man innerhalb von fünf Minuten entspannen.
5 ◯ Mithilfe der App kann man Pausen besser einhalten.
6 ◯ Das Abonnement bezahlt man einmalig und kann dann die App ein Jahr nutzen.

d Lesen Sie den Grammatikkasten und ergänzen Sie die passenden Sätze aus c.

Die modale Präposition *mithilfe* (+ Genitiv) bzw. *mithilfe von* (+ Dativ)

_____ kann man Pausen besser einhalten.
(Die App hilft dabei, Pausen besser einzuhalten.)

Bei Nomen ohne Artikel kann man auch mithilfe von *(+ Dativ) benutzen.*

Mithilfe einfacher Methoden / _____ kann man …

(Einfache Methoden helfen dabei, … zu entspannen.)

▶ Grammatik A 3.4

---

e Schreiben Sie Sätze mit *mithilfe* oder *mithilfe von*.

1 Die App hilft Berufstätigen dabei, Stress abzubauen.
2 Regelmäßige Pausen helfen dabei, die Konzentration zu steigern.
3 Meditation hilft dabei, das innere Gleichgewicht zu finden.
4 Ein Hobby hilft dabei, dass man sich nach Feierabend besser von der Arbeit ablenken kann.

> *1 Mithilfe der App können Berufstätige ...*

f Wie finden Sie die App? Können Sie sich vorstellen, eine solche Entspannungs-App zu nutzen? Warum (nicht)? Tauschen Sie sich aus.

> *Ich finde die Erinnerungsfunktion sehr praktisch. Ich könnte mir vorstellen, dass ich mithilfe dieser Funktion öfter Pausen machen würde.*

4 Strategietraining: eine Präsentation halten

a Welche Entspannungsmethode finden Sie interessant? Wählen Sie eine Methode. Lesen Sie in der App (A oder B) oder recherchieren Sie Informationen (C) und machen Sie Notizen zu den Fragen.

A
**Pilates –
Entspannung durch
tiefes Atmen und
Gymnastik**

B
**Origami –
Entspannung durch
Konzentration und
Fingerfertigkeit**

C
**Ihre persönliche
Entspannungsmethode**

1 Wie funktioniert die Methode?
2 Woher kommt sie?
3 Warum ist diese Methode entspannend?

4 Für wen ist die Methode geeignet?
5 Macht man sie allein oder in der Gruppe?
6 Was braucht man dafür?

b Worauf sollte man bei einer Präsentation achten? Sammeln Sie Ideen im Kurs. Sehen Sie dann das Strategievideo und machen Sie Notizen. Vergleichen Sie mit Ihren Ideen.

c Bereiten Sie eine Präsentation über Ihre Entspannungsmethode aus a vor. Benutzen Sie Ihre Notizen und überlegen Sie sich eine Gliederung.

2.14 d Phonetik: flüssig präsentieren. Lesen und hören Sie die Redemittel und markieren Sie den Hauptakzent.

eine Präsentation halten	
Einleitung	In meiner Präsentation geht es um ... / Im ersten Teil geht es darum, dass ... Anschließend werde ich ... / Zum Schluss möchte ich ...
Hauptteil	Ein wichtiger Aspekt ist, dass ... / Ich möchte darauf hinweisen, dass ... Besonders hervorheben möchte ich ... / Dazu nenne ich Ihnen folgende Beispiele: ...
Schluss	Abschließend/Zusammenfassend kann man sagen, dass ... Ich bedanke mich für Ihre Aufmerksamkeit. Haben Sie Fragen?

▶ Redemittel S. 73

e Sprechen Sie die Redemittel in d abwechselnd zu zweit. Versuchen Sie die Wortgruppen so zu sprechen, als wären sie ein Wort.

f Arbeiten Sie in 4er-Gruppen. Halten Sie Ihre Präsentation in der Gruppe. Benutzen Sie die Redemittel aus d und beachten Sie die Hinweise aus dem Video. Die anderen geben Feedback, wie Ihnen die Präsentation gefallen hat.

Feedback geben
Die Präsentation hat mir (sehr) gut gefallen, weil ... / Den Aspekt/Punkt ... haben Sie / hast du gut erklärt.
Ich denke, der Aspekt/Punkt ... hat noch gefehlt.
Was mir noch nicht so gut gefallen hat, ist, dass ... / Vielleicht könnte man ...

▶ Redemittel S. 73

■ über Stress im Beruf sprechen; eine Videoreportage über Stressabbau und Downshiften verstehen; über Tipps zum Stressabbau sprechen
■ Reihenfolge der Angaben im Hauptsatz (Te-Ka-Mo-Lo)

5

Weniger Stress im Alltag und Beruf

1 Stress im Arbeitsleben

a Was können Gründe für Stress im Beruf sein? Sammeln Sie Ideen.

b Welche Ursachen für Stress gibt es? Lesen Sie und notieren Sie. Vergleichen Sie mit Ihren Ideen aus a.

Immer mehr Arbeitnehmer*innen klagen über Stress im Beruf

Das Arbeitsleben ist in den letzten Jahren durch Smartphones, Internet und digitale Medien immer stressiger geworden. Das haben zahlreiche Studien bewiesen. Viele Arbeitnehmer*innen klagen: „Ich gehe morgens wegen der vielen Arbeit nur noch ungern ins Büro." Während der Arbeit liegt bei vielen außerdem das Handy gut sichtbar auf dem Schreibtisch und lenkt von der Arbeit ab. Jederzeit könnte ja eine wichtige Nachricht auf dem Handy ankommen.

Neben der ständigen Erreichbarkeit und Reizüberflutung durch digitale Medien können auch andere Faktoren im Berufsleben Stress verursachen. Wegen des Zeitdrucks und eines zu hohen Arbeitspensums machen viele Arbeitnehmer*innen regelmäßig fast selbstverständlich Überstunden. Auch fehlende Anerkennung durch Vorgesetzte oder Kolleg*innen oder Konflikte am Arbeitsplatz sind Stressauslöser.   ■

c In welcher Reihenfolge stehen die Angaben im Satz? Lesen Sie den Grammatikkasten und markieren Sie die unterstrichenen Satzteile in b in verschiedenen Farben wie im Beispiel. Ergänzen Sie dann die Regel.

modal (Wie/Womit?) –
kausal (Warum?) – lokal (Wo/Wohin?) –
~~temporal (Wann / Wie oft?)~~

Reihenfolge der Angaben im Hauptsatz (Te-Ka-Mo-Lo)

Ich gehe morgens wegen der vielen Arbeit ungern ins Büro.

In einem Aussagesatz stehen die Angaben oft in folgender Reihenfolge:

temporal (Wann / Wie oft?)   → _____   → _____   → _____

Um eine Angabe besonders zu betonen, kann man sie auch an den Anfang stellen.
Wegen des Zeitdrucks machen viele Arbeitnehmer regelmäßig fast selbstverständlich Überstunden.

▶ Grammatik B 1.3

---

2 Stress abbauen

a In welcher Reihenfolge kommen die Informationen vor? Sehen Sie das Video und nummerieren Sie.

a ☐ Die Menschen müssten sich mehr bewegen, um Stress abzubauen.

b ☐ Stress ist wahrscheinlich auch für andere Krankheiten verantwortlich.

c ☐ Claus Rottenbacher hat sein Leben komplett umgestellt, um mehr Freiheit zu haben.

d ☐1 Claus Rottenbacher hatte ein Unternehmen gegründet.

e ☐ Nach einem Zusammenbruch bekam Claus Rottenbacher die Diagnose: Stress.

f ☐ Stress ist eine alte körperliche Reaktion, um sich gegen Gefahren zu verteidigen.

g ☐ Claus Rottenbacher hatte viel Druck und bekam gesundheitliche Probleme.

b Wie finden Sie Claus Rottenbachers Entscheidung? Sprechen Sie im Kurs.

c Wie kann man Stress abbauen? Arbeiten Sie zu zweit. Lesen Sie jeweils einen Text (A oder B) in der App und notieren Sie die Tipps.

d Stellen Sie sich die Tipps gegenseitig vor. Welche Tipps finden Sie persönlich wichtig? Welche anderen Tipps zum Stressabbau kennen Sie? Einigen Sie sich auf drei Favoriten.

5

- über die Vor- und Nachteile verschiedener Energieformen sprechen; einen Zeitungsartikel über Energiewende und Atomkraft verstehen; Bedingungen ausdrücken; einen Leserbrief schreiben
- Bedingungssätze mit *wenn* und *falls* und uneingeleitete Bedingungssätze

Kraftwerke abschalten?

1 Energieformen

a Wie heißen die Energieformen? Sehen Sie sich die Fotos an und ordnen Sie zu.

1 die Atomenergie　　　　2 die Kohleenergie　　　　3 die Wasserkraft
4 das Erdgas　　　　　　5 die Solarenergie　　　　6 die Windenergie

b Welche Vor- oder Nachteile haben die Energieformen aus a Ihrer Meinung nach? Tauschen Sie sich aus. Die Wörter helfen.

nachhaltig – umweltfreundlich – gefährlich – teuer – zuverlässig – unabhängig – radioaktive Strahlung – die Katastrophe – die Luft-/Umweltverschmutzung – erneuerbar – der Rohstoff

> *Windenergie ist sehr nachhaltig, weil man keine Rohstoffe braucht. Das ist ein Vorteil.*

2 Energiewende und Atomenergie

a Worum geht es in dem Artikel? Was bedeutet *Energiewende*? Lesen Sie und sprechen Sie im Kurs.

> *Weltweit steigt der Energieverbrauch immer schneller, sowohl in Privathaushalten als auch in der Industrie und im Verkehr. Studien zeigen, dass es spätestens in 200 Jahren nicht mehr genug Rohstoffe für die Energiegewinnung geben wird. Konventionelle Energieformen wie Kohle oder Erdgas können außerdem schwere Umweltprobleme verursachen und den Klimawandel beschleunigen. Deshalb fordern Umweltschützer eine Energiewende: Konventionelle Energien soll durch erneuerbare umweltfreundliche Energieformen wie Sonne, Wind und Wasserkraft ersetzt werden. Welche Rolle die Atomenergie dabei zukünftig spielen wird, ist sehr umstritten. Lesen Sie hierzu unser Streitgespräch.*

b Spielt die Diskussion um die Energiewende in Ihrer Heimat auch eine Rolle? Berichten Sie im Kurs.

c Welche Argumente für und gegen Atomkraft werden genannt? Lesen Sie die Stellungnahmen, unterstreichen und notieren Sie die Argumente. Berichten Sie dann im Kurs.

gegen Atomkraft	für Atomkraft
– radioaktive Strahlung ist gefährlich	– umweltfreundlicher als Gas oder Kohle

> *Gegen Atomkraft spricht, dass gefährliche radioaktive Strahlung produziert wird.*

> *Ja, aber dafür spricht, dass …*

Atomkraftwerke abschalten? – Ein Streitgespräch

Die Energiewende ist alternativlos!

Die Atomkraftwerke sollten so schnell wie möglich abgeschaltet werden. Die radioaktive Strahlung stellt eine große Gefahr für die Menschen und
5 die Umwelt dar. Dabei geht es nicht nur um Atomkatastrophen wie 1986 in Tschernobyl oder 2011 in Fukushima. Auch im täglichen Betrieb von Atomkraftwerken tritt radioaktive Strahlung aus. Wasser-, Wind- und Solarenergie sind umwelt-
10 freundlicher und weniger gefährlich. Würde man nur noch nachhaltige Energieformen verwenden, wäre die Welt viel sicherer.
Ein großes Problem ist der Atommüll. Der Transport und die Lagerung sind nicht nur gefährlich,
15 sondern auch sehr teuer. Der Atommüll wird ein unlösbares Problem, wenn die Atomkraftwerke weiterarbeiten.
Auch wirtschaftlich lohnt sich die Energiewende. Baut man mehr Solar-, Wind- und Wasserkraft-
20 werke, dann entstehen auch neue Arbeitsplätze. Und Länder, in denen oft die Sonne scheint, können auf diese Weise die Energiekosten stark reduzieren. *Pia Roth*

Wir können auf Atomkraftwerke nicht verzichten!

Atomenergie ist viel umweltfreundlicher als
25 andere konventionelle Energieformen wie Kohle oder Gas. Würde man mehr Atomenergie einsetzen, könnte der Klimawandel aufgehalten werden. Atomkraftwerke arbeiten viel zuverlässiger als Solaranlagen, Wind- oder Wasserkraftwerke. Diese
30 alternativen Energien sind stark vom Wetter abhängig. Daher wird manchmal zu viel und manchmal zu wenig Energie produziert. Falls die Atomkraftwerke abgeschaltet werden, droht ein globaler Stromausfall.
35 Außerdem wäre der Atomausstieg sehr teuer: Die Atomkraftwerke müssten zurückgebaut und der atomare Müll sicher gelagert werden. Würde man plötzlich alle Atomkraftwerke schließen, würden allein in Deutschland 35.000 Arbeitsplätze verlo-
40 ren gehen.
Gegner der Atomenergie argumentieren immer wieder mit der Gefahr von Atomunfällen. Bei den hohen Sicherheitsstandards, die für die Kraftwerke gelten, ist das Risiko eines Reaktorunfalls heutzutage jedoch minimal. *Hans Maaß*

3 Falls die Atomkraftwerke wirklich abgeschaltet werden, …

a Suchen Sie die Informationen in den Texten in 2c und ergänzen Sie die Sätze. Markieren Sie die Verben.

Bedingungssätze mit *wenn*, *falls* und uneingeleitete Bedingungssätze

Der Atommüll wird ein unlösbares Problem, wenn/falls die Atomkraftwerke weiterarbeiten.

Falls _____, droht ein globaler Stromausfall.

Würde _____, wäre die Welt viel sicherer.

In uneingeleiteten Bedingungssätzen entfällt wenn *oder* falls. *Der Nebensatz steht meist vor dem Hauptsatz. Das konjugierte Verb steht auf Position 1.*
▶ Grammatik B 2.2.2

---

b Markieren Sie weitere uneingeleitete Bedingungssätze in den Texten in 2c.
c Falls man die Atomkraftwerke abschalten würde … Was wäre dann? Schreiben Sie drei Sätze mit *falls*.

> *Falls man die Atomkraftwerke abschalten würde, gäbe es weniger Umweltkatastrophen.*

d Sprachschatten. Sprechen Sie zu zweit wie im Beispiel. Benutzen Sie Ihre Sätze aus c.

> *Falls man die Atomkraftwerke abschalten würde, gäbe es weniger Umweltkatastrophen.*

> *Stimmt. Würde man die Atomkraftwerke abschalten, gäbe es weniger Umweltkatastrophen. Falls man …*

4 Ein Leserbrief

a Was denken Sie über das Thema Energiewende und Atomenergie? Schreiben Sie einen Leserbrief zu dem Zeitungsartikel in 2c. Benutzen Sie die Redemittel auf Seite 73.
b Tauschen Sie Ihren Leserbrief mit einer anderen Person. Lesen Sie und vergleichen Sie Ihre Meinungen.

Stromausfall

1 *Blackout – Morgen ist es zu spät.* **Ein Roman von Marc Elsberg**

a Stellen Sie sich vor, dass für mehrere Tage der Strom ausfällt. Was würde passieren? Welche Folgen hätte das? Sammeln Sie Ideen.

> *Würde der Strom für längere Zeit ausfallen, könnte man zum Beispiel den Computer nicht benutzen.*

> *Ja, das stimmt. Und falls das passiert, könnte man nicht mehr ins Internet gehen. Das fände ich schrecklich!*

b Was denken Sie: Was passiert in der Geschichte? Lesen Sie die Einleitung und sammeln Sie Ideen.

> Die drei Freundinnen Chloé, Lara und Sonja sind unterwegs in den Skiurlaub in Österreich. Sie fahren mit dem Auto auf der Autobahn Richtung Bregenz und haben nicht mehr viel Benzin. Der Strom ist in weiten Teilen Europas ausgefallen.

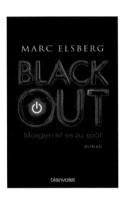

c Wer? Wann? Wo? Was? Lesen Sie den Romanauszug und machen Sie Notizen zu den Fragen.

Nahe Bregenz

„Hier geht auch nichts mehr! Keine einzige Tankstelle, bei der man Sprit bekommt!", rief Chloé. „Das ist doch nicht zu fassen!" Sonja Angström lehnte sich zwischen die beiden
5 Vordersitze und betrachtete das Chaos. Heftiger Schneefall hatte eingesetzt. Wie schon bei den Tankstellen davor: Massenhaft Autos, wild durcheinander geparkt, manche auf der Suche nach einem Ausweg. Sie schielte auf
10 die Tankanzeige von Chloés Citroën. Ein gelbes Licht signalisierte, dass sie bereits auf Reserve unterwegs waren. „Mit unserem Tank kommen wir nicht mehr bis zur Hütte", stellte sie fest. […]

15 In ihre Anoraks verpackt, stapften sie zwischen den anderen Autos Richtung Shop. Viele Wagen waren leer. Bei einigen lief der Motor. In anderen hatten sich die Passagiere in warme Kleidung gewickelt, manche schlie-
20 fen hinter Scheiben mit Eisblumen. Aus einem winkte ein Kind. „Unheimlich", meinte Lara.

Die Tankstelle war tatsächlich zugesperrt. Sie umrundeten das Gebäude und fanden die Toiletten auf der Rückseite. Kaum hatten sie die
25 Tür geöffnet, schlug ihnen Gestank entgegen. Sonja konnte gerade noch das Waschbecken erkennen. Weiter drinnen war es zu dunkel, um irgendetwas zu sehen. „Hier setze ich mich auf keine Toilette", erklärte sie.

30 Sie wanderten weiter zur Raststätte. Hinter einigen Fenstern sah Sonja einen kaum wahrnehmbaren Schein. Die Tür war offen. Von drinnen hörten sie Stimmen. „Da ist wer", stellte Lara fest. Schwaches Licht schien durch
35 das geriffelte Glas einer großen Doppeltür. Als sie den Gastraum betraten, erfasste Sonja ein Gefühl von Abenteuer. […]

Alle Tische waren besetzt. Auf einigen brannten Kerzen. Die Gäste unterhielten sich, aßen,
40 schwiegen, schliefen. Hier war es deutlich wärmer als draußen. In ihre Nasen kroch ein muffiger Geruch. Ein Mann mit Daunenjacke kam ihnen entgegen, um den Hals eine schwarze Fliege. „Wir sind voll", erklärte er.
45 „Aber wenn Sie noch ein Plätzchen finden, können Sie gern bleiben." „Haben Sie etwas zu essen?", fragte Angström. „Vieles ist aus. Am besten gehen Sie in die Küche. Die geben Ihnen von dem, was noch da und genießbar
50 ist. Bezahlen müssen Sie bar. Den regulären Restaurantbetrieb mussten wir vorübergehend aufgeben. Licht, Wasser, sanitäre Anlagen, Herde, Kühlschränke, Heizung, Buchungs- und Zahlungssysteme funktionieren
55 nicht." […]

d Vergleichen Sie Ihre Antworten aus c in der Gruppe. Welche Stellen im Text haben Ihnen zur Lösung geholfen? Tauschen Sie sich aus.

> *Im Text steht, dass es Schnee gab.*
> *Also muss es Winter sein.*

> *Ja. Und die Leute brauchen Kerzen wegen des Stromausfalls.*
> *Vermutlich ist es schon dunkel, weil es Abend ist.*

e Wo steht das im Text? Welche Formulierungen verwendet der Autor? Markieren Sie im Romanauszug und notieren Sie die Zeilen.

1 Sonja <u>sah</u> sich das Chaos <u>an</u>.   *Zeile 5*

2 Es hatte heftig <u>begonnen zu schneien</u>.

3 Sonja <u>sah vorsichtig nach, wie viel Benzin noch im Tank war</u>.

4 Sie <u>liefen durch den Schnee</u> zum Tankstellenshop.

5 Sie <u>gingen um</u> das Gebäude <u>herum</u>.

6 Als sie die Tür öffneten, <u>kam ihnen ein unangenehmer Geruch entgegen</u>.

7 Für Sonja <u>fühlte es sich wie ein Abenteuer an</u>.

8 <u>Es gibt fast kein Essen mehr.</u>

9 <u>Die Toiletten</u> sind kaputt.

f Was bedeuten die Wörter? Suchen Sie sie im Romanauszug in c und verbinden Sie.

1	der Anorak	a	verschlossen, abgeschlossen
2	der Sprit	b	für eine (unbestimmte) Zeit
3	massenhaft	c	hineingehen
4	der Passagier	d	der Fahrgast (hier: der Autofahrer oder der Beifahrer)
5	zugesperrt	e	das Autobahnrestaurant
6	die Raststätte	f	normal
7	(einen Raum) betreten	g	essbar
8	genießbar	h	das Benzin
9	regulär	i	eine wasserdichte Jacke
10	vorübergehend	j	sehr viele

g Welche Folgen hat der Stromausfall in der Geschichte? Lesen Sie den Romanauszug in c noch einmal und machen Sie Notizen.

an der Tankstelle	auf den Toiletten	im Restaurant	für die Menschen
– es gibt kein Benzin			

2 Und Sie? Was würden Sie tun?

a Wie würden Sie sich fühlen? Was würden Sie an Stelle der drei Frauen tun? Sprechen Sie in Gruppen.

> *Das klingt sehr stressig. Vielleicht*
> *würde ich den Urlaub abbrechen.*

b Wie könnte die Geschichte weitergehen? Schreiben Sie zu zweit eine Fortsetzung.

> *Nachdem die drei Freundinnen eine schlaflose Nacht im Auto verbracht hatten,*
> *beschlossen sie am nächsten Tag, ...*

c Lesen Sie Ihre Texte im Kurs vor. Welche Fortsetzung gefällt Ihnen am besten? Warum?

5

■ einen wissenschaftlichen Vortrag verstehen; Folien für einen Vortrag erstellen; einen Kurzvortrag halten; Nachfragen stellen

Eine Fachtagung

1 Ein wissenschaftlicher Vortrag

a Welchen Titel könnte die Tagung haben? Lesen Sie das Programm und kreuzen Sie an.

1 ○ Umweltschutz – eine nachhaltige Zukunft gestalten
2 ○ Wenn Stress zum Problem wird – Ursachen, Folgen und Prävention
3 ○ Zukunftsplanung im Beruf – Karriere durch persönliches Management

Tagungsprogramm

09.00	Begrüßung	
09.15–10.45	Keynote: **Prof. Kerstin Fellner:** Menschliche Krisen und Zukunftsmanagement	○
11.00–11.30	Kaffeepause	
11.30–13.00	Vortrag und Workshop: **Stefan Harlinger:** Persönliche Realität und Wunschbilder	○
13.00–14.00	Mittagessen	
14.00–15.30	Vortrag und Workshop: **Dr. Mike Lewis:** Dem Burnout vorbeugen – das innere Gleichgewicht finden	○
15.30–16.00	Kaffeepause	
16.00–16.45	Vortrag: **Louise Bonnet:** Stressabbau durch autogenes Training	○
17.00–19.00	**Offenes Programm – Zeit für Ihre Ideen** *Präsentationen zu folgenden Themen möglich:* Ein Leben ohne Internet / Entspannungsmethoden, die nichts kosten / Stress im Studium oder im Berufsleben / Entspannungs-Apps	○

2.15 b Welchen Vortrag hören Sie? Hören Sie den Anfang des Vortrags und kreuzen Sie in a an.

2.15 c Wie ist der Vortrag gegliedert? Hören Sie noch einmal und notieren Sie Stichwörter.

1. Teil: _____

2. Teil: _____

3. Teil: _____

Abschluss: *Zusammenfassung*

2.16 d Was ist ein Burnout? Was können Ursachen eines Burnouts sein? Hören und notieren Sie.

2.17 e Welche „Burnout-Phase" passt? Lesen Sie die Sätze, hören Sie weiter und ordnen Sie die Phasen zu.

1 Man verliert das Interesse an seinen Hobbys und seinen Freunden.

2 Man arbeitet sehr engagiert und will perfekt sein.   *Phase 1*

3 Man fühlt sich hoffnungslos und verzweifelt.

4 Man ist bei der Arbeit nicht mehr motiviert und wartet nur noch auf den nächsten Urlaub.

5 Man kann sich schlecht konzentrieren und macht Fehler bei der Arbeit.

6 Man wird hilflos oder aggressiv und gibt sich oder anderen die Schuld.

7 Man leidet unter Schlaflosigkeit und körperlichen Schmerzen.

2.18 f Was sagt Mike Lewis? Hören Sie weiter und kreuzen Sie an.

1 Um einen Burnout zu vermeiden, sollte man …
 a ○ versuchen, sich selbst stärker zu motivieren.
 b ○ die eigenen Erwartungen kritisch überprüfen.

2 In der ersten Phase sollte man …
 a ○ mit Kultur oder Kontakten zu Freunden abschalten.
 b ○ sich vor allem über die eigenen Erfolge freuen.

3 Um sich zu entspannen, empfiehlt Dr. Lewis, …
 a ○ einen Gesundheitskurs zu besuchen.
 b ○ regelmäßige Auszeiten in den Alltag einzubauen.

4 Es ist für jeden Menschen wichtig, …
 a ○ ein ruhiges Arbeitsumfeld zu haben.
 b ○ die individuellen Stressfaktoren besser zu kennen.

5 Ab der vierten Burnout-Phase sollte man …
 a ○ mit Freunden und Bekannten über die belastende Situation sprechen.
 b ○ sich bei Ärzten oder Psychologen Hilfe holen.

Dem Burnout vorbeugen

g Wie hat Ihnen der Vortrag gefallen?
Finden Sie das Thema interessant?
Warum (nicht)? Sprechen Sie im Kurs.

> Für mich ist das Thema sehr interessant. Ich kenne leider einige Leute, die an einem Burnout leiden.

2 Strategietraining: Folien für einen Vortrag gestalten

a Dr. Lewis wurde gebeten, zu seinem Vortrag Folien zu zeigen. Arbeiten Sie zu zweit und gestalten Sie Folien wie im Beispiel (auf einem Plakat oder am Computer). Benutzen Sie Ihre Ergebnisse aus 1c–f und beachten Sie die Hinweise. Brauchen Sie Hilfe oder sind Sie schon fertig? Dann arbeiten Sie mit der App.

- Prüfen Sie, wie viele Themen angesprochen werden. Jedes Thema sollte eine eigene Folie bekommen. Überlegen Sie auch, wie Sie die erste und letzte Folie gestalten können.
- Notieren Sie nur die wichtigsten Informationen: Schreiben Sie pro Folie maximal 5–6 Stichpunkte (keine ganzen Sätze).
- Gestalten Sie Ihre Folien übersichtlich: Formulieren Sie eine Überschrift und schreiben Sie nicht zu klein.

Burnout – Was ist das?
– *keine einheitliche Definition*
– *emotionaler Zustand: „ausgebrannt", überlastet, erschöpft*
– *negative Folgen für die Gesundheit*
– *Ursachen: Stress u. Überforderung, Perfektionismus, fehlende Abgrenzung von der Arbeit*

b Arbeiten Sie in Gruppen und vergleichen Sie Ihre Folien. Welche finden Sie besonders gelungen? Warum? Geben Sie sich gegenseitig Feedback. Die Redemittel auf Seite 73 helfen.

3 Ihr Vortrag auf der Tagung

a Wählen Sie ein Thema aus dem offenen Programm der Tagung in 1a und machen Sie Notizen für einen Kurzvortrag (ca. 5 Minuten). Gestalten Sie Folien zu Ihrem Kurzvortrag.

b Arbeiten Sie in Gruppen. Halten Sie Ihren Kurzvortrag und zeigen Sie dazu Ihre Folien. Die anderen stellen Nachfragen.

Nachfragen stellen
Ich hätte eine Frage zu dem Punkt … / Verstehe ich Sie/dich richtig, dass …?
Einen Punkt habe ich nicht ganz verstanden. / Was meinen Sie / meinst du mit …?
Mich würde noch interessieren, … / Ich würde gern wissen, …

▶ Redemittel S. 73

Lustige Geschichten

1 Te-Ka-Mo-Lo. Was passt? Ordnen Sie die Begriffe zu den passenden Kategorien.

am Nachmittag · zu Fuß · an der Uni · am Montagmorgen · wegen der Verspätung · auf dem Heimweg · hungrig · heute · im Büro · trotz der hohen Preise · gestern · zur Uni · am Sonntag · müde · lustlos · morgen · im Urlaub · wegen des schlechten Wetters · am Wochenende · begeistert · zur Arbeit · zu Hause · immer · nach Hause · trotz des schönen Wetters

temporal (Wann / Wie oft?)	kausal (Warum?)	modal (Wie/Womit?)	lokal (Wo/Wohin?)
	– trotz des schönen Wetters		

2 Kettengeschichte

a Arbeiten Sie in Gruppen und wählen Sie gemeinsam ein Thema (A, B oder C) für Ihre Geschichte. Jede/Jeder schreibt das Thema oben auf ein Blatt Papier.

A	B	C
Ein plötzlicher Stromausfall	Ein stressiger Arbeitstag	Ein erholsames Wochenende

b Schreiben Sie den ersten Satz der Geschichte auf Ihr Papier. Benutzen Sie dabei möglichst viele Te-Ka-Mo-Lo-Angaben. Geben Sie Ihr Papier nach rechts weiter.

c Lesen Sie den ersten Satz und schreiben Sie einen passenden Satz mit Te-Ka-Mo-Lo-Angaben in die nächste Zeile. Knicken Sie das Papier um, sodass man nur den letzten Satz sieht. Geben Sie das Papier nach rechts weiter.

d Schreiben Sie den nächsten Satz, knicken Sie das Papier und geben Sie es weiter. Spielen Sie insgesamt acht Runden.

e Falten Sie das Blatt, das Sie bekommen haben, auf und lesen Sie Ihre Geschichten in der Gruppe vor. Welche Geschichte ist am lustigsten?

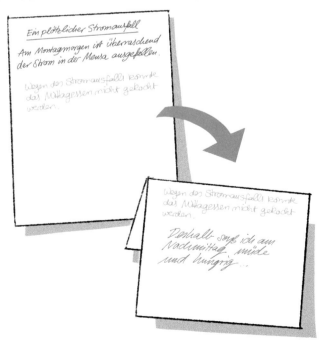

Auf einen Blick

über Freizeitaktivitäten und Entspannungsmethoden sprechen

Ich kann am besten beim … abschalten. Dabei vergesse ich sofort meine Probleme.
Wenn ich …, wird mein Kopf wieder frei / komme ich zur Ruhe / fällt der Stress von mir ab.
Ich habe … für mich entdeckt. / Seitdem ich … mache, bin ich viel entspannter/ausgeglichener.
Das / Dieses Hobby / Diese Methode ist nichts für mich. Ich mache lieber …

eine Präsentation halten

Einleitung	In meiner Präsentation / meinem Vortrag geht es um …
	Der Vortrag besteht aus … Teilen: Im ersten Teil …
	Anschließend werde ich genauer auf … eingehen. Zum Schluss …
Hauptteil	Ein wesentlicher/wichtiger Aspekt ist, dass …
	Ich möchte auch betonen / darauf hinweisen, dass …
	Besonders hervorheben möchte ich … / Das ist besonders wichtig, weil …
	Dazu nenne ich Ihnen folgende Beispiele: … / Beispielsweise gibt es …
	… ist dafür ein gutes Beispiel. / Ein typisches Beispiel ist: …
Schluss	Abschließend/Zusammenfassend kann man sagen, …
	Ich danke Ihnen / bedanke mich für Ihre Aufmerksamkeit.
	Haben Sie (noch) Fragen?

Feedback geben

Die Präsentation hat mir gut gefallen, weil … / Den Aspekt … haben Sie / hast du gut erklärt.
Ich denke, der Aspekt/Punkt … hat noch gefehlt / war noch nicht so klar.
Was mir noch nicht so gut gefallen hat, ist, dass … / Vielleicht könnte man …

einen Leserbrief schreiben

zum Text Bezug nehmen	Mit großem Interesse habe ich den Artikel „…" gelesen. Der Artikel spricht ein wichtiges/interessantes Thema an. / In Ihrem Artikel berichten Sie über … Das Thema … ist aktuell/wichtig / für mich persönlich interessant, weil …
die eigene Meinung äußern	Ich bin der Meinung, dass … / Meiner Meinung nach müsste man … Man sollte bedenken, dass … Das Argument, dass …, finde ich sehr/wenig überzeugend. Ich stimme der Autorin / dem Autor (darin) zu, dass …
eigene Erfahrungen nennen	Meine eigenen Erfahrungen haben mir gezeigt, dass … / Aus meiner (persönlichen/eigenen) Erfahrung kann ich (nicht) bestätigen, … In meiner Heimat …
Schlussfolgerung	Deshalb wäre es gut, wenn … / Es wäre wünschenswert, dass …

Nachfragen stellen

Ich hätte eine Frage zu dem Punkt …, nämlich: … / Verstehe ich Sie/dich richtig, dass …?
Einen Punkt habe ich nicht ganz verstanden. Warum/Wie …?
Was meinen Sie / meinst du mit …? / Könnten Sie / Könntest du das genauer erklären?
Mich würde interessieren, … / Ich würde gern wissen, … / Ich wüsste gern, …

6 In Erinnerungen schwelgen

Webcode: hazodu

Lebensstationen

1 Erinnerungen

a An welche Personen oder Ereignisse in Ihrem Leben können Sie sich gut erinnern? Sprechen Sie in Gruppen. Die Redemittel auf Seite 85 helfen.

> *Ich kann mich noch sehr gut an meinen ersten Schultag erinnern. Ich war sehr aufgeregt. Und ich werde nie vergessen, wie …*

2.19 b Wer spricht worüber? Hören Sie den Anfang des Gesprächs und tauschen Sie sich aus.

2.20 c Bilder aus Hannis Leben. Was war zuerst? Was war später? Hören Sie weiter und ordnen Sie die Fotos.

2.20 d Was erzählt Siegfried über Hannis Leben? Hören Sie noch einmal und machen Sie Notizen.

Kindheit – Schulzeit – Jugend – Studium – Hochzeit – Restaurant – eigene Kinder

Kindheit: – musste am Anfang Kleidung vom Bruder tragen
– spielte mit Siegfried zusammen „Verstecken"

e Berichten Sie mithilfe Ihrer Notizen aus d über Hannis Leben.

> **über das Leben einer Person berichten**
> Als Kind/Jugendliche war sie … / Als sie … Jahre alt war, ist/hat sie …
> Im Alter von … Jahren / Mit 14 Jahren … / Mit Anfang/Mitte/Ende 30 …
> Damals/Früher war/hat sie …
> ▶ Redemittel S. 85

f Was finden Sie interessant oder außergewöhnlich am Leben der Großeltern? Gibt es etwas, was Sie an das Leben Ihrer Familie erinnert hat? Tauschen Sie sich aus.

2 Wir haben einen Kredit aufnehmen müssen.

2.21 a Was sagt der Großvater? Hören Sie und ergänzen Sie die Sätze.

> **Perfekt: Modalverben**
>
> Das Perfekt der Modalverben bildet man mit *haben* + Infinitiv + Infinitiv Modalverb.
>
> **Hauptsatz:**　　Wir _____ die Idee nicht _____ .
> 　　　　　　　　(Wir wollten die Idee nicht aufgeben.)
>
> **Nebensatz:**　　Sie war die erste, die an der Uni hat _____ .
> 　　　　　　　　(Sie war die erste, die an der Uni studieren konnte.)
> 　　　　　　　　　　　　　　　　　　　　　　　▶ Grammatik A 1.1.2

■ über Erinnerungen und wichtige Ereignisse im (eigenen) Leben sprechen; über das Leben einer Person berichten;
über (irreale) Möglichkeiten in der Vergangenheit sprechen
■ Perfekt: Modalverben; Konjunktiv II der Vergangenheit; irreale Bedingungssätze mit Konjunktiv II

b Fragen und antworten Sie zu zweit wie im Beispiel.

im Haushalt helfen müssen – viel Eis essen dürfen – lange aufbleiben dürfen – das Auto benutzen dürfen –
immer aufessen müssen – alleine in den Urlaub fahren wollen – das Zimmer aufräumen sollen –
Fahrrad fahren können – ein Haustier haben wollen – die eigene Kleidung aussuchen können

> *Musstest du mit 13 Jahren im Haushalt helfen?*

> *Ja, mit 13 Jahren habe ich viel im Haushalt helfen müssen. Und du, durftest du als Kind …*

3 Was wäre anders gewesen, wenn …?

a Lesen Sie Hannis Tagebucheintrag und unterstreichen Sie die Konjunktiv-II-Formen. Was drückt der Konjunktiv II hier aus? Sprechen Sie im Kurs.

Heute war mein Geburtstag. Das schönste Geschenk kam von Marc: ein Fotoalbum. Das hat viele Erinnerungen in mir geweckt und ich habe über wichtige Ereignisse in meinem Leben nachgedacht. Ich hatte immer viel Glück in meinem Leben, <u>denn manches hätte sicher auch anders laufen können</u>. Zum Beispiel, als ich 13 war: Damals hätten sich meine Eltern fast getrennt. Das wäre schrecklich für mich gewesen. Zum Glück ist es nicht passiert. Und später das Studium in Wien, das war eine tolle Zeit. Ich hätte eigentlich gern länger in Wien gelebt. Doch wenn ich damals in Wien geblieben wäre, hätte ich Siegfried nie geheiratet. Und glücklicherweise haben wir später den Kredit bekommen. Sonst hätten wir das Restaurant wohl nicht eröffnen können …

b Suchen Sie die Sätze in a und ergänzen Sie den Grammatikkasten. Wie würde man das in Ihrer Muttersprache sagen? Vergleichen Sie im Kurs.

Konjunktiv II der Vergangenheit

Damals _____ sich meine Eltern fast _____ . Das _____ schrecklich _____ .

Der Konjunktiv II der Vergangenheit drückt eine Möglichkeit in der Vergangenheit aus, die sich aber nicht erfüllt hat. Er wird gebildet mit hätte/wäre *und Partizip II.*

Sonst _____ wir das Restaurant wohl nicht _____ _____ .

Konjunktiv II der Vergangenheit mit Modalverb: hätte + *Modalverb im Perfekt (Infinitiv + Infinitiv Modalverb).*

Irreale Bedingungssätze mit Konjunktiv II der Vergangenheit

Nebensatz **Hauptsatz**

Wenn ich in Wien _____ _____ , _____ ich Siegfried nie _____ .

▶ Grammatik A 1.4.2

---

c Was wäre in Hannis Leben anders gewesen, wenn …? Schreiben Sie irreale Bedingungssätze.

1 ihre Tante nicht besuchen – Siegfried nie kennenlernen
2 nicht nach Wien gehen – sich früher verloben
3 keine Enkelkinder bekommen – das Restaurant nicht verkaufen
4 weniger arbeiten müssen – öfter in Urlaub fahren

> *1 Wenn sie ihre Tante nicht besucht hätte, hätte sie …*

d Und Ihr Leben? Schreiben Sie über ein wichtiges Ereignis in Ihrem Leben. Die Fragen helfen.

– Wie alt waren Sie damals? Was ist passiert?
– Was hätte stattdessen auch passieren können?
– Was wäre heute anders, wenn es nicht passiert wäre?

6

- einen Artikel über die Funktionsweise des Gedächtnisses verstehen; über Lernstrategien und Mnemotechniken sprechen; etwas bewerten
- Passiv mit *von* und *durch*

Das Gedächtnis – Ort unserer Erinnerungen

1 Ein Gedächtnis-Experiment

2.22 **a** Arbeiten Sie in drei Gruppen. Jede Gruppe wählt eine Aufgabe (A, B, C). Hören Sie sieben Namen und versuchen Sie, sich möglichst viele Namen zu merken. Vergleichen Sie Ihre Ergebnisse.

A	B	C
Notieren Sie die Namen beim Hören nicht. Schreiben Sie nach dem Hören alle Namen, an die Sie sich erinnern.	Notieren Sie die Namen beim Hören. Decken Sie Ihre Notizen dann ab und schreiben Sie alle Namen, an die Sie sich erinnern.	Assoziieren Sie beim Hören die Namen mit einem Bild. Schreiben Sie nach dem Hören alle Namen, an die Sie sich erinnern.

2.23 **b** Wählen Sie eine andere Aufgabe (A, B, C) als in a. Hören Sie wieder sieben Namen. Vergleichen Sie Ihre Ergebnisse in a und b.

c Welche Merkstrategie hat Ihnen am meisten geholfen? Tauschen Sie sich im Kurs aus.

2 Wie das Gedächtnis funktioniert

a Was wissen Sie über das Gedächtnis? Wie funktioniert es? Was hilft dabei, sich etwas zu merken? Sammeln Sie Ideen.

b Was ist richtig? Lesen Sie den Artikel und kreuzen Sie an. Korrigieren Sie dann die falschen Sätze in Ihrem Heft.

Das Gedächtnis – Ort unserer Erinnerungen

„Das Gedächtnis ist das Tagebuch, das wir immer mit uns herumtragen" schrieb der Schriftsteller Oscar Wilde im 19. Jahrhundert. Aber was ist das Gedächtnis genau und wie arbeitet es? Zunächst einmal: Der Begriff Gedächtnis bezeichnet die Fähigkeit, Informationen aufzunehmen, zu verarbeiten und sich an sie zu erinnern. Dabei werden Informationen an unterschiedlichen Orten im Gehirn
5 gespeichert.

Über die Sinnesorgane – Ohren, Augen, Nase, Mund und die Haut – nehmen wir in jeder Sekunde viel Neues wahr: Alles, was wir hören, sehen, riechen, schmecken oder fühlen, wird zuerst vom sensorischen Gedächtnis aufgenommen und für 1–2 Sekunden gespeichert. Das sensorische Gedächtnis arbeitet sozusagen wie die Sekretärin am Empfang eines Büros. Neue Informationen wer-
10 den von ihr sorgfältig geprüft, ob sie überhaupt interessant und wichtig genug sind, um sie der Chefin zu bringen. Die wenigen Informationen, die diese Prüfung bestehen, kommen ins Kurzzeitgedächtnis bzw. Arbeitsgedächtnis (also ins Büro der Chefin). Dort werden sie für 10 bis 12 Sekunden gespeichert. Sind die Informationen nicht wichtig, landen sie gleich im Papierkorb (werden also vergessen), um Platz für Neues zu machen.

15 Die wichtigen Informationen werden für das Langzeitgedächtnis – in unserem Beispiel wäre das die Geschäftsführung – vorbereitet. Damit Informationen dauerhaft im Langzeitgedächtnis gespeichert werden können, müssen zwei Voraussetzungen erfüllt sein: Erstens müssen die neuen Informationen mit schon bekannten Informationen verbunden werden. Die Chefin muss sozusagen einen passenden Ordner finden, in den sie die Informationen einsortieren kann. Zweitens müssen die
20 neuen Informationen regelmäßig benutzt, also geübt und wiederholt werden. Um sich etwas dauerhaft zu merken, braucht man bis zu 80 Wiederholungen.

Neben Üben und Wiederholen ist zum Lernen eine entspannte und ruhige Atmosphäre so wichtig. Denn bei Stress werden Informationen nicht weitergeleitet. Auch, wenn man wenig geschlafen hat und unkonzentriert ist, arbeitet das Gedächtnis schlecht. Die Forschung hat außerdem gezeigt, dass
25 es einen Zusammenhang zwischen Lernen und Gefühlen gibt. Was uns interessiert oder überrascht, können wir uns besser merken. Deshalb sollte Lernen immer Spaß machen! Auch Bewegung hilft beim Erinnern. Durch die körperliche Tätigkeit wird das Gehirn besser mit Sauerstoff versorgt und die Nervenzellen werden miteinander verbunden. So können Informationen besser weitergeleitet werden.

---

1 ○ Das Gedächtnis ist ein fester Teil des Gehirns, wo Informationen gespeichert werden.
2 ○ Alle Sinneswahrnehmungen werden zuerst vom Kurzzeitgedächtnis verarbeitet.
3 ○ Informationen, die nicht sinnvoll im Gehirn abgelegt werden können, werden vergessen.
4 ○ Uninteressante Informationen werden nicht ans Arbeitsgedächtnis weitergegeben.
5 ○ Je öfter eine Information benutzt wird, desto stärker bleibt sie im Gedächtnis.
6 ○ Wenn Lernen Spaß macht, wird das Gehirn besser mit Sauerstoff versorgt.

c Welche Informationen aus dem Artikel in b waren neu für Sie? Was können Sie durch eigene Erfahrungen bestätigen? Tauschen Sie sich aus.

d *Von* oder *durch*? Lesen Sie die Sätze und ergänzen Sie die Regel.

> **Passivsätze mit *von* oder *durch***
> Neue Informationen werden vom sensorischen Gedächtnis gespeichert.
> Neue Informationen werden von der Sekretärin sorgfältig geprüft.
> Durch körperliche Tätigkeit wird das Gehirn besser mit Sauerstoff versorgt.
>
> Von   *beschreibt, wer etwas macht. (Person oder Institution)*
> durch   *beschreibt, wie etwas passiert. (Ursache oder Vorgang)*
>
> ▶ Grammatik A 1.3.2

e Schreiben Sie Passivsätze mit *von* oder *durch*.

1 Stress stört die Konzentration.
2 Die Sinnesorgane nehmen Gerüche und Geräusche wahr.
3 Die Chefin sortiert die Informationen in passende Ordner ein.
4 Bewegung fördert das Lernen und Erinnern.
5 Eine entspannte Atmosphäre erleichtert das Lernen.

1 Durch Stress wird ...

3 Das Lernen lernen

.24 a Bilden Sie Gruppen zu viert. Wählen Sie zu zweit jeweils eine Aufgabe (A oder B) und arbeiten Sie mit der App. Vergleichen Sie Ihre Notizen zu zweit.

A
Welche Tipps zum Sprachenlernen haben die Personen? Hören Sie verschiedene Beiträge aus einer Umfrage und notieren Sie die Tipps.

B
Was sind Mnemotechniken? Welche Mnemotechniken gibt es und wie funktionieren Sie? Lesen Sie einen Online-Artikel und notieren Sie.

b Stellen Sie Ihre Ergebnisse aus a in Ihrer Gruppe vor. Welche der Strategien kannten Sie schon? Kennen Sie noch andere Lernstrategien? Welche finden Sie besonders nützlich? Tauschen Sie sich in der Gruppe aus.

> **über Lernstrategien sprechen**
> Ich finde, ... bringt sehr viel / nicht so viel, denn ...
> Das halte ich für eine sehr gute Strategie, weil ...
> Davon / Von dieser Technik bin ich ehrlich gesagt noch nicht überzeugt.
> ▶ Redemittel S. 85

c Welche Lernstrategien finden Sie am besten? Wählen Sie drei Strategien und gestalten Sie ein Plakat in der Gruppe.
d Stellen Sie Ihr Plakat im Kurs vor und begründen Sie Ihre Auswahl.

6

■ ein Erklärvideo zur deutschen Geschichte verstehen; Biografien verstehen und wiedergeben; Informationen recherchieren und strukturieren; einen Kurzvortrag über ein historisches Ereignis halten
■ Passiv mit Konjunktiv II der Vergangenheit; Phonetik: der wandernde Satzakzent

Erinnerungen aus der Geschichte

1 Deutsche Geschichte

a Was wissen Sie über die deutsche Geschichte im 20. Jahrhundert? Sammeln Sie Informationen im Kurs. Die Wörter helfen.

Ostberlin – Westberlin – die DDR – die BRD – teilen / die Teilung – bauen / der Bau – fallen / der Fall – der Nationalsozialismus – der 2. Weltkrieg – wiedervereinigen / die Wiedervereinigung – der Kapitalismus – der Sozialismus – der Staat – die Demokratie – regieren / die Regierung – die Berliner Mauer

---

2.25 b Wer spricht hier? Worum geht es? Hören Sie und sprechen Sie im Kurs.

c Wann war das? Sehen Sie das Video und ergänzen Sie die Jahreszahlen.

1 das Ende des 2. Weltkriegs: _____   4 der Mauerbau: _____

2 die Gründung der BRD: _____   5 der Mauerfall: _____

3 die Gründung der DDR: _____   6 die deutsche Wiedervereinigung: _____

d Richtig oder falsch? Sehen Sie das Video noch einmal und kreuzen Sie an. Korrigieren Sie dann die falschen Sätze.

	richtig	falsch
1 Nach dem zweiten Weltkrieg wurde Deutschland in zwei Besatzungszonen geteilt.	○	○
2 Berlin lag geografisch in Westdeutschland.	○	○
3 Die DDR hatte ein sozialistisches Wirtschaftssystem.	○	○
4 Die Mauer verlief entlang der kompletten deutsch-deutschen Grenze.	○	○
5 Seit dem Mauerbau durften die DDR-Bürger nicht mehr ohne Erlaubnis in die BRD reisen.	○	○
6 Die Mauer ist gefallen, weil ein Regierungssprecher der DDR schlecht informiert war.	○	○
7 In der Nacht des Mauerfalls fuhren viele Westdeutsche nach Ostberlin.	○	○
8 Das Datum des Mauerfalls ist heute der deutsche Nationalfeiertag.	○	○

2.26 e Phonetik: der wandernde Satzakzent. Welches Wort ist betont? Hören Sie den Satz viermal und markieren Sie den Satzakzent wie im Beispiel.

       1
Deutschland wurde nach dem zweiten Weltkrieg in vier Besatzungszonen geteilt.

f Wie verändert sich die Bedeutung des Satzes in e durch die unterschiedliche Betonung? Diskutieren Sie.

> *Im ersten Satz ist „Deutschland" betont. Also Deutschland wurde geteilt, nicht Berlin.*

g Lesen Sie die Sätze aus d abwechselnd zu zweit mit unterschiedlichen Betonungen, um die Bedeutung zu variieren.

2 Berühmte Personen in der Geschichte

2.27 a Welche Information passt zu welcher Person? Hören Sie weiter und verbinden Sie.

Günter Schabowski

Bertha von Suttner

Sophie Scholl

Albert Hofmann

G. Schabowski	1906–2008	Österreich	Student/in + Widerstandskämpfer/in
B. v. Suttner	1921–1943	Schweiz	Politiker/in + Regierungssprecher/in
S. Scholl	1929–2015	DDR	Chemiker/in + Erfinder/in des LSD
A. Hofmann	1843–1914	Deutschland	Friedensforscher/in + Schriftsteller/in

2.28 **b** Hören Sie und ergänzen Sie die Verben im Grammatikkasten.

Passiv mit Konjunktiv II der Vergangenheit

Die Grenzen sind 1989 geöffnet worden.

Die Grenzen _____ nicht _____ _____, wenn Schabowski sich nicht geirrt hätte.

Passiv mit Konjunktiv II der Vergangenheit: wäre + Partizip II + worden

▶ Grammatik A 1.4.2

---

c Was wäre nicht passiert? Ergänzen Sie die Sätze im Passiv mit Konjunktiv II der Vergangenheit.

1 Der Friedensnobelpreis ist verliehen worden.

Ohne Bertha von Suttner _____ der Friedensnobelpreis nicht _____.

2 Sophie Scholl ist ermordet worden.

Sie _____ nicht _____, wenn sie nicht gegen die Nazis gekämpft hätte.

3 Die Droge LSD ist erfunden worden.

Die Droge LSD _____ nicht _____, wenn Albert Hofmann nicht an einem Medikament geforscht hätte.

d Wählen Sie eine Person und lesen Sie ihre Biografie in der App. Machen Sie Notizen zu den Fragen.

A	B	C
 Bertha von Suttner	 Sophie Scholl	Albert Hofmann

– Wo und wie ist die Person aufgewachsen? Was war sie von Beruf?
– Was waren wichtige Ereignisse im Leben der Person?
– Warum ist die Person für die Geschichte wichtig?

e Stellen Sie Ihre Person in der Gruppe vor. Benutzen Sie die Redemittel auf Seite 85.

3 Strategietraining: Informationen recherchieren und strukturieren

a Stellen Sie sich vor, Sie möchten eine Präsentation über ein geschichtliches Ereignis halten. Wie und wo recherchieren Sie Informationen? Worauf achten Sie bei der Recherche? Tauschen Sie sich aus.
b Sehen Sie das Strategievideo und vergleichen Sie mit Ihren Ideen.
c Wählen Sie zu dritt ein beliebiges historisches Ereignis, über das Sie sich informieren möchten. Recherchieren Sie dann einzeln im Internet und machen Sie Notizen zu den Fragen.

– Wo und wann ist das passiert? Welche Personen waren daran beteiligt?
– Wie kam es dazu? Was waren die Gründe und Ursachen, die dazu führten?
– Warum ist das Ereignis für die Geschichte wichtig?

d Vergleichen und strukturieren Sie Ihre Informationen in der Gruppe.
e Präsentieren Sie Ihr Ereignis mithilfe der Redemittel auf Seite 85 im Kurs (maximal 5 Minuten).

Lieblingsbücher

1 Wolkenspringer – ein Bestseller

a Was für ein Buch könnte das sein? Worum könnte es gehen? Sehen Sie das Cover an und sammeln Sie Ideen im Kurs. Begründen Sie Ihre Ideen.

ein Sachbuch – ein Liebes-/Familienroman – eine (Auto)Biografie – ein Krimi – ein Science-Fiction-Roman – ein historischer Roman – ein Gedichtband – ein Ratgeber – ein Nachschlagewerk

> *Der Titel „Wolkenspringer" klingt nach einem Roman. Vielleicht geht es um ...*

b Worum geht es wirklich in dem Buch? Lesen Sie den Klappentext zum Buch und kreuzen Sie an. Vergleichen Sie mit Ihren Vermutungen in a.

1 ◯ Spannendes über die Zahl Pi
2 ◯ ein besonderes Talent

3 ◯ Ideen für den Matheunterricht
4 ◯ Daniel Tammet – sein Leben

Da, wo andere nur graue Wörter oder spröde Zahlen sehen, sieht Daniel Tammet Farben und Formen: Er erlernt eine neue Sprache innerhalb einer Woche und kennt 22.514 Stellen der Kreiszahl Pi auswendig. Tammet ist Autist und ist *[sic]* eine sogenannte Inselbegabung, fremde Wörter und Zahlen fliegen ihm zu. Mit seinem Bestseller „Elf ist freundlich und Fünf ist laut" begeisterte der geniale Autist das Publikum weltweit. Jetzt erklärt er, wie er denkt und was wir von ihm lernen können. Denn für ihn steht fest: Wir alle sind hochbegabt!

Wolkenspringer

Genre: Sachbuch

Autor: Daniel Tammet

Verlag: Patmos

erschienen: 2009

Seitenzahl: 288 Seiten

2 Strategietraining: eine Rezension verstehen

a Welche Fragen werden in der Rezension beantwortet? Lesen Sie und ordnen Sie die Fragen den Absätzen zu.

1 Wie bewertet die Rezensentin das Buch zusammenfassend?
2 Wie schreibt der Autor? Wie findet die Rezensentin seinen Stil?
3 Wer ist der Autor? Was ist das Thema des Buches?
4 An wen richtet sich das Buch? Für wen ist es geeignet?

● ● ◯

Daniel Tammet: Wolkenspringer – von einem genialen Autisten lernen
Rezension von Herta Liebig, Salzburg

◻ Es gibt nicht viele Menschen, die so außerordentliche Fähigkeiten besitzen, wie Daniel Tammet. Er kann in kürzester Zeit komplexe mathematische Probleme lösen und hat innerhalb einer Woche eine neue Sprache – Isländisch – gelernt. In seinem Buch „Wolkenspringer" erklärt er, wie das Gehirn arbeitet, was eigentlich Intelligenz ist und wie das Denken eines Autisten
5 funktioniert.

Besonders interessant ist, dass er seine persönlichen Erlebnisse und Erfahrungen mit den Lesern teilt. Durch seinen humorvollen und gut lesbaren Schreibstil macht das Lesen Spaß. Man fühlt sich gut unterhalten, während man viel Neues lernt.

Das populärwissenschaftliche Sachbuch richtet sich an alle, die sich für Neurowissenschaften,
10 die Funktionsweise des Gehirns und Lernprozesse interessieren. Da Tammet es schafft, auch Lesern ohne Hintergrundwissen die komplexen Themen verständlich näherzubringen, kann jeder mit diesem Buch etwas anfangen.

Alles in allem bietet es eine unterhaltsame, spannende und informative Lektüre. Trotz des – auf den ersten Blick – trockenen Themas ist es ein fesselndes Buch und nicht ohne Grund
15 ein Bestseller. Ich finde es rundum empfehlenswert!

b Wo steht das im Text? Lesen Sie noch einmal, markieren Sie die Textstellen und ergänzen Sie die Zeilen.

1 Der Autor berichtet von seinen eigenen Erfahrungen. Zeile ___

2 Er schreibt gut. Deshalb ist das Buch unterhaltsam. Zeile ___

3 Der Autor kann komplexe Themen einfach erklären. Zeile ___

4 Das Buch ist nicht langweilig, obwohl es ein Sachbuch ist. Zeile ___

c Was bedeuten die Begriffe? Lesen Sie noch einmal und verbinden Sie.

1 sich gut unterhalten fühlen   a etwas interessant finden und verstehen
2 sich an jemanden richten   b besonders interessant
3 ein Thema nahebringen   c ein langweiliges oder kompliziertes Thema
4 etwas damit anfangen können   d Spaß bei etwas haben
5 ein trockenes Thema   e jemanden ansprechen
6 fesselnd   f ein Thema verständlich erklären

d Lesen Sie die Rezension noch einmal und beantworten Sie die Fragen in a in jeweils ein bis zwei Sätzen in Ihrem Heft.

e Finden Sie das Buch *Wolkenspringer* interessant? Würden Sie es gern lesen? Warum (nicht)? Tauschen Sie sich aus.

3 Und Ihr Lieblingsbuch?

a Welches Buch können Sie weiterempfehlen? Warum? Sprechen Sie im Kurs.

> *Ich habe gerade einen spannenden Roman gelesen. Da geht es um einen Mann, der …*

b Schreiben Sie eine Kurzrezension zu einem Buch, das Sie gelesen haben. Geben Sie Informationen zu allen Punkten. Brauchen Sie Hilfe oder sind Sie schon fertig? Dann arbeiten Sie mit der App.

Titel   Jahr   Thema/Inhalt   Zielgruppe

Autorin/Autor   Genre   Was war gut/schlecht?   Fazit

c Arbeiten Sie in Gruppen. Tauschen Sie Ihre Rezensionen und sprechen Sie darüber.

> *Das klingt spannend, das muss ich unbedingt auch lesen. In welcher Sprache hast du es gelesen? Auf Deutsch?!*

> *Nein, in der englischen Übersetzung.*

6

🔊

■ ein Lied verstehen; über historische Ereignisse und berühmte Personen sprechen; darüber sprechen, in welcher Epoche man gern gelebt hätte; eine Liedstrophe schreiben

Zeitreisen – das hätte ich gern erlebt!

1 **In welcher Epoche hätten Sie gern gelebt oder würden Sie gern leben? Warum? Tauschen Sie sich aus.**

in der Antike – im Mittelalter – im 19./20./... Jahrhundert –
in den 20er-/30er-/...er-Jahren – in der Zukunft im Jahr 2030

> *Ich hätte gerne in der Antike gelebt.*
> *Dann hätte ich mich mit*
> *den griechischen Philosophen*
> *unterhalten können.*

2 **Was kann ich dafür, dass ich aus den 80ern bin?**

2.29 🔊 **a** Worum geht es in diesem Lied? Was bedeutet der Titel in 2? Hören Sie und sprechen Sie im Kurs.

2.29 🔊 **b** In welcher Reihenfolge kommen diese Personen und Ereignisse im Lied vor? Hören Sie noch einmal und ordnen Sie die Fotos.

a das Wembley Tor (WM-Finale 1966 zwischen England und Deutschland)

c 1 der Mount Everest (erste Besteigung 1953)

b Elvis Presley (1935–1977)

d das Woodstock Festival (USA 1969)

e die Titanic (Untergang 1912)

f Mahatma Ghandi (1869–1948)

g Mondlandung „Apollo 11" (1969)

h Yoko Ono und John Lennon (1971)

c Was wissen Sie über die Ereignisse und Personen auf den Fotos? Wählen Sie eine Person oder ein Ereignis und recherchieren Sie kurz. Berichten Sie dann in Gruppen.

> *Auf Foto c sieht man den Mount Everest. Er ist 8848 Meter*
> *hoch und damit der höchste Berg der Welt.*

2.29 **d** Hören Sie das Lied noch einmal und lesen oder singen Sie mit. Klopfen Sie im Rhythmus mit.

Emma6:

**Was kann ich dafür,
dass ich aus den 80ern bin?**

Wär' ich nicht erst zwei Jahrzehnte frisch,
dann hätt' ich mein Jahrhundert aufgemischt[1].
Ich hätte den Everest zuerst bestiegen
und auf dem Gipfel „Let it be" geschrieben.
Hätte die Titanic umgelenkt
und dafür Celine Dion versenkt.
Ich hätte Woodstock headgelined[2]
und nie im Leben Roy Black gesigned[3].
Apollo 11 ist zum Mond gestartet –
keine Sau[4] hat auf mich gewartet.

*Was kann ich dafür,
dass ich aus den 80ern bin?
Viele machten vieles klar[5]
und ich war noch nicht da.
Was kann ich dafür,
dass ich aus den 80ern bin?
Ich hab's satt[6], nur davon zu lesen,
ich wär' gern dabei gewesen.*

Ach wie gerne wäre
ich im Club der Pioniere.
Hätte kurz mal die Welt vermessen
und dann mit Ghandi 'n Eis gegessen.
Wir hätten Elvis' Fans als Support gerockt
und Marylin unter'n Rock geguckt.
Ich hätt' mit John Lennon einen draufgemacht[7]
und wär' neben Yoko Ono aufgewacht.
Ich hätt' niemals ein Atom gespalten
und das Wembley-Tor gehalten.

Was kann ich dafür, ... [Refrain]

Ich weiß, ich weiß,
so manche Heldentat, (ich weiß),
hat die Geschichte aufgespart, (ich weiß).
Doch viele gibt sie nicht mehr her,
das find ich nicht fair. – Das find ich nicht fair.

Was kann ich dafür, ... [Refrain]

Was kann ich dafür [11 Mal],
dass ich nicht aus den 70ern, 60ern,
50ern, 40ern, 30ern, 20ern, 10, Null...

e Kurskette. Was hätte der Sänger der Band machen können, wenn er nicht in den 80er-Jahren geboren worden wäre? Sprechen Sie wie im Beispiel.

den Mount Everest besteigen – die Titanic umlenken – bei Woodstock auftreten –
auf den Mond fliegen – mit Ghandi ein Eis essen – die Vorband von Elvis Presley sein –
mit John Lennon feiern gehen – das Wembley-Tor halten

Wenn er nicht in den 80ern geboren worden wäre, hätte er als Erster den Mount Everest besteigen können.

Wenn er nicht in den 80ern geboren worden wäre, hätte er ...

3 Und Sie? Was hätten Sie gern erlebt?
a Was hätten Sie gern in der Geschichte miterlebt, wenn Sie zu einem anderen Zeitpunkt geboren worden wären? Welche berühmte Person hätten Sie gern getroffen? Schreiben Sie eine Liedstrophe.
b Kursspaziergang. Hängen Sie die Strophen auf und raten Sie, wer was geschrieben hat.

Die Person hätte gerne Steve Jobs getroffen. Das muss Farhad sein. Er interessiert sich doch so für Computer und Technik.

```
Wär' ich nicht erst zwei Jahrzehnte frisch,
dann hätt' ich mein Jahrhundert aufgemischt.
Ich hätte/wäre ...
und ...
Hätte/Wäre ...
und dafür ...
Ich hätte/wäre ...
und nie im Leben ...
...
...
```

 c Singen Sie die besten Strophen gemeinsam im Kurs zur Melodie des Liedes.

[1] etw. aufmischen (ugs.) = etw. durcheinanderbringen; [2] headlinen (engl.) (ugs.) = als wichtigster Künstler auf einem Konzert auftreten; [3] jdn. signen (engl.) (ugs.) = hier: jdm. einen Musikvertrag geben; [4] keine Sau (ugs.) = niemand; [5] etwas klarmachen (ugs.) = etw. erreichen; [6] etwas satthaben = genug von etwas haben; [7] einen draufmachen (ugs.) = wilde Partys feiern

Erinnern Sie sich noch an Einheit …?

1 Erinnerungsstationen

a Was haben Sie in dieser Einheit gelernt? Sehen Sie sich die Illustration an und tauschen Sie sich aus.

b Arbeiten Sie in fünf Gruppen. Jede Gruppe wählt eine Einheit aus B2.1 (Einheit 1–5). Gestalten Sie in der Gruppe eine Erinnerungsstation wie in a. Die Fragen helfen.
   – Welche Themen, Texte (Hör- und Lesetexte), Bilder und Videos gab es in der Einheit? Was fanden Sie besonders spannend/interessant/aktuell?
   – An welche Wörter und Redemittel aus der Einheit können Sie sich noch erinnern? Welche finden Sie besonders schön oder nützlich?
   – Welche neuen Grammatikstrukturen haben Sie gelernt? War das leicht oder schwer?
   – Welche Themen und Aufgaben würden Sie gern wiederholen, weil sie besonders interessant oder auch besonders schwierig waren?

2 Schnelle Erinnerungen

a Gehen Sie zu zweit oder in Kleingruppen herum. Sehen Sie sich nacheinander alle Erinnerungsstationen an und bearbeiten Sie die Aufgaben. Wechseln Sie so oft, bis Sie an allen Tischen waren.

• Sehen Sie sich die Erinnerungsstation zuerst allein an (ca. 2 Minuten).
• Sprechen Sie dann 3–5 Minuten mit den anderen über die Einheit.
  Woran erinnern Sie sich?   *Was hat Ihnen gefallen?*
  Was haben Sie gelernt?   *Was möchten Sie gern wiederholen?*
• Wenn Sie noch etwas zu der Einheit ergänzen möchten, schreiben Sie es auf ein Kärtchen und kleben das Kärtchen zu der Erinnerungsstation.
• Wechseln Sie nach 5–7 Minuten zum nächsten Tisch.

b Welche Einheit hat Ihnen am besten gefallen? Warum? Welche Themen fanden Sie schwierig und möchten Sie gern noch mehr üben oder wiederholen? Tauschen Sie sich im Kurs aus.

---

etwas evaluieren

Das Thema … fand ich besonders interessant / wenig ansprechend / sehr aktuell, weil …
Die Grammatik/Aussprache/… fiel mir sehr leicht/schwer.
Es fällt mir schwer, komplexe Texte zu lesen/hören. Deshalb würde ich gern noch mehr …
Ich fände es gut, wenn wir noch öfter/mehr …

▶ Redemittel S. 85

Auf einen Blick

über Erinnerungen sprechen

An … kann ich mich (sehr) gut erinnern. / Ich erinnere mich noch genau daran, wie/als/dass …
Ich erinnere mich, als wäre es gestern gewesen. / Ich werde nie den Tag vergessen, als …
Mein 18. Geburtstag? Den werde ich nie vergessen. / Daran werde ich mich immer erinnern.
Ich habe kaum Erinnerungen daran / an diese Zeit.

über das (eigene) Leben berichten

Als Kind/Jugendliche war ich … / Als ich … Jahre alt war, bin/habe ich …
Im Alter von … Jahren / Mit 14 Jahren … / Mit Anfang/Mitte/Ende 30 …
Damals/Früher war/habe ich … / Das ist schon mehr als … Jahre her.

über Lernstrategien sprechen

Ich finde, … bringt sehr viel / nicht so viel, denn …
Ich finde, diese Technik klappt/funktioniert super.
Das halte ich für eine sehr gute Idee/Technik/Strategie, weil …
Ich bin ehrlich gesagt skeptisch, ob das funktioniert.
Davon/Von dieser Technik bin ich noch nicht überzeugt. / Das überzeugt mich sehr/nicht.
Auf diese Idee wäre ich nie gekommen. Das muss ich auch ausprobieren.

über eine Biografie sprechen

Sie/Er lebte von … bis …
Sie/Er wurde in … als Tochter/Sohn eines/einer … (Beruf) geboren.
Sie/Er wuchs als ältestes von … Geschwistern auf.
Sie/Er wuchs in einer einfachen/christlichen/reichen/… Familie … auf.
Sie/Er arbeitete … Jahre als … / Sie/Er begann im Jahr … ihr/sein Studium an der Universität in …
Sie/Er war eine berühmte Person aus dem Bereich der Wissenschaft/Politik/…
Die wichtigsten Ereignisse in ihrem/seinem Leben waren: …
Im Jahr … starb sie/er an einer schweren Krankheit. / Sie/Er starb im Alter von … Jahren.
Das Außergewöhnliche an ihr/ihm … war, dass … / Für die Geschichte ist sie/er so wichtig, weil …
Sie/Er wurde für ihre/seine Arbeit ausgezeichnet. / Ihr/Sein Leben wurde im Jahr … verfilmt.

über ein historisches Ereignis sprechen

Es begann damit, dass … / Damals passierte es, dass …
Damals / Im Jahr … / Vor … Jahren begann/endete die Monarchie / der Krieg / die Demokratie in …
An diesem Ereignis / Daran waren viele Menschen beteiligt.
Das Ereignis führte dazu, dass … / Durch dieses Ereignis kam es dazu, dass …
Mit diesem Ereignis wird … verbunden. / Das Ereignis gilt heute als Symbol für …
Seitdem wird an diesem Datum der Nationalfeiertag gefeiert.

etwas evaluieren

Das Thema … fand ich besonders interessant / wenig ansprechend / sehr aktuell, weil …
Die Grammatik/Aussprache/… fiel mir sehr leicht/schwer.
Es fällt mir schwer, komplexe Texte zu lesen/hören. Deshalb würde ich gern noch mehr …
Ich fände es gut, wenn wir noch öfter/mehr …

Gutes tun

1 Gesellschaftliches Engagement

a Was machen die Menschen auf den Fotos? Was glauben Sie: Warum oder mit welchem Ziel? Sammeln Sie Ideen im Kurs. Die Wörter helfen.

Brände löschen – (für/gegen etwas) demonstrieren – Gemüse anbauen/ernten – eine Petition unterschreiben – (für etwas) streiken – sich ehrenamtlich (für etwas) engagieren – Unterschriften/Spenden sammeln – eine Mannschaft trainieren – sich (für etwas/jemanden) einsetzen – etwas für einen guten Zweck tun

---

> *Die Frau auf den vierten Foto trainiert Kinder im Fußball. Vielleicht ist das ihr Job?*

> *Oder sie ist ehrenamtliche Trainerin, weil ihr die Arbeit mit Kindern Spaß macht.*

b Worum geht es in den Absätzen? Lesen Sie den Artikel und schreiben Sie zu jedem Absatz eine passende Frage in Ihr Heft. Vergleichen Sie dann im Kurs.

Ehrenamt und freiwilliges Engagement in Deutschland

Freiwilliges und ehrenamtliches Engagement spielen in Deutschland eine große Rolle. Knapp 31 Millionen Menschen – das entspricht etwa 45 % der deutschen Bevölkerung ab 14 Jahren – engagieren sich unbezahlt in Ver-
5 einen und Organisationen für einen guten Zweck und erfüllen mit ihrer Arbeit wichtige gesellschaftliche Aufgaben. Umfragen zeigen, welche Bevölkerungsgruppen besonders engagiert sind: Wer ehrenamtlich tätig ist, kommt meist aus der gesellschaftlichen Mittelschicht,
10 ist berufstätig und gut ausgebildet. Männer sind etwas häufiger freiwillig engagiert als Frauen (46 % versus 42 %), ältere Menschen ab 65 Jahren seltener als jüngere (34 % versus 46 %). Allerdings widmen ältere Menschen ihrer ehrenamtlichen Tätigkeit mehr Zeit, nämlich
15 durchschnittlich zwölf Stunden monatlich. Bei den jüngeren sind es nur acht bis zehn Stunden.

Je nach Alter unterscheiden sich auch die Beweggründe der Menschen für ihr Engagement. Bei älteren Menschen ist es einerseits der Wunsch, die Gesellschaft aktiv
20 mitzugestalten, andererseits der Kontakt und Austausch mit anderen Menschen und anderen Generationen. Die jüngste Altersgruppe (14 bis 29 Jahre) will dagegen durch die ehrenamtliche Tätigkeit vor allem Neues lernen und Erfahrungen für ihr Berufsleben sammeln. Für alle Alters-
25 und Bevölkerungsgruppen steht der Spaß an der Tätigkeit an erster Stelle. Die Umfragen zeigen: Nur wem das Ehrenamt auch Spaß macht, der ist auch bereit, sich in seiner Freizeit längerfristig zu engagieren.

Es gibt zahlreiche Bereiche, in denen man ehrenamtlich
30 aktiv werden kann. In Deutschland ist mit 16,3 % der größte Anteil der Ehrenamtlichen im Bereich Sport und Bewegung tätig. Diese Menschen engagieren sich z.B. als Schiedsrichterin oder Trainer in einem Sportverein. An zweiter und dritter Stelle steht das Engagement im kul-
35 turellen und sozialen Bereich, wo sich 9 % und 8,5 % der Ehrenamtlichen engagieren. 5,8 % engagieren sich für Jugendliche oder arbeiten im außerschulischen Bildungsbereich. In den Bereichen Politik und Umweltschutz sind mit 3,6 % und 3,5 % deutlich weniger Menschen
40 freiwillig aktiv. Knapp 3 % der Engagierten arbeiten im Bereich Unfall- oder Rettungshilfe mit – zum Beispiel bei der freiwilligen Feuerwehr. Der geringste Anteil (2,5 %) ist im Bereich der beruflichen Interessenvertretung aktiv. Die hier Engagierten setzen sich z.B. als
45 Betriebsrats- oder Gewerkschaftsmitglieder für höhere Löhne und bessere Arbeitsbedingungen ein.

Wo bzw. wofür man sich engagiert, hängt dabei natürlich auch von den eigenen Interessen ab. Für wen das Thema Gleichberechtigung eine wichtige Rolle spielt,
50 den trifft man vielleicht auf einer Demonstration für mehr Chancengleichheit für Frauen. Wem der Klimaschutz besonders am Herzen liegt, der engagiert sich vermutlich eher für Themen wie Umwelt- und Naturschutz.

■ über gesellschaftliches Engagement und Ehrenamt sprechen; einen Verein / eine Organisation vorstellen
■ Relativsätze mit *wer, wem, wen*

7

c Was steht im Text? Lesen Sie noch einmal die ersten zwei Absätze in b und kreuzen Sie an.

1 ○ Etwas weniger als die Hälfte der Menschen in Deutschland ist freiwillig oder ehrenamtlich engagiert.
2 ○ Je höher das Bildungsniveau, desto mehr Zeit investieren Menschen in das Ehrenamt.
3 ○ Unter den Älteren ab 65 Jahren engagieren sich weniger Menschen, allerdings mit mehr Zeit.
4 ○ Den Älteren ist der Kontakt zu anderen wichtiger als der Wunsch, die Gesellschaft zu verändern.
5 ○ Für junge Menschen sind Spaß und berufliche Qualifizierung die wichtigsten Motive.

d In welchen Bereichen engagieren sich die Menschen in Deutschland? Lesen Sie noch einmal den dritten Absatz in b und ergänzen Sie die Informationen in der Grafik.

Anteile der freiwillig Engagierten nach Bereichen

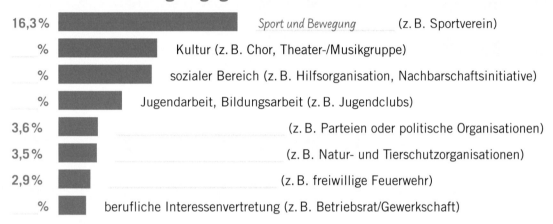

16,3 % ▬▬▬▬▬▬▬▬ *Sport und Bewegung* (z. B. Sportverein)
% ▬▬▬▬ Kultur (z. B. Chor, Theater-/Musikgruppe)
% ▬▬▬▬ sozialer Bereich (z. B. Hilfsorganisation, Nachbarschaftsinitiative)
% ▬▬▬ Jugendarbeit, Bildungsarbeit (z. B. Jugendclubs)
3,6 % ▬▬ (z. B. Parteien oder politische Organisationen)
3,5 % ▬▬ (z. B. Natur- und Tierschutzorganisationen)
2,9 % ▬▬ (z. B. freiwillige Feuerwehr)
% ▬▬ berufliche Interessenvertretung (z. B. Betriebsrat/Gewerkschaft)

2 Wer sich ehrenamtlich engagiert, tut etwas Gutes für die Gesellschaft.

a Suchen Sie die Sätze im Artikel in 1b und ergänzen Sie den Grammatikkasten.

Relativsätze mit *wer, wem, wen*	
Relativsatz	**Hauptsatz**
_____ ehrenamtlich tätig ist,	(der) kommt meist aus der Mittelschicht.
_____ das Ehrenamt Spaß macht,	_____ ist bereit, sich längerfristig zu engagieren.
Für _____ ein Thema wichtig ist,	_____ trifft man vielleicht auf einer Demonstration.

Relativsätze mit wer, wem, wen *treffen allgemeine Aussagen über Personen. Der Hauptsatz steht immer nach dem Relativsatz und beginnt meist mit einem Demonstrativpronomen* (der, dem, den)*. Der Kasus des Relativ- und Demonstrativpronomens hängt vom Verb bzw. der Präposition ab. Wenn der Kasus in Haupt- und Relativsatz gleich ist, kann man das Demonstrativpronomen weglassen.*

▶ Grammatik B 2.4.6

b Was könnte man machen? Sprechen Sie abwechselnd zu zweit. Bilden Sie Sätze wie im Beispiel.

Wer sich für … engagieren möchte, … – Wem … wichtig ist, … – Für wen … eine große Rolle spielt, …

…, der könnte … – …, dem empfehle ich, … – …, für den wäre … vielleicht interessant

Wer sich für Kinder engagieren möchte, für den wäre vielleicht die Arbeit in einem Sportverein interessant.

c Welche Möglichkeiten, sich zu engagieren, gibt es in Ihrer Stadt? Wählen Sie einen Bereich aus der Grafik in 1d und recherchieren Sie Informationen zu einem Verein oder einer Organisation.
d Stellen Sie Ihre Ergebnisse in Gruppen vor. Welchen Verein finden Sie besonders interessant? Wofür würden Sie sich gern engagieren? Tauschen Sie sich aus. Die Redemittel auf Seite 97 helfen.

7

■ über Veränderungen in der Arbeitswelt sprechen; über zukünftige Entwicklungen sprechen und Prognosen anstellen; über flexible Arbeitsformen sprechen
■ trennbare und untrennbare Verben mit *durch-*, *über-*, *um-*, *unter-*, *wieder-*; Phonetik: Wortakzent bei (un)trennbaren Verben

Die Arbeitswelt im Wandel

1 Die Zukunft der Arbeit

a Was denken Sie: Wie wird die Arbeitswelt in 20 Jahren aussehen? Sammeln Sie in Gruppen Ideen mithilfe der Wörter und Redemittel. Vergleichen Sie dann Ihre Prognosen im Kurs.

Hierarchien abbauen – auf Augenhöhe zusammenarbeiten – demokratisch entscheiden und mitbestimmen – keine Vorgesetzten haben – Arbeit und Freizeit besser vereinbaren – flexible Arbeitszeiten haben – selbstständig/eigenverantwortlich arbeiten – eigene Ideen verwirklichen – von zu Hause / unterwegs arbeiten – eine bessere/schlechtere Work-Life-Balance haben – Computer/Roboter übernehmen Arbeit

---

> **über zukünftige Entwicklungen sprechen / Prognosen anstellen**
> Ich kann/könnte mir vorstellen, dass … / Ich nehme an, dass … / Ich rechne damit, dass …
> Man kann davon ausgehen, dass … / Es ist anzunehmen, dass … / Es ist zu vermuten, dass …
> In … Jahren wird sicherlich/höchstwahrscheinlich …
> Kurzfristig/Mittelfristig/Langfristig wird …
> ► Redemittel S. 97

b Was ist das Besondere an dieser Firma? Sehen Sie das Video, machen Sie Notizen und sprechen Sie dann im Kurs.

c Was ist richtig? Sehen Sie das Video noch einmal und kreuzen Sie an. Korrigieren Sie die falschen Sätze.

1 ○ Stephan Heiler hat den Betrieb 2011 von seinem Vater übernommen.
2 ○ Stephan Heiler war anfangs dagegen, die Hierarchien abzuschaffen.
3 ○ Seit die Unternehmensstruktur umgebaut wurde, stimmt die Belegschaft über einige Entscheidungen in der Betriebsversammlung ab.
4 ○ Stephan Heiler entscheidet darüber, ob ein Mitarbeiter eingestellt oder entlassen werden soll.
5 ○ Die meisten Führungskräfte waren von Anfang an von der Umstellung überzeugt.
6 ○ Stephan Heiler ist es wichtig, dass sich die Mitarbeiter im Unternehmen weiterentwickeln können.
7 ○ Wegen der Umstrukturierung sind die Umsätze im Jahr 2018 leicht zurückgegangen.
8 ○ Stephan Heiler möchte das Unternehmen mittelfristig an die Mitarbeiter verkaufen.

d Welche Kompetenzen brauchen die Mitarbeiterinnen und Mitarbeiter in diesem Unternehmen Ihrer Meinung nach? Warum? Erklären Sie die Begriffe und sammeln Sie Beispiele in der Gruppe.

Durchhaltevermögen — Konfliktfähigkeit — Zeitmanagement — Eigenverantwortung — Entscheidungskompetenz — Kreativität — Kommunikationsstärke — Diversitätskompetenz — Teamfähigkeit — Leistungsfähigkeit — Lösungsorientierung — Belastbarkeit — Flexibilität — Organisationskompetenz — Risikobereitschaft

> *Wer konfliktfähig ist, der kann Konflikte gut aushalten. Man sollte konfliktfähig sein, weil es ohne Geschäftsführung auch öfter zu Konflikten zwischen den Kolleginnen und Kollegen kommen kann.*

> *Und man braucht auf jeden Fall Eigenverantwortung, weil …*

e Wie finden Sie das Arbeitsmodell in Stephan Heilers Unternehmen? Welche Vor- oder Nachteile sehen Sie? Würden Sie gern dort arbeiten? Warum (nicht)? Diskutieren Sie im Kurs.

2 Ich habe den Kunden wiedergetroffen. Er hat sein Angebot wiederholt.

a Trennbares oder untrennbares Verb? Woran erkennt man das? Lesen Sie die Sätze und machen Sie zwei Listen mit den Verben. Vergleichen Sie zu zweit.

1 Sie hat den Kaufvertrag unterschrieben. Ihr Kollege hat sich dieser Entscheidung untergeordnet.
2 Wir haben die Produktideen überarbeitet. Dann sind wir zum nächsten Thema übergegangen.
3 Für den neuen Job ist er umgezogen. Die Stelle umfasst viele interessante Aufgaben.
4 Die Bewerberin hat das Assessmentcenter erfolgreich durchlaufen und sich am Ende durchgesetzt.
5 Gestern habe ich die Geschäftspartner wiedergetroffen. Sie haben ihr Angebot wiederholt.

trennbar: unterordnen (untergeordnet); …
untrennbar: unterschreiben (unterschrieben); …

 b Phonetik: Wortakzent bei trennbaren und untrennbaren Verben. Wo liegt der Wortakzent? Hören Sie und markieren Sie den Wortakzent in den Verben in Ihren Listen aus a.

trennbar: unterordnen (untergeordnet); …
untrennbar: unterschreiben (unterschrieben); …

c Welche Präfixe passen? Lesen Sie noch einmal die Sätze in a und ergänzen Sie den Grammatikkasten.

> ### Verben mit trennbaren und untrennbaren Präfixen
>
> *Verben mit den Präfixen unter- ,   ,   ,   und   können trennbar oder untrennbar sein. Trennbare Präfixe sind immer betont, untrennbare Präfixe sind nie betont. Das Partizip II von untrennbaren Verben wird ohne ge- gebildet. Einige wenige Verben existieren sowohl mit trennbarem als auch untrennbarem Präfix. Dann ändert sich die Bedeutung:*
>
> umgehen: Wie gehen wir mit diesem Problem um? (Wie lösen wir das Problem? Was machen wir?)
> umgehen: Wie umgehen wir das Problem? (Wie vermeiden wir das Problem?)
>
> ▶ Grammatik A 1.8.2

d Trennbar oder untrennbar? Markieren Sie die Verben mit Präfixen in den Sätzen in 1c. Lesen Sie dann die Sätze zu zweit laut, achten sie auf den Wortakzent und tauschen Sie sich aus.

Stephan Heiler hat den Betrieb 2011 von seinem Vater übernommen.

„Übernommen" ist das Partizip von „übernehmen". Hier ist „über" untrennbar.

3 Die Flexibilisierung der Arbeit

a Bilden Sie Gruppen zu viert. Wählen Sie jeweils zu zweit ein Thema. Lesen Sie in der App, markieren Sie die wichtigsten Informationen und machen Sie Notizen zu den Fragen.

A Flexible Arbeitszeiten	B Flexible Arbeitsorte

– Welche Modelle gibt es? Wie unterscheiden sie sich?
– Welche Vorteile haben sie für die Beschäftigten? Für wen sind sie geeignet bzw. attraktiv?

b Stellen Sie Ihre Ergebnisse aus a in der Gruppe vor. Was glauben Sie: Welche Kompetenzen brauchen die Beschäftigten für diese flexiblen Arbeitsformen? Diskutieren Sie in der Gruppe.
c Stellen Sie sich vor, Sie würden eine Firma gründen. Wie sollte Ihre Firma organisiert sein? Diskutieren Sie die Fragen in Ihrer Gruppe und gestalten Sie ein Plakat.

– Welche Produkte oder Dienstleistungen bieten Sie an?
– Welche Hierarchien gibt es? Wie werden Entscheidungen getroffen?
– Welche Arbeitszeitmodelle gibt es? Wie sind die Arbeitsorte gestaltet?

d Kursspaziergang. Hängen Sie die Plakate im Raum auf und lesen Sie sie. Welches Unternehmen gefällt Ihnen am besten? Wo würden Sie gern arbeiten? Warum? Tauschen Sie sich aus.

Beruflich neue Wege gehen

1 Schlechte Arbeitsbedingungen

a Wie geht es Najim Hamdi? Wie sind seine Arbeitsbedingungen? Was könnte er machen, um sie zu verbessern? Beschreiben Sie die Bilder und sammeln Sie Ideen.

> *Im ersten Bild sieht man, wie Najim im Stau steht. Wahrscheinlich ist er auf dem Weg zur Arbeit.*

> *Er sieht sehr gestresst aus. Vielleicht muss er jeden Tag pendeln? An seiner Stelle würde ich …*

1.03 b Über welche Probleme spricht Najim? Hören Sie und ordnen Sie die Bilder in a.

1.03 c Richtig oder falsch? Hören Sie noch einmal und kreuzen Sie an. Korrigieren Sie die falschen Sätze.

	richtig	falsch
1 Najim macht auch am Wochenende Überstunden.	◯	◯
2 Najim hat seine Stelle schon gekündigt.	◯	◯
3 Früher hatten die Kollegen eigene Büros.	◯	◯
4 Die Belegschaft hat keine Möglichkeiten, eigene Entscheidungen zu treffen.	◯	◯
5 Najim arbeitet erst seit kurzem in der Firma.	◯	◯
6 In dem IT-Unternehmen gibt es die Möglichkeit, von zu Hause zu arbeiten.	◯	◯

2 Das Problem ist schnell zu lösen.

a Lesen Sie die Regeln im Grammatikkasten und unterstreichen Sie die Passiversatzformen in den Sätzen 1 bis 6. Schreiben Sie dann die Sätze neu. Benutzen Sie das Passiv mit Modalverb oder *man*.

Alternativen zum Passiv mit Modalverben (Passiversatzformen)

Passiv mit *können*:	Das Problem kann gelöst werden.
lassen + *sich* + Infinitiv:	Das Problem lässt sich lösen.
sein + *zu* + Infinitiv:	Das Problem ist zu lösen. (Ich habe schon eine Idee.)
sein + Adjektive mit *-bar:**	Das Problem ist lösbar.

*genauso: manche Adjektive mit -abel (z.B. akzeptabel, diskutabel, reparabel, variabel) und -lich (z.B. erträglich, verständlich)

Passiv mit *müssen*:	Das Problem muss gelöst werden.
sein + *zu* + Infinitiv:	Das Problem ist zu lösen. (Sonst wird sich der Kollege beschweren.)

Ob sein + zu + Infinitiv *die Bedeutung von* können *oder* müssen *hat, ergibt sich nur aus dem Kontext.*

▶ Grammatik A 1.3.3

---

1 Jeden Tag <u>ist</u> sehr viel <u>zu tun</u>.
2 Die Aufgaben sind nicht mehr zu schaffen.
3 Die Arbeitsbedingungen sind unerträglich.

4 Mit dem Vorgesetzten lässt sich nicht reden.
5 Die Situation ist nicht mehr akzeptabel.
6 Das Büro wäre mit dem Fahrrad erreichbar.

> *1 Jeden Tag muss sehr viel getan werden. / Jeden Tag muss man sehr viel tun.*

b Beantworten Sie die Fragen. Benutzen Sie Passiversatzformen. Manchmal gibt es mehrere Alternativen.

1 Können die Arbeitszeiten verkürzt werden?
2 Kann die Aufgabe bis morgen gemacht werden?
3 Muss der Vertrag sofort unterschrieben werden?
4 Kann das Gehalt noch verhandelt werden?
5 Müssen die Beschäftigten informiert werden?

> *1 Ja, die Arbeitszeiten lassen sich …*
> *2 Ja, …*

c Fragen und antworten Sie zu zweit mit den Sätzen aus b.

> *Können die Arbeitszeiten verkürzt werden?*

> *Ja, die Arbeitszeiten lassen …*

3 Najims Vorstellungsgespräch

04 **a** Über welche Themen wird gesprochen? Hören Sie das Vorstellungsgespräch und bringen Sie die Themen in die richtige Reihenfolge. Nicht alle Themen kommen vor.

a ☐ beruflicher Werdegang	**d** ☐ Gehaltsvorstellungen	**g** ☐ künftige Aufgaben
b ☐ Familie und Kinder	**e** ☐ besondere Stärken	**h** ☐ Arbeitsbeginn
c ☐ Anforderungen für die Stelle	**f** ☐ 1 Grund der Bewerbung	**i** ☐ Urlaub

04 **b** Hören Sie das Gespräch noch einmal in Abschnitten und machen Sie Notizen zu den Themen aus a. Vergleichen Sie Ihre Ergebnisse zu zweit.

> *Grund der Bewerbung:*
> *– ausgezeichneter Ruf des Unternehmens*
> *– Unternehmenswerte*
> *– …*

4 Strategietraining: ein Vorstellungsgespräch führen

a Was ist bei einem Vorstellungsgespräch wichtig? Wie kann man sich vorbereiten? Sehen Sie das Video und notieren Sie die Tipps. Was war neu für Sie? Kennen Sie weitere Tipps? Tauschen Sie sich aus.

4 **b** Welche Tipps hat Najim berücksichtigt? Hören Sie noch einmal und sprechen Sie im Kurs.

c Wie würde in Ihrer Heimat ein Vorstellungsgespräch ablaufen? Gibt es typische Fragen? Gibt es Tabu-Themen? Berichten Sie im Kurs.

d Wählen Sie zu zweit gemeinsam eine Anzeige (A oder B). Eine Person liest die Informationen für den/die Bewerber/in, die andere für den Arbeitgeber in der App. Machen Sie bei Bedarf Notizen.

A	B
Engagierte Büroassistenz (m, w, d) für führenden Verlag im Bildungswesen gesucht	Medienzentrum der Universität sucht studentische Hilfskraft (m, w, d) mit E-Learning-Erfahrungen

e Spielen Sie das Vorstellungsgespräch. Benutzen Sie die Redemittel auf Seite 97. Tauschen Sie danach die Rollen.

f Wie haben Sie sich beim Vorstellungsgespräch gefühlt? Was war schwierig? Tauschen Sie sich aus.

Ideen, die die Welt verändern

1 Erfindungen

a Welche Erfindungen sieht man auf den Fotos? Sammeln Sie Ideen im Kurs. Vergleichen Sie dann mit der Lösung unten.

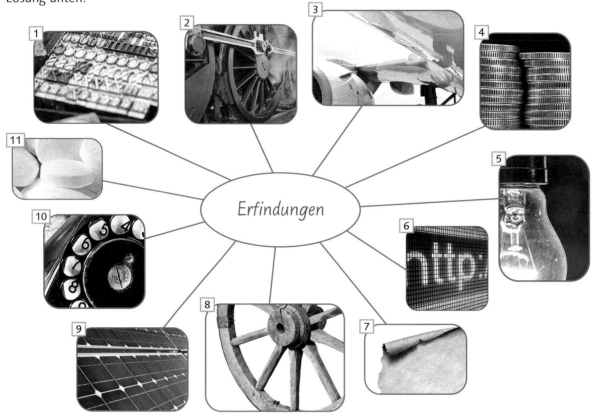

b Wann, wo, von wem und warum wurden diese Dinge erfunden? Wählen Sie eine Erfindung in a und recherchieren Sie Informationen zu den Fragen.

c Berichten Sie über Ihre Erfindung aus b im Kurs. Welche Erfindungen sind Ihrer Meinung nach die wichtigsten in der Geschichte? Warum? Wie haben sie die Welt verändert? Sprechen Sie im Kurs.

2 Erfindungen von morgen

a Was für Erfindungen sind das? Was glauben Sie: Was kann man damit machen? Für wen sind sie nützlich? Gibt es sie wirklich? Sehen Sie sich die Bilder an und sammeln Sie Ideen.

> *Ich denke, das erste Bild zeigt … Vielleicht lässt sich damit …*

1 der Buchdruck; 2 die Eisenbahn; 3 das Flugzeug; 4 das Geld; 5 die Glühbirne; 6 das Internet; 7 das Papier; 8 das Rad; 9 das Solarpanel; 10 das Telefon; 11 das Antibiotikum

b Welches Bild passt? Lesen Sie und ergänzen Sie die Namen der Erfindungen bei den Bildern in a. Um was für Erfindungen handelt es sich wirklich? Vergleichen Sie mit Ihren Ideen aus a.

a Wäre es nicht cool, wenn man mit einem Skateboard durch die Straßen schweben und übers Wasser gleiten könnte? Der Franzose Franky Zapata hat 2016 mit seinem Flyboard sogar einen Weltrekord aufgestellt: Mit seiner Erfindung ist er in 50 Metern Höhe über 2 km weit über dem Atlantik geflogen. 2019 gelang ihm ein neuer Rekord: Mit einer Fluggeschwindigkeit von 160 km/h überquerte er den Ärmelkanal zwischen Frankreich und Großbritannien. Innerhalb von 22 Minuten legte er 35 km zurück. Wer auch über dem Wasser fliegen will, kann das Flyboard auf Zapatas Webseite kaufen.

b Wolltest du schon immer mal den Mount Everest besteigen, in die Tiefsee tauchen oder andere Planeten kennenlernen? Stell dir vor, du gehst auf dem Mars spazieren, siehst dir die Marsstation an und fährst mit dem Geländewagen durch die Landschaft. Ein virtueller Reiseführer begleitet dich dabei. Und wie geht das? – Mithilfe von Virtual-Reality-Kontaktlinsen. Diese erzeugen virtuelle Bilder vor deinen Augen, die von der Realität nicht zu unterscheiden sind. Du entdeckst andere Welten, während du eigentlich gemütlich auf dem Sofa sitzt. Brillen mit Virtual-Reality-Funktion gibt es bereits. Es ist anzunehmen, dass auch die Kontaktlinsen in den nächsten Jahren auf den Markt kommen.

c Wer gerne wandert und zeltet, kennt das Problem bestimmt: Irgendwann ist der Akku des Smartphones leer und auch die Taschenlampe gibt auf. Und weit und breit kein Stromanschluss, um die Akkus wieder aufzuladen. Die Lösung: der mobile Windgenerator! Einfach an den Rucksack geschnallt wandelt er Wind in Strom um. Das ist nicht nur umweltfreundlich, sondern auch bequem. Natürlich kann man den Windgenerator auch zu Hause im Garten oder auf dem Balkon einsetzen und so die Stromkosten reduzieren. Zwar ist der Windgenerator tatsächlich schon erfunden – zu kaufen ist er leider aber noch nicht.

d Kennt ihr das? Ihr wacht morgens auf und wisst, dass ihr etwas Spannendes geträumt habt, könnt euch aber an die Handlung des Traums nicht mehr erinnern. Diese Erfindung könnte helfen: ein Traumrekorder, der im Schlaf die Träume aufzeichnet. Dabei werden Daten aus dem Gehirn über Sensoren auf einen Computer übertragen und als Videodatei gespeichert. So kann man sich am nächsten Morgen einfach seine Träume als Video ansehen und sogar an Freunde schicken oder in den sozialen Netzwerken teilen. Es wird höchste Zeit, diese Technologie zu entwickeln!

c Lesen Sie noch einmal und schreiben Sie Sätze mit den Satzanfängen in Ihr Heft.

1 Franky Zapata ist … 2019 ist er …
2 Mithilfe von Virtual-Reality-Kontaktlinsen kann man … Wahrscheinlich …
3 Der mobile Windgenerator ist nützlich, wenn … Damit kann man …
4 Der Traumrekorder wäre praktisch, um … Er kann …

d Wie finden Sie diese Erfindungen? Welche würden Sie gern nutzen? Warum? Tauschen Sie sich aus.

e Welche Erfindung wird Ihrer Meinung nach dringend gebraucht? Überlegen Sie sich zu zweit eine fiktive Erfindung (ein Produkt oder eine Dienstleistung) und machen Sie Notizen zu den Fragen.

– Was kann man mit Ihrer Erfindung machen? Welchen Nutzen gibt es?
– Welches Problem lässt sich durch Ihre Erfindung lösen?
– Für welche Menschen ist Ihre Erfindung besonders interessant?

f Wählen Sie eine Präsentationsform und stellen Sie Ihre Erfindung im Kurs vor. Welche Erfindung finden Sie am überzeugendsten? Warum? Sprechen Sie im Kurs.

A Gestalten Sie einen Werbeprospekt.

B Nehmen Sie mit dem Smartphone einen Werbespot fürs Radio auf.

C Gestalten Sie ein Plakat und bereiten Sie einen Kurzvortrag vor.

7

■ einen Artikel über Digitalisierung und künstliche Intelligenz in der Arbeitswelt verstehen; eine Diskussion zum Thema Digitalisierung führen; eine Diskussion moderieren

Wie die Digitalisierung die Arbeit verändert

1 Die digitale Arbeitswelt und ihre Folgen für die Menschen

a Was sieht man auf dem Bild? Welche Entwicklung wird hier gezeigt? Sammeln Sie Ideen.

b Welche Überschrift passt zu welchem Absatz? Lesen Sie den Zeitungsartikel und ordnen Sie zu.

1 Die Gewinner der Digitalisierung
2 Neue Anforderungen an die Arbeitnehmer
3 Die Geschichte wiederholt sich

4 Arbeitsplätze in Gefahr
5 Vorteile im Arbeitsalltag

Chance oder Gefahr? – Die digitale Arbeitswelt und ihre Folgen für die Menschen
von Edelgard Schäfer

☐ Wir leben in einem digitalen Zeitalter und auch aus der Arbeitswelt ist die Digitalisierung nicht mehr wegzu-
denken. Doch was ist eigentlich damit gemeint? Digitalisierung bedeutet vor allem, dass Arbeitsprozesse mithilfe digitaler Techniken und künstlicher Intelligenz (KI) immer mehr automatisiert werden. Unter KI versteht
man Computersysteme, die aus Fehlern und Erfahrungen dazulernen und auf diese Weise selbstständig Aufga-
5 ben und Probleme lösen können. Der Einsatz von KI führt zu großen Veränderungen in den Arbeitsabläufen
der Menschen. Diese Entwicklung lässt sich mit den Veränderungen in der Arbeitswelt während der Industrialisierung im 19. Jahrhundert in Europa vergleichen. Damals hat sich die Arbeitswelt durch die Erfindung und
den Einsatz von Maschinen grundlegend verändert. Maschinen konnten einerseits die Arbeit erleichtern und
die Produktivität in den Fabriken erhöhen, andererseits haben viele Menschen ihre Arbeit verloren, da ihre
10 Aufgaben nun von Maschinen erledigt wurden.

☐ Genau diese Entwicklung befürchten viele Arbeitnehmer auch heutzutage. Die Sorge scheint begründet, denn
schon heute übernehmen Roboter in Fabrikhallen die Montage von Einzelteilen oder sortieren Pakete in
Logistikzentren, die dann von computergesteuerten Drohnen ausgeliefert werden. Im Kundenservice werden
sogenannte Chatbots eingesetzt, die Kundenanfragen beantworten und in der Wissenschaft oder im Journalismus
15 lassen sich mithilfe von Algorithmen und Computerprogrammen in Sekundenschnelle riesige Mengen von
Daten recherchieren, überprüfen und vergleichen. Studien zeigen, dass in Deutschland ca. 15 Prozent aller
Beschäftigten durch die Digitalisierung ihren Job verlieren könnten, nämlich überall dort, wo Tätigkeiten von
Maschinen und künstlicher Intelligenz schneller, präziser und effektiver erledigt werden können. Das betrifft
ganz unterschiedliche Branchen: vom Bergbau, über die Lebensmittelherstellung und das Transportwesen bis
20 hin zum Dienstleistungssektor.

☐ Auf der anderen Seite werden durch die Digitalisierung aber auch neue Arbeitsplätze geschaffen, vor allem
in der IT-Branche sowie in technischen, mathematischen und naturwissenschaftlichen Bereichen. Expertinnen
und Experten aus diesen Berufsfeldern spielen bei der Entwicklung künstlicher Intelligenz und anderer digitaler
Technologien eine zentrale Rolle. Außerdem entstehen auch völlig neue Berufe wie Online-Marketing-Manager,
25 Digital Manager oder Digital Coach.

☐ Letztlich spielt heutzutage die Digitalisierung im Arbeitsalltag fast aller Menschen eine wichtige Rolle. Und das
hat durchaus positive Seiten. Denn wenn Computer, Algorithmen und künstliche Intelligenz anstrengende oder
langweile Routineaufgaben übernehmen, können sich die Beschäftigten auf kreative und kognitiv anspruchsvollere Aufgaben konzentrieren. Außerdem ermöglicht die Digitalisierung vielen Menschen ein flexibleres
30 Arbeiten unabhängig von festen Arbeitszeiten und -orten. Ohne Computer und digitale Kommunikation wäre
das undenkbar. Die freiere Zeit- und Arbeitseinteilung kann zu einer besseren Work-Life-Balance und damit
auch zu mehr Zufriedenheit bei den Mitarbeiterinnen und Mitarbeitern führen.

Allerdings stehen die Beschäftigten großen Herausforderungen gegenüber. Sie müssen nicht nur digitale Kompetenzen erwerben, um mit der neuen Technik umzugehen, sondern oftmals auch ihre gewohnten Arbeits-
35 abläufe komplett neu organisieren. Flexibilität, Selbstorganisation und die Fähigkeit, eigenverantwortlich Ent-
scheidungen zu treffen, gehören zu den wichtigsten Kompetenzen in der digitalisierten Arbeitswelt. Nur wer diese Kompetenzen mitbringt oder bereit ist sie zu erwerben, wird langfristig mithalten können.

c Wo steht das im Text? Lesen Sie noch einmal und notieren Sie die Zeilen.

1 Bei der Digitalisierung in der Arbeitswelt geht es um die Automatisierung von Arbeitsprozessen.   2–3

2 Programme mit künstlicher Intelligenz können selbstständig arbeiten und Neues dazulernen.

3 Manche Arbeiten werden bereits von Computern oder Robotern erledigt.

4 Durch die Digitalisierung entstehen auch neue Berufsbilder.

5 Wenn es keine Computer gäbe, wäre es nicht so einfach, außerhalb des Büros zu arbeiten.

6 Die Arbeitnehmer müssen lernen, die digitale Technik anzuwenden.

d Lesen Sie noch einmal und beantworten Sie die Fragen zu zweit mündlich.

1 Warum ist die Industrialisierung mit der Digitalisierung vergleichbar?
2 Welche Tätigkeiten werden schon heute von Maschinen ausgeführt?
3 In welchen Bereichen sind Arbeitsplätze durch die Digitalisierung bedroht? Warum?
4 Welche Branchen profitieren von der Digitalisierung? Warum?
5 Welche positiven Auswirkungen hat die Digitalisierung für die Beschäftigten?
6 Welche Anforderungen müssen die Beschäftigten erfüllen, um in einer digitalisierten Arbeitswelt erfolgreich zu sein?

e Kennen Sie Branchen oder Berufsfelder, in denen Arbeit durch künstliche Intelligenz erledigt wird? Sammeln Sie Beispiele im Kurs.

> *Ich habe gehört, dass manche Zeitungen kurze Nachrichten wie den Wetterbericht oder die Sportnachrichten von Computerprogrammen schreiben lassen.*

2 Digitalisierung in der Arbeitswelt – eine Diskussion

a **Strategietraining: eine Diskussion moderieren.** Was sind die Aufgaben der Moderatorin / des Moderators in einer Diskussion? Sammeln Sie zu zweit Ideen. Brauchen Sie Hilfe oder sind Sie schon fertig? Dann arbeiten Sie mit der App.

b Vergleichen Sie Ihre Ergebnisse aus a im Kurs und lesen Sie die Redemittel auf Seite 97. Haben Sie schon einmal eine Diskussion moderiert? Was fiel Ihnen besonders leicht oder schwer? Berichten Sie.

c Welche Meinung vertreten Sie zum Thema „Digitalisierung in der Arbeitswelt"? Bereiten Sie Notizen für eine Diskussion vor. Die Fragen helfen.

– Sehen Sie die Digitalisierung grundsätzlich eher positiv oder negativ?
– Welche Vor- bzw. Nachteile sehen Sie?
– In welchen Branchen oder Bereichen finden Sie die Digitalisierung besonders sinnvoll bzw. besonders problematisch? Warum?
– Welche Entwicklungen erwarten Sie für die Zukunft?

d Arbeiten Sie in Gruppen von vier bis sechs Personen und führen Sie eine Diskussion. Eine Person moderiert und strukturiert die Diskussion mithilfe der Fragen in c und der Redemittel auf Seite 97.

Große Entscheidungen

1 Neue Wege gehen

a Was können große Veränderungen im Leben sein? Sammeln Sie Ideen im Kurs.

1.05 **b** Welche Veränderungen gab es im Leben dieser Personen? Wie kam es dazu? Hören Sie den Anfang der Radioreportage und machen Sie Notizen.

Nicole Schäfer-Röhn (49)   Artem Smirnov (25)   Jens Breitmeier (42)

1.06 **c** Welche Erfahrungen haben die Personen gemacht? Was ist richtig? Hören Sie weiter und kreuzen Sie an.

1   Artem Smirnov …
     a ○ bekam viel Unterstützung aus seinem Freundeskreis.
     b ○ hat seinen Studienabbruch später bereut.
     c ○ konnte seine Eltern schnell von seiner Entscheidung überzeugen.

2   Jens Breitmeier hatte
    Probleme in seiner
    Firma, weil …
     a ○ der Betriebsrat ihn nicht unterstützen konnte.
     b ○ die Geschäftsleitung nur eine kürzere Elternzeit erlauben wollte.
     c ○ Väter nach dem Gesetz nur drei Monate Elternzeit haben.

3   Nicole Schäfer …
     a ○ hat gelernt, besser zur Ruhe zu kommen.
     b ○ hat es sehr genossen, lange alleine unterwegs zu sein.
     c ○ war während ihrer Reise ohne Smartphone unterwegs.

1.07 **d** Welche Person passt? Hören Sie das Ende der Reportage und ergänzen Sie die Namen.

1   _____ arbeitet jetzt weniger.

2   _____ hat für sich festgestellt, dass der Beruf nicht das Wichtigste im Leben ist.

3   _____ überlegt, irgendwann vielleicht nochmal im Beruf neue Wege zu gehen.

4   *Nicole* hat durch die Veränderung viel über sich selbst gelernt.

5   _____ ist der Meinung, dass man sich nicht so sehr von anderen Menschen beeinflussen lassen sollte.

6   _____ versucht, im Alltag mehr auf die eigenen Bedürfnisse zu achten.

7   _____ weiß jetzt, dass man an sich arbeiten muss, wenn man die eigenen Probleme lösen will.

8   _____ findet, dass Entscheidungen nicht endgültig sind und man später wieder neu entscheiden kann.

e Können Sie die Entscheidungen der Personen nachvollziehen? Warum (nicht)? Tauschen Sie sich aus.

> *Ich war schon in einer ähnlichen Situation wie Artem. Deshalb kann ich gut nachvollziehen, warum er sein Studium abgebrochen hat.*

2 Und Sie? Welche wichtigen Veränderungen gab es in Ihrem Leben? Welche großen Entscheidungen haben Sie getroffen? Schreiben Sie einen Text über sich. Die Fragen helfen.

– Welche Entscheidungen mussten Sie treffen? Wie kam es dazu? Fiel es Ihnen leicht oder schwer?
– Wie hat Ihr Umfeld (Familie, Freundinnen und Freunde, Arbeitgeber) reagiert?
– Was hat sich danach verändert? Wie beurteilen Sie rückblickend Ihre Entscheidung?
– Welchen Rat würden Sie Menschen geben, die vor wichtigen Entscheidungen in ihrem Leben stehen?

Auf einen Blick

über Engagement und Ehrenamt sprechen

Ich finde das Thema … besonders wichtig, weil … / Für mich persönlich hat … eine große
Bedeutung, weil … / Für die Zukunft / Für unsere Gesellschaft würde ich mir wünschen, dass …
Deshalb engagiere ich mich freiwillig/ehrenamtlich für … bei einem Verein / einer Organisation.
Der Verein / Die Organisation kümmert sich um / unterstützt / hilft … / ist im Bereich … tätig.
Der Verein sammelt Unterschriften für/gegen … / sammelt Spenden für …
Die Gewerkschaft / Der Verein organisiert Demonstrationen/Kampagnen/Streiks für/gegen …

über zukünftige Entwicklungen sprechen / Prognosen anstellen

Ich kann/könnte mir vorstellen, dass … / Ich nehme an, dass … / Ich rechne damit, dass …
Man kann davon ausgehen, dass … / Es ist anzunehmen, dass … / Es ist zu vermuten, dass …
In … Jahren wird sicherlich/höchstwahrscheinlich … / Kurzfristig/Mittelfristig/Langfristig wird …

ein Vorstellungsgespräch führen

Grund der Bewerbung erläutern

Ihr Unternehmen zählt zu den wichtigsten/führenden Herstellern/Anbietern von …
Ihr Unternehmen hat den Ruf, sehr innovativ/modern/… zu sein. Deshalb …
An der Stelle reizt mich besonders, dass …

über den beruflichen Werdegang sprechen

Ich habe ein Studium in … / eine Ausbildung zum/zur … absolviert. / Ich habe einen Abschluss als …
Durch meine bisherige Tätigkeit als … konnte ich schon Erfahrungen im Bereich … sammeln.
Im Rahmen meines Studiums / meiner Ausbildung / eines Projektes habe ich bereits …

eigene Stärken und Kompetenzen nennen

Ich bin belastbar/teamorientiert/konfliktfähig/… / Ich kann gut kommunizieren / mit Stress umgehen.
Ich arbeite selbstständig/lösungsorientiert/sorgfältig/…
Es fällt mir leicht, Entscheidungen zu treffen / kreative Lösungen zu finden / … zu …

eigene Fragen stellen

Mich würde interessieren / Ich wüsste noch gern, was meine künftigen Aufgaben wären.
Könnten Sie mir sagen / Wissen Sie schon, wann ich mit Ihrer Antwort rechnen kann?

eine Diskussion moderieren

die Diskussion einleiten und das Thema vorstellen

Ich begrüße Sie herzlich zu … / Das Thema unserer Diskussion lautet: …
Wir werden/möchten uns heute mit der Frage beschäftigen, ob/was …

jemandem das Wort geben

Frau/Herr …, wie ist denn Ihre Meinung zu …?
Wir haben gerade gehört, dass … – Frau/Herr … Wie sehen Sie das? / Würden Sie zustimmen?
Wer möchte dazu (noch) etwas sagen? / Frau/Herr …, möchten Sie direkt darauf antworten?

nachfragen

Verstehe ich Sie richtig? Sie finden/meinen also, dass …

Argumente und Ergebnisse zusammenfassen

Wir haben jetzt mehrmals gehört, dass … / Viele von Ihnen sind also der Meinung, dass …
Hier sind unterschiedliche Meinungen vertreten: Die einen finden eher, dass … Die anderen …
Zusammenfassend könnte man vielleicht sagen: … / Wir können also festhalten, dass …

Einkaufsgewohnheiten

der/die Belohnungskäufer/in

der/die Frustkäufer/in

der Shopping-Fan

der/die Schnäppchenjäger/in

der/die Genusskäufer/in

der Einkaufsmuffel

1.08 **1 Einkaufstypen. Welches Bild passt? Hören Sie und ordnen Sie oben zu. Beschreiben Sie dann die Bilder im Kurs.**

2 Einkaufen – Stress oder Vergnügen?

a Was passt: *ein Bericht*, *eine Glosse* oder *eine Reportage*? Lesen Sie die Definitionen und ergänzen Sie.

… ist ein längerer Artikel, der ein aktuelles Thema mithilfe von konkreten Beispielen und Personen veranschaulicht.	**… ist ein Artikel, in dem die wichtigsten Informationen zu einem Thema neutral wiedergegeben werden.**	… ist ein ironisch geschriebener Text, der die Meinung der Autorin / des Autors wiedergibt und dabei auch übertreibt.

b Was für eine Textsorte ist das? Woran erkennt man das? Lesen Sie und sprechen Sie im Kurs.

Neulich im Einkaufszentrum *von Mona Hedayat*

Oje, da ist sie wieder: Meine „Ich-muss-einkaufen-Panik". Ich brauche dringend eine Hose und kann den nötigen Shoppingtrip nun leider nicht mehr aufschieben. Eigentlich wollte mich meine Schwester – selbst absolute Profi-Shopperin – begleiten, hat dann aber im letzten Moment abgesagt. Also steh ich da, allein, nervös und völlig überfordert im Einkaufszentrum. Am Eingang eines „Wir-haben-alles-Geschäfts" stehen lauter Menschen, deren
5 Hände hemmungslos in den Rabattkisten zwischen Gürteln, Taschen und Tischdecken wühlen. Offensichtlich macht es ihnen größte Freude, die reduzierte Ware zu durchsuchen. Den echten Schnäppchenjäger erkennt man leicht an seinem stolz-zufriedenen Blick, wenn er ein besonders günstiges Produkt ergattert hat. Worum es sich dabei handelt und ob er es überhaupt braucht, ist dabei meist egal. Hauptsache günstig!
Neben mir läuft ein typisches Bummelpärchen. Sie bleibt begeistert vor jedem Schaufenster stehen, zerrt ihn in
10 ein Geschäft nach dem anderen. Und kommt jedes Mal mit neuen Tüten und Taschen heraus. Konsum scheint ihre Droge zu sein. Sie kann nicht genug davon bekommen. Ihr Begleiter, dessen Blick Langeweile und Erschöpfung verrät, wartet und macht ab und zu einen müden Kommentar zu ihren neuesten Einkäufen. Ihm ist deutlich anzusehen, dass er viel lieber woanders wäre. Der Arme! Ich kann ihn nur zu gut verstehen.
Im Musikgeschäft sehe ich einen Mann mit dicken Kopfhörern, der sich vermutlich schon seit Stunden verträumt
15 und genussvoll die neuesten Pop-Alben anhört und dabei alles um sich herum vergisst. Ob er sie am Ende kauft, ist unklar. Für ihn zählt nicht der Konsum, sondern der Genuss beim Einkauf.

■ über Einkaufstypen und Einkaufsverhalten sprechen; eine Textsorte erkennen; über Klischees sprechen; Begriffe definieren
■ Relativsätze mit Relativpronomen im Genitiv

8

Ich eile weiter und nehme die Rolltreppe nach oben. Endlich: das Bekleidungsgeschäft. Lustlos bewege ich mich zu den Hosenstapeln und versuche dabei, den Blickkontakt zu einem übermotivierten Verkäufer zu vermeiden. Bloß keine Beratung! Ich will einfach schnell wieder raus hier. Aber da steht er schon und gibt mir ungefragt Ratschläge in seinem Verkaufs-Englisch: Was für einen *Style* ich suche? Diese Hose passt zu jeder *Occasion*, diese dort vor allem zu besonderen *Events*. – Keine Ahnung, eine Hose eben. Normal, schwarz, gerader Schnitt. Ich ignoriere ihn und fliehe mit drei Hosen unterm Arm zur nächsten Umkleidekabine. Anprobieren, eine wählen, die einigermaßen passt, und fertig. Schnell zur Kasse und raus hier.

Als ich meiner Schwester am nächsten Tag die Hose zeige, belehrt sie mich, dass das gute Stück, auf dessen Preis ich gar nicht geachtet habe, im Internet viel günstiger gewesen wäre. Und dass ich über ihre Kollegin, deren Tochter in jenem Geschäft arbeitet, wo ich die Hose gekauft habe, sicher Rabatt bekommen hätte. Ich schalte ab. Wessen Tochter wo arbeitet, ist mir eigentlich völlig egal. Ich bin froh, dass ich meine Hose habe und sie passt. Immerhin bleibt mir so der nächste Shoppingtrip sicher noch ein paar Monate erspart.

c Was für ein Einkaufstyp ist die Autorin und welche Typen beschreibt sie? Was erfährt man über ihr Einkaufsverhalten? Lesen Sie die Glosse noch einmal, machen Sie Notizen und tauschen Sie sich aus..

d Schreiben Sie mithilfe der Redemittel Definitionen zu den Einkaufstypen.

e Kennen Sie Personen, die den Einkaufstypen aus der Glosse entsprechen? Welche Klischees greift die Autorin auf? Tauschen Sie sich aus.

einen Begriff definieren

… ist jemand, der … / … ist eine Person, die …
Unter einer/einem … versteht man eine Person, die …
Bei einer/einem … handelt es sich um jemanden, der …

▶ Redemittel S. 109

3 Die Schnäppchenjäger, deren Rabattkarte …

a Welches Relativpronomen passt? Suchen Sie die Sätze in der Glosse in 2b und ergänzen Sie. Schreiben Sie dann zu den Relativsätzen im Grammatikkasten jeweils zwei Hauptsätze wie im Beispiel.

Relativsätze mit Relativpronomen im Genitiv

m   Ihr Begleiter, dessen Blick Langeweile und Erschöpfung verrät, wartet.
     Ihr Begleiter wartet. Der Blick des Begleiters verrät … / Sein Blick verrät …

n   Das Stück, auf _____ Preis ich gar nicht geachtet habe, wäre im Internet günstiger gewesen.

f   Ihre Kollegin, _____ Tochter in jenem Geschäft arbeitet, hätte sicher Rabatt bekommen.

Pl. Man sieht Menschen, _____ Hände hemmungslos in den Rabattkisten wühlen.

Relativpronomen im Genitiv drücken eine possessive Relation (Besitz oder Zugehörigkeit) zum Bezugswort aus. Das Bezugswort bestimmt das Genus des Relativpronomens.
▶ Grammatik B 2.4.2

Neutrum: Das Stück wäre im Internet günstiger gewesen. Ich habe auf den Preis …

b Schreiben Sie Relativsätze mit Relativpronomen im Genitiv wie im Beispiel.

1 Das T-Shirt habe ich umgetauscht. Der Stoff des T-Shirts war so unangenehm auf der Haut.
2 Ich kaufe keine Produkte. Ich kenne die Inhaltsstoffe der Produkte nicht.
3 Diese Marke ist bei Jugendlichen sehr beliebt. Ich kann mir ihren Namen einfach nicht merken.
4 In der Innenstadt hat eine Boutique eröffnet. Ihr Sortiment gefällt mir sehr.
5 Meine Mutter hat sich einen Laptop gekauft. Von seiner Qualität bin ich noch nicht überzeugt.

1 Das T-Shirt, dessen Stoff so unangenehm auf der Haut war, habe ich umgetauscht.

c Und Sie? Was für ein Einkaufstyp sind Sie? Worauf achten Sie beim Einkaufen? Was ist Ihnen wichtig? Schreiben Sie einen kurzen Text. Die Redemittel auf Seite 109 helfen.

8

- über technische Geräte sprechen; ein Beratungsgespräch und einen Werbeprospekt verstehen; ein Produkt beschreiben
- Partizip I und II als Adjektive, Phonetik: die Endung -en

Ein besonderes Produkt

1 Ein neuer Fernseher

a Stellen Sie sich vor, Sie möchten einen Fernseher kaufen. Was ist Ihnen beim Kauf wichtig? Was möchten Sie über das Gerät wissen? Tauschen Sie sich aus.

> *Mich würde vor allem die Bildqualität interessieren.*

> *Ich fände auch wichtig, dass das Gerät einen niedrigen Energieverbrauch hat.*

1.09 **b** Was sind die Besonderheiten dieses Fernsehers? Hören Sie das Beratungsgespräch und notieren Sie.

1.09 **c** Welche Informationen sind anders als im Werbeprospekt? Lesen Sie den Prospekt, hören Sie noch einmal und korrigieren Sie falsche bzw. ergänzen Sie fehlende Informationen.

Lux 10 20 – ein intelligenter und eleganter Alleskönner

Fernsehen, Spielen, im Internet surfen – Sie suchen einen Fernseher, der alles kann und dabei selbst gut aussieht?
20 Mit dem **Lux 10** haben Sie das perfekte Gerät für vielfältige Unterhaltung. Der intelligente Fernseher ist ideal für Film- und Spieleliebhaber und erfüllt höchste Ansprüche!
Dank der Ultra-HD-Auflösung übersehen Sie definitiv nichts und haben immer das Gefühl, selbst dabei zu sein! Jedes Detail erscheint in strahlenden Farben.
Mit seinem modernen Design – den fein gestalteten Formen und dem leicht geschwungenen Bildschirm – ist der **Lux 10** 20 ein echter Hingucker.

Diesen Monat nur
469,-
(inkl. Mehrwertsteuer)

Technische Details

Bildschirmgröße (Zoll/cm):	55/139,7
Bildauflösung:	3840x160 Pixel (Ultra HD)
Maße (Breite/Höhe/Tiefe):	1242/773/240mm
Gewicht (inkl. Verpackung):	14kg (16kg)
Energieeffizienzklasse:	A+
Internetanschluss:	über beigelegtes LAN-Kabel
integrierter Internetbrowser:	ja
vorinstallierte Apps:	nein
Zubehör:	Fernbedienung; Bedienungsanleitung; Standfüße und Wandaufhängung
Garantie:	2 Jahre (gesetzlich vorgeschriebene Garantie) + 1 Jahr Händlergarantie

d Schreiben Sie mithilfe der Informationen aus c in fünf bis acht Sätzen eine Produktbeschreibung für den Fernseher. Benutzen Sie die Redemittel auf Seite 109.

2 Strahlende Farben auf dem geschwungenen Bildschirm

a Wie steht es im Prospekt? Lesen Sie nochmal in 1c und ergänzen Sie die Partizipien.

Partizip I und II als Adjektive

Partizip I: in _____ Farben   (in Farben, die strahlen)

Partizip II: die _____ Garantie   (die Garantie, die vorgeschrieben wurde/ist)

Als Adjektiv verwendet werden Partizip I und II dekliniert. Das Partizip I (Infinitiv + d) hat normalerweise eine aktive Bedeutung. Das Partizip II hat oft eine passive Bedeutung und kann sich auf die Vergangenheit beziehen. Als Adjektiv verwendete Partizipien können erweitert werden:
die gesetzlich vorgeschriebene Garantie

▶ Grammatik A 2.3

---

b Welche weiteren Partizipien finden Sie im Prospekt in 1c? Was bedeuten sie? Markieren Sie und schreiben Sie Relativsätze.

Ein beigelegtes LAN-Kabel ist ein Kabel, das ...

c Sprechen Sie zu zweit wie im Beispiel. Deklinieren Sie die Partizipien im Schüttelkasten und bilden Sie Relativsätze.

der Akku (sich automatisch aufladend) – das Zubehör (oft benutzt) – das Produkt (überzeugend) – das Auto (selbstfahrend) – die Lampe (mit Batterien betrieben) – die Waschmaschine (gut funktionierend)

> *Ein sich automatisch aufladender Akku ...*

> *... ist ein Akku, der sich automatisch auflädt.*

d Was für einen Kühlschrank wünscht sich Özgür? Schreiben Sie Sätze mit Partizip I oder II.

> *Er soll sich selbst reinigen.*

> *Er soll ewig funktionieren.*

> *Er soll stabil gebaut sein.*

> *Er soll mit dem Internet verbunden sein.*

> *Er soll selbstständig einkaufen.*

Er wünscht sich einen sich selbst reinigenden Kühlschrank.

3 Mein Produkt

a Phonetik: die Endung *-en*. Lesen Sie und markieren Sie den Wortakzent. Hören Sie dann und vergleichen Sie Ihre Lösung. Achten Sie auch darauf, wie die Endung *-en* gesprochen wird.

1 in strahlenden Farb<u>en</u>
2 Flächen putzen
3 Böden wischen
4 Treppen steigen
5 viele Stunden sitzen
6 staubsaugen
7 batteriebetrieben
8 Sport treiben
9 Besonderheiten
10 Muskeln trainieren
11 Strom brauchen
12 Kisten schleppen

b Wo wird *-en* wie [m] ausgesprochen? Hören Sie noch einmal und unterstreichen Sie in a.

c Was fällt Ihnen bei der Aussprache von *-en* auf? Formulieren Sie Regeln im Kurs.

d Hören Sie noch einmal die Wörter aus a und sprechen Sie nach.

e Arbeiten Sie zu zweit. Lesen Sie jeweils eine Produktbeschreibung (A oder B) in der App, ohne Ihrer Partnerin / Ihrem Partner Ihr Produkt zu zeigen. Machen Sie Notizen zu den Fragen.

– Wie sieht das Produkt aus? Wie groß ist es? Welche Farbe/Form hat es?
– Aus welchem Material ist das Produkt?
– Was kann man damit machen? Wofür ist es geeignet? Wie funktioniert es?
– Was ist das Besondere an dem Produkt?
– Für wen ist es besonders geeignet?

f Stellen Sie Ihrer Partnerin / Ihrem Partner die Fragen in e. Sie/Er antwortet mithilfe der Redemittel auf Seite 109. Raten Sie, um was für ein Produkt es sich handeln könnte. Tauschen Sie danach die Rollen. Achten Sie auch auf die Aussprache der Endung *-en*.

> *Für wen ist dein Produkt geeignet?*

> *Mein Produkt richtet sich vor allem an Menschen, die ...*

Nachhaltiger Konsum

1 Der ökologische Rucksack

a Wie konsumieren Sie? Tauschen Sie sich in Gruppen zu den Fragen aus.

- Wie viele Smartphones hatten Sie schon? Wie oft kaufen Sie sich ein neues Smartphone?
- Wie oft sind Sie in den Urlaub geflogen? Wie weit / Wohin fliegen Sie normalerweise?
- Wie viel Geld geben Sie für Lebensmittel aus? Werfen Sie manchmal Lebensmittel weg?

b Kennen Sie den Begriff *ökologischer Rucksack*? Was könnte er bedeuten? Sammeln Sie Ideen im Kurs.

c Was ist richtig? Sehen Sie das Video (bis ca. 1:50) und kreuzen Sie an. Vergleichen Sie mit ihren Ideen aus b.

Das Konzept des ökologischen Rucksacks beschreibt, wie viele Ressourcen …
a ○ bei der Produktion, Nutzung und Entsorgung eines Produkts verbraucht werden.
b ○ ein Mensch durch seinen Lebensstil und sein Konsumverhalten verbraucht.

d In welcher Reihenfolge kommen die Informationen im Video vor? Lesen Sie die Sätze und markieren Sie die Schlüsselwörter. Sehen Sie dann weiter (von 1:50 bis ca. 4:30) und ordnen Sie die Informationen.

a ☐ Über 100 Millionen Smartphones wurden in Deutschland nicht ordentlich entsorgt.

b ☐ Wenn die Metalle abgebaut werden, können giftige Chemikalien Wasser und Böden belasten.

c ☐ Bei den einzelnen Produktionsschritten werden Ressourcen und viel Energie verbraucht, sowie Abfälle und CO_2-Emissionen verursacht.

d ☐ 1 Für die Herstellung eines Smartphones braucht man ca. 60 verschiedene Rohstoffe, darunter auch seltene Metalle.

e ☐ Beim Benutzen und Aufladen des Smartphones wird viel Strom verbraucht.

f ☐ In nicht recycelten Handys sind Tausende Tonnen wertvoller Rohstoffe enthalten, die nicht wiederverwendet werden können.

g ☐ Die verschiedenen Produktionsschritte (die Herstellung der Einzelteile, die Montage, der Transport und der Verkauf) finden an verschiedenen Orten weltweit statt.

h ☐ Die Deutschen kaufen sich im Durchschnitt alle anderthalb Jahre ein neues Smartphone.

e Welche Informationen waren neu für Sie? Was hat Sie überrascht? Tauschen Sie sich aus.

> *Für mich war neu, dass in einem Smartphone so viele Rohstoffe stecken. Das ist echt krass!*

2 Der ökologische Fußabdruck

a **Strategietraining: komplexe Hörtexte verstehen.** Welche Themen oder Wörter könnten in der Vorlesung vorkommen? Lesen Sie die Ankündigung, unterstreichen Sie Schlüsselwörter und sammeln Sie weitere Ideen.

Vorlesungsreihe „Mensch-Konsum-Umwelt"
an der Umweltwissenschaftlichen Fakultät

Der ökologische Fußabdruck *(Prof.in Dr.in Nesrine Zeller)*

Wissen Sie, wie viele Ressourcen Sie im Alltag verbrauchen und wie Sie Ihren Verbrauch verringern können? Mithilfe verschiedener Beispiele aus dem Alltag erläutere ich das Konzept des ökologischen Fußabdrucks und zeige die Auswirkungen unseres Lebensstils auf die Umwelt.

b Welche Strategien gibt es, um komplexe Hörtexte besser zu verstehen? Sehen Sie das Strategievideo und machen Sie Notizen. Welche Strategie haben Sie in a angewendet? Tauschen Sie sich aus.

c Welche Themen werden in der Vorlesung angesprochen? Hören Sie den ersten Teil und notieren Sie. Vergleichen Sie mit Ihren Ideen aus a.

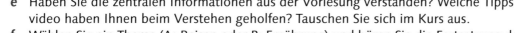
1 Unterschied zwischen ökologischem Rucksack und ökologischem Fußabdruck

 d Hören Sie noch einmal und machen Sie Notizen zu den Fragen. Schreiben Sie danach die Antworten.

1 Wie unterscheiden sich der ökologische Rucksack und der ökologische Fußabdruck?
2 Welche Informationen gibt der ökologische Fußabdruck? Was beschreibt er?
3 Welche Unterschiede gibt es zwischen den einzelnen Staaten beim Ressourcenverbrauch?
4 Welche Probleme ergeben sich durch den hohen Ressourcenverbrauch und CO_2-Ausstoß?

e Haben Sie die zentralen Informationen aus der Vorlesung verstanden? Welche Tipps aus dem Strategievideo haben Ihnen beim Verstehen geholfen? Tauschen Sie sich im Kurs aus.

 f Wählen Sie ein Thema (A: Reisen oder B: Ernährung) und hören Sie die Fortsetzung der Vorlesung in der App. Beachten Sie die Hörstrategien und notieren Sie die wichtigsten Informationen zu den Fragen.

1 Wie setzt sich der ökologische Fußabdruck zusammen?
2 Welche Zahlen werden genannt? Was sagen die Zahlen aus?
3 Wie kann der ökologische Fußabdruck reduziert werden?

3 Während die einen Ressourcen verbrauchen, leiden die anderen unter den Folgen.

a Was passt: Der ökologische *Rucksack* oder der ökologische *Fußabdruck*? Lesen und ergänzen Sie.

> **Gegensätze ausdrücken mit *während* und *dagegen***
>
> *Während* sich der ökologische _____ auf den Lebensstil der Menschen bezieht, ist der ökologische _____ produktbezogen.
>
> Der ökologische _____ drückt aus, wie viele Ressourcen für ein Produkt benötigt werden.
>
> *Dagegen* beschreibt der ökologische _____ den Ressourcenverbrauch eines Menschen.
>
> *Während steht am Anfang eines Nebensatzes. Dagegen kann auf Position 1 oder im Mittelfeld eines Hauptsatzes stehen. Der Hauptsatz mit* dagegen *steht immer nach dem anderen Hauptsatz.*
>
> ▶ Grammatik B 1.5.2 und B 2.2.5

b Schreiben Sie jeweils zwei Sätze mit *während* und *dagegen*.

1 Mariam ernährt sich komplett vegan. Luise kann auf tierische Produkte nicht verzichten.
2 Jonas kauft sich jedes Jahr ein neues Smartphone. Wafar benutzt seit acht Jahren ihr altes Handy.
3 Früher habe ich viel konsumiert. Heute lebe ich viel bewusster.

> *1 Während Mariam sich ... / Mariam ernährt sich ... Dagegen ...*

4 Und wie ist Ihr ökologischer Fußabdruck?

a Was glauben Sie: Wie groß ist Ihr ökologischer Fußabdruck? Machen Sie den Test in der App.
b Konsumieren Sie bewusst und nachhaltig? Was könnten Sie ändern? Vergleichen Sie Ihre Testergebnisse im Kurs und tauschen Sie sich aus. Die Redemittel helfen.

> **über nachhaltigen Konsum sprechen**
> Ich konsumiere (nicht) sehr (umwelt)bewusst/nachhaltig, denn ...
> Ich achte darauf, dass die Produkte biologisch angebaut / nachhaltig produziert / fair gehandelt werden.
> Während ich bei der Ernährung / beim Reisen / bei ... einen kleinen Fußabdruck habe, ist mein Fußabdruck im Bereich Wohnen/... relativ hoch.
> Für ... verbrauche ich kaum Ressourcen. Dagegen ist mein Verbrauch bei ... eher hoch.
> Ich könnte meinen Verbrauch/Fußabdruck reduzieren/verringern, wenn ...
> Es würde mir schwerfallen/leichtfallen, auf Fleisch/Flugreisen/... zu verzichten.
> ▶ Redemittel S. 109

8

■ über Werbung und Werbeslogans sprechen; einen Zeitungsartikel über Marketingtricks verstehen; über Konsumentscheidungen sprechen

Warum konsumieren wir?

1 Werbung

a Zu welchen Produkten oder Dienstleistungen gehören die Werbeslogans? Welche Marke wird hier beworben? Ordnen Sie zu und sprechen Sie im Kurs. Vergleichen Sie dann mit den Antworten unten.

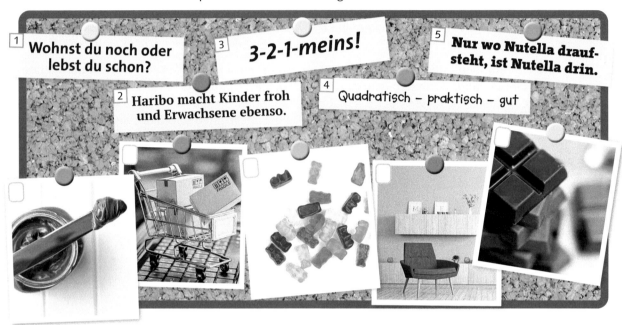

1 Wohnst du noch oder lebst du schon?

2 Haribo macht Kinder froh und Erwachsene ebenso.

3 3-2-1-meins!

4 Quadratisch – praktisch – gut

5 Nur wo Nutella draufsteht, ist Nutella drin.

b Welche Botschaften transportieren die Slogans in a?
Was erfährt man über das Produkt? Tauschen Sie sich aus.

c Kennen Sie Werbeslogans für diese oder andere Produkte in Ihrer Sprache? Was bedeuten die Slogans auf Deutsch? Recherchieren Sie und vergleichen Sie im Kurs.

> In dem Slogan von IKEA wird ein Unterschied zwischen „wohnen" und „leben" gemacht. Das bedeutet wahrscheinlich, dass...

2 Konsumentscheidungen – bewusst oder unbewusst?

a Welche Überschrift passt am besten? Lesen Sie die Einleitung des Artikels und kreuzen Sie an.

a ○ Internetwerbung: Die Industrie sucht neue Marketingstrategien.
b ○ Wodurch werden die Kaufentscheidungen von Konsumentinnen und Konsumenten beeinflusst?
c ○ Die Marktforschung zeigt: Wer Markenprodukte kauft, fühlt sich glücklicher.

Konsum ist etwas sehr Menschliches. Viele von uns erleben Glücksgefühle beim Einkaufen. Wir konsumieren, um uns für harte Arbeit zu belohnen oder um uns von Ärger oder Traurigkeit abzulenken. Durch den Kauf
5 bestimmter Marken zeigen wir unseren Status oder bekommen das Gefühl, zu einer Gruppe zu gehören. Neben diesen inneren Motiven gibt es auch äußere Aspekte, die unser Kaufverhalten beeinflussen können. Jahrelang hat die Industrie auf klassische Marketingstrategien gesetzt: Zum einen Werbung im Radio, Fern- 10 sehen und in der Zeitung. Zum anderen die Produktanordnung in den Regalen der Geschäfte: Teures in Sichthöhe, Billigeres weiter unten. Mit dem Einzug des Internets in unseren Alltag haben sich längst ganz neue Werbestrategien durchgesetzt. Aber welche Strategien 15 sind besonders gut geeignet, um die Menschen zum Kauf zu bewegen? Mit dieser Frage beschäftigen sich Marktforschungsinstitute in ihren Recherchen und Umfragen.

b Wodurch wird das Konsumverhalten beeinflusst? Lesen Sie noch einmal in a und notieren Sie.

innere Aspekte
Glücksgefühl, ...

äußere Aspekte
Werbung (Radio, Fernsehen, Zeitung), ...

¹ IKEA: schwedisches Möbelhaus; ² HARIBO: Gummibärchen; ³ Ebay: Onlineshopping-Plattform; ⁴ Ritter Sport: Schokolade; ⁵ Nutella: Nuss-Nougat-Creme

c Welche Mechanismen regen unseren Konsum an? Lesen Sie weiter und ergänzen Sie Ihre Liste in b.

Die Marktforschung zeigt: Die klassische Werbung ist
20 weiterhin ein wichtiger Faktor für unsere Kaufentscheidungen. Wenn in einem Werbespot einer Schokolade-
marke ein Gorilla Schlagzeug spielt, während im Hintergrund die Musik von Phil Collins läuft, dann stellt
sich die Frage, was damit ausgedrückt werden soll.
25 Denken wir dabei wirklich an Schokolade? Nein, eigentlich nicht und trotzdem ist die Beliebtheit der Marke
nach der Ausstrahlung des Fernsehspots 2007 stark ge-
stiegen. Der Spot folgt einer Grundregel der Werbung:
Musik, Bilder, die man sich gut merken kann und Spaß
30 beim Ansehen. Auf diese Weise dringt die Werbebot-
schaft in unser Unterbewusstsein ein. Ohne es bewusst
zu wollen, sind wir nach 30- bis 40-mal Anschauen
so konditioniert, dass wir im Supermarkt ganz automatisch und ohne nachzudenken genau nach dieser
35 Marke greifen.
Durch das Internet sind für die Werbebranche viele
neue Möglichkeiten hinzugekommen. Bei jeder Inter-
netnutzung – ob beim E-Mail-Schreiben, Online-Shopping, Benutzen einer Suchmaschine oder wenn wir uns
40 in den sozialen Netzwerken bewegen – hinterlassen
wir Daten und Informationen über uns. Diese Nutzerdaten werden von Cookies oder dem Browser gesam-
melt und ausgewertet. Beim nächsten Internetbesuch
wird uns dann Werbung von schon gekauften Produkten
45 angezeigt oder von solchen, die uns vermutlich interes-

sieren könnten. Diese personalisierte Werbung ist zwar
einerseits praktisch, andererseits aber auch sehr mani-
pulativ und für viele einfach nur nervig.
Ein anderes Werbephänomen der letzten Jahre sind sogenannte Influencer, also Menschen, die zum Beispiel 50
mit einem eigenen YouTube-Kanal im Netz präsent
sind und dort bestimmte Produkte anpreisen. Durch
die Popularität der Person wird die beworbene Marke
als besonders vertrauenswürdig wahrgenommen. Das
Produkt kann so zu einem richtigen Statussymbol wer- 55
den, auch wenn es nicht besser oder schlechter ist als
ein anderes.
Dass wir uns bei unseren Kaufentscheidungen gern an
den Empfehlungen anderer orientieren, zeigt auch die
wachsende Bedeutung von Kundenbewertungen. Eine 60
Studie aus dem Jahr 2017 hat gezeigt, dass 65 % aller
Online-Käufer sich zunächst die Produktbewertungen
anderer Käufer durchlesen, bevor sie sich für oder gegen den Kauf entscheiden. 39 % haben angegeben,
misstrauisch gegenüber einem Produkt zu sein, zu dem 65
es noch keine Bewertung gibt. Diesen Mechanismus
nutzen Internetverkaufsportale, wenn Sie uns nach
einem Kauf per E-Mail auffordern, eine eigene Bewertung zu schreiben.
Beim Konsumieren erfüllen wir uns Wünsche und 70
Träume. Doch wessen Wünsche das eigentlich sind, ist
dabei nicht immer klar.

d Was steht <u>nicht</u> im Text? Lesen Sie noch einmal in c und kreuzen Sie die falsche Antwort an.

1 Ein Werbespot ist besonders erfolgreich, wenn …
  a ◯ die Marke sehr beliebt ist.
  b ◯ er das Unterbewusstsein anspricht.
  c ◯ man den Spot sehr oft gesehen hat.

2 Personalisierte Werbung …
  a ◯ basiert auf gesammelten Nutzerdaten.
  b ◯ gibt es vor allem in sozialen Netzwerken.
  c ◯ zeigt Produkte, die man online gekauft hat.

3 Influencer …
  a ◯ sind Personen, die im Internet besonders beliebt sind.
  b ◯ werden von Unternehmen für die Vermarktung von Produkten bezahlt.
  c ◯ beeinflussen den Konsum, da man ein empfohlenes Produkt eher kauft.

4 Beim Online-Shopping …
  a ◯ haben Kundenbewertungen einen großen Einfluss.
  b ◯ wird Produkten ohne Bewertung weniger vertraut.
  c ◯ schreiben zwei Drittel der Kunden eigene Produktbewertungen.

e Und Sie? Wodurch lassen Sie sich beim Kaufen beeinflussen? Tauschen Sie sich in Gruppen zu den Fragen aus.

– Von welchen Aspekten lassen Sie sich bei Ihren Konsumentscheidungen normalerweise beeinflussen?
– Wie wichtig ist es Ihnen, bestimmte Marken zu kaufen?
– Welches Produkt haben Sie sich zuletzt gekauft, das sie eigentlich nicht unbedingt brauchen? Warum haben Sie es gekauft? Wie oft haben Sie es seitdem benutzt?

8

■ einen Artikel über Kleidungsproduktion verstehen; flüssig sprechen und sich beim Sprechen Denkpausen verschaffen; eine Diskussion über faire Modeproduktion führen

Mode – fair und nachhaltig?

1 Die harten Fakten der Kleidungsproduktion

a Was für ein Experiment wurde hier durchgeführt? Sehen Sie das Video und fassen Sie zusammen.

b Wie hätten Sie reagiert? Tauschen Sie sich aus.

c Lesen Sie den Artikel und machen Sie Notizen zu den Fragen. Welche Informationen sind neu für Sie? Sprechen Sie im Kurs.

1 Wie viel Geld geben die Menschen in Deutschland, Österreich und der Schweiz für Kleidung aus?
2 Warum werden Kleidungsstücke oft aus anderen Ländern importiert?
3 Welche Folgen hat die Textilproduktion für die Umwelt?
4 Wie sind die Arbeitsbedingungen in den Textilfabriken?
5 Welche Rolle spielen die Textilfabriken in den jeweiligen Ländern? Welche Vorteile bieten sie?
6 Welche Verantwortung tragen die Modeindustrie und die Kundinnen und Kunden?

Kleidung – ist das noch fair?

Kleidung zählt zu den Konsumgütern, die weltweit am meisten gefragt sind. Allein in Deutschland hat die Modeindustrie im Jahr 2019 über 64.000 Millionen Euro umgesetzt. Das entspricht einem durchschnittlichen Pro-Kopf-Umsatz von etwa 780 Euro bzw. 60 Kleidungsstücken im Jahr. In Österreich und der Schweiz geben die Menschen sogar etwas mehr als 1.000 Euro pro Jahr für Kleidung aus. Während in Deutschland jedes
5 Kleidungsstück durchschnittlich nur 13,50 Euro kostet, sind die Preise in den Nachbarländern höher. Hier kostet das durchschnittliche Kleidungsstück 16,50 Euro (Österreich) bzw. 20 Euro (Schweiz).

Um so günstige Preise zu ermöglichen, muss ein Großteil der Ware importiert werden, vor allem aus China, Bangladesch und Vietnam. Doch die billige Mode hat ihren Preis: Bei der Produktion und Bearbeitung der Rohfasern wie z.B. Baumwolle wird viel Wasser verbraucht und es werden umweltschädliche Chemikalien
10 verwendet. Das hat nicht nur für die Umwelt negative Konsequenzen. Auch die Arbeitsbedingungen in den Textilfabriken sind oft schlecht. Durch die Arbeit mit Chemikalien haben viele Fabrikarbeiter*innen mit gesundheitlichen Problemen zu kämpfen und wegen schlechter Sicherheitsvorkehrungen kommt es in den Fabriken immer wieder zu tragischen Unfällen. Eine soziale Absicherung, die vor Lohnausfall bei Krankheit oder Unfällen schützen würde, gibt es meist nicht.

15 Dennoch haben Studien gezeigt, dass die Textilfabriken auch eine positive Rolle spielen können. Sie sind in manchen Regionen ein wichtiger Arbeitgeber und obwohl die Löhne sehr niedrig sind – sie machen oft gerade mal ein Prozent des Verkaufspreises der produzierten Kleidungsstücke aus –, verdienen die Arbeiter*innen immer noch besser als in anderen Berufen. In der Landwirtschaft sind die Löhne noch niedriger und es gibt noch weniger Sicherheitsmaßnahmen, die vor Arbeitsunfällen schützen würden. Insbesondere Frauen profitieren
20 von den Textilfabriken. Studien zeigen, dass Mädchen in Regionen, wo es eine Textilfabrik gibt, durchschnittlich länger zur Schule gehen. Ein Grund dafür ist, dass die Fabrikarbeit zu einem bescheidenen Wohlstand führt. Daher können es sich Familien leisten, auch ihre Töchter länger zur Schule zu schicken. Außerdem brauchen die Fabrikarbeiter*innen eine ausreichende Ausbildung. Die Textilfabriken können somit einen Anreiz für eine bessere Bildung schaffen.

25 Trotz dieser positiven Auswirkungen stehen die Textilfabriken wegen der oft schlechten Arbeitsbedingungen und niedrigen Löhne in der Kritik. Dabei darf jedoch die Rolle der Modeindustrie und der Konsument*innen nicht ignoriert werden. Solange die Modeunternehmen nicht bereit sind, höhere Preise für die Kleidungsstücke zu bezahlen, sind sie für die niedrigen Löhne und schlechten Arbeitsbedingungen mitverantwortlich. Und solange die Konsument*innen in den Ländern des globalen Nordens Markenkleidung nur zu Schnäppchen-
30 preisen kaufen wollen und ihnen fair produzierte Kleidung zu teuer ist, werden sich die Arbeitsbedingungen in den Fabriken nicht verbessern.

2 Eine Podiumsdiskussion

a **Strategietraining: flüssig sprechen und Denkpausen schaffen.** Was tun Sie, wenn Ihnen auf Deutsch die Worte fehlen? Kennen Sie Strategien, wie Sie beim Sprechen Zeit gewinnen können? Tauschen Sie sich aus.

b Welche Strategie passt? Lesen Sie die Beispiele und ordnen Sie zu. Vergleichen Sie mit Ihren Ideen in a.

1 Ob ich schon eine Lösung für das Problem habe? Nun ja, … / Was ich zu dem Thema meine? Also …
2 Tja, … / Also, … / Nun, … / Na ja, …
3 Wissen Sie, … / Ehrlich gesagt … / Das ist eine gute Frage. / Sagen wir mal so: … / Soweit ich weiß, …
4 Sie meinen also, dass … / Verstehe ich Sie richtig, dass …

a ☐3 Floskeln/Gesprächsroutinen benutzen   **c** ☐ „Echo-Fragen" stellen

b ☐ Gesagtes wiederholen   **d** ☐ Füllwörter benutzen

c Welche Strategien benutzen die Personen? Hören Sie die Dialoge und notieren Sie.

Dialog 1: *b* _____   Dialog 2: _____   Dialog 3: _____   Dialog 4: _____

d Kursspaziergang. Schreiben Sie eine Frage oder Aussage zum Thema „Mode: fair oder billig?" auf ein Kärtchen. Sprechen Sie zu zweit: Lesen Sie Ihre Frage/Aussage vor. Ihre Partnerin / Ihr Partner reagiert mit einer Strategie aus a. Tauschen Sie dann Ihre Kärtchen und sprechen Sie mit der nächsten Person usw.

> *Wärst du bereit, mehr für Kleidung zu bezahlen?*

> *Ob ich bereit wäre, für Kleidung mehr zu bezahlen?*
> *Das ist eine gute Frage. Ich denke schon.*

e Arbeiten Sie in vier Gruppen. Überlegen Sie sich gemeinsam in der Gruppe Antworten zu den Fragen. Begründen Sie Ihre Antworten mit Argumenten und notieren Sie Ihre Ideen.

– Wie könnten die Arbeitsbedingungen in den Textilfabriken verbessert werden? Welche Verantwortung tragen die Modeunternehmen, die Fabriken vor Ort und die Konsumentinnen und Konsumenten?
– Sollte man sich für die Schließung von Textilfabriken in Niedriglohnländern einsetzen?
– Sollte man den Verkauf von Billigmode verhindern? Wie könnte man die Verbraucherinnen und Verbraucher dazu bringen, mehr Geld für Kleidung auszugeben?

f Lesen Sie die Hinweise und führen Sie im Kurs eine Podiumsdiskussion zur Frage „Wie können die Bedingungen in der Modeproduktion verbessert werden?". Eine Person aus dem Kurs oder Ihre Kursleiterin / Ihr Kursleiter moderiert. Für die Moderation helfen die Redemittel auf Seite 97.

– Auf dem Podium stehen vier Stühle. Jeweils eine Person aus jeder Gruppe aus e setzt sich. Die anderen aus der Gruppe stellen sich hinter den Stuhl der Person.
– Die sitzenden Personen beginnen zu diskutieren. Benutzen Sie dazu Ihre Notizen aus e und die Strategien, um Denkpausen zu schaffen.
– Wenn eine Person in der Diskussion kein Argument mehr hat, setzt sich eine andere Person aus der Gruppe auf den Stuhl und diskutiert weiter.

8

■ über die Vor- und Nachteile von Online-Shopping sprechen; eine Radiosendung zum Thema Online-Shopping verstehen; eine Stellungnahme schreiben

Einkaufen vom Sofa aus

1 Einzelhandel oder Online-Shopping?

a Was kaufen Sie lieber im Geschäft? Was lieber online? Warum? Tauschen Sie sich in Gruppen aus.

Bahn-/Flugtickets
Blumensträuße   Kosmetikartikel   Küchengeräte   Getränke
Bücher   Elektrogeräte   Lebensmittel
Schmuck   Musikinstrumente
Medikamente   Möbel
Geschirr   Schuhe   Getränke   Tapeten
Zimmerpflanzen   Werkzeug
gebrauchte Gegenstände   Kleidung   Konzertkarten   Getränke   CDs

b Welche Vor- und Nachteile hat Online-Shopping Ihrer Meinung nach? Sammeln Sie Argumente in der Gruppe. Vergleichen Sie dann Ihre Argumente im Kurs.

> *Kleine Läden gehen pleite, wenn immer mehr Menschen online einkaufen.*

2 Was halten Sie von Online-Shopping?

a Wer spricht worüber? Hören Sie die Radiosendung und ordnen Sie die Personen den Themen zu.

1.16

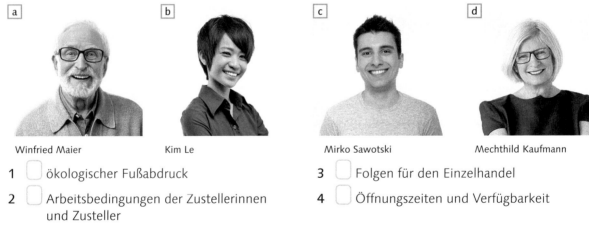

a	b	c	d
Winfried Maier	Kim Le	Mirko Sawotski	Mechthild Kaufmann

1 ⬚ ökologischer Fußabdruck

2 ⬚ Arbeitsbedingungen der Zustellerinnen und Zusteller

3 ⬚ Folgen für den Einzelhandel

4 ⬚ Öffnungszeiten und Verfügbarkeit

b Was halten die Personen von Online-Shopping? Hören Sie noch einmal und machen Sie Notizen.

1.16

> *Herr Maier: Online-Shopping vielleicht nicht sicher? ...*

c Vergleichen Sie die Meinungen der Personen. Schreiben Sie fünf Sätze mit *während* oder *dagegen*.

> *1 Während Herr Maier lieber im Fachgeschäft einkauft, findet Frau Le Online-Shopping super.*

d Und Sie? Was halten Sie von Online-Shopping? Ist Online-Shopping Ihrer Meinung nach besser als Einkaufen im Einzelhandel? Schreiben Sie eine Stellungnahme mithilfe der Redemittel auf Seite 109. Brauchen Sie Hilfe oder sind Sie schon fertig? Dann arbeiten Sie mit der App.

Auf einen Blick

---

einen Begriff definieren

… ist jemand, der … / … ist eine Person, die … / … Bei einer/einem … handelt es sich um …
Ein/Eine … braucht/benutzt man um … zu … / zum/für …
Unter einer/einem … versteht man jemanden/etwas, der/das …

über Einkaufsgewohnheiten sprechen

… kaufe ich am liebsten im Fachgeschäft / auf dem Markt / im Bio-Laden / online ein, weil …
Ich achte vor allem auf den Preis / die Qualität / die Marke / das Preis-Leistungsverhältnis / …
Eine gute Beratung / Ein großes Sortiment / Lange Öffnungszeiten / Gute Parkmöglichkeiten / eine
kostenlose Lieferung / … ist/sind mir besonders wichtig.

---

ein Produkt beschreiben

Zielgruppe und Funktion	Das Produkt richtet sich an Menschen, die …
	… ist besonders geeignet für …
	Damit kann man … / Es hat viele Funktionen, nämlich …
Aussehen und Material	Die Produktmaße sind 30x60x20 cm. / Es ist … cm breit/hoch/tief.
	Es wiegt … Kilo(gramm). / Das Design ist modern/raffiniert/edel/…
	Das Produkt/Gerät ist aus Kunststoff/Metall/Stoff/Holz/Glas/…
technische Details	Das Gerät verfügt über einen Internetanschluss / eine Fernbedingung / …
	Es ist mit der neuesten Full-HD-Technik / einem integrierten Browser /
	einem energiesparenden Akku /… ausgestattet.
Besonderheiten	Das Besondere daran ist: … / Es erfüllt die höchsten Ansprüche, weil …
	Mit … entspricht es dem neuesten technischen Standard.

über nachhaltigen Konsum sprechen

Ich konsumiere (nicht) sehr (umwelt)bewusst/nachhaltig, denn …
Ich achte darauf, dass die Produkte biologisch angebaut / nachhaltig produziert / fair gehandelt werden.
Während ich bei der Ernährung / beim Reisen / bei … einen kleinen Fußabdruck habe, ist mein
Fußabdruck im Bereich Wohnen/… relativ hoch.
Für … verbrauche ich kaum Ressourcen. Dagegen ist mein Verbrauch bei … eher hoch.
Ich könnte meinen Verbrauch/Fußabdruck reduzieren/verringern, wenn …
Es würde mir schwerfallen/leichtfallen, auf Fleisch/Flugreisen/… zu verzichten.

---

eine Stellungnahme / einen Kommentar schreiben

das Thema einleiten	Das Thema … ist heutzutage besonders wichtig/aktuell, weil …
	Über das Thema … wird immer wieder kontrovers diskutiert.
	Dabei stellt sich die Frage: … / Daraus ergibt sich die Frage: …
argumentieren und vergleichen	Ich bin der Ansicht/Meinung/Auffassung, dass …
	Natürlich könnte man meinen, dass … Dafür/Dagegen spricht …
	Für/Gegen … spricht, dass … / … hat den Vorteil/Nachteil, dass …
	Ein Vorteil/Nachteil von … könnte sein, dass …
	Das sieht man zum Beispiel an … / Ein anderes Beispiel für … ist …
	Während … / Einerseits …, andererseits … / … Dagegen …
zusammenfassen und die eigene Meinung äußern	Insgesamt/Zusammenfassend/Abschließend lässt sich sagen: …
	Meine persönliche Meinung/Überzeugung ist, dass …
	Ich vertrete den Standpunkt / die Ansicht, dass … Deshalb …

Was ist Glück?

1 Was gehört zu einem perfekten Leben?

a Was glauben Sie: Worüber sind die Personen glücklich?
  Sehen Sie sich die Bilder an und sprechen Sie im Kurs.

> Ich glaube, die ältere Frau ist glücklich, weil sie
> sich über die kleinen Dinge des Lebens freut.

2.02 b Wer sagt was? Hören Sie und ordnen Sie die Fotos zu. Vergleichen Sie Ihre Antwort mit Ihren Ideen aus a.

c Mit welcher Person können Sie sich am besten identifizieren? Warum? Tauschen Sie sich aus.

d Welcher Titel passt? Lesen Sie den Artikel und ergänzen Sie die Überschrift.

    a Geschichte des Glücks   b Suche nach dem Glück   c Angst vor zu viel Glück

---

Ob in Ratgeberbüchern, TV-Shows oder Internet-Blogs: Noch nie wurde so viel über ein gutes Leben nachgedacht wie heute. Aber was ist eigentlich ein gutes, ein gelungenes Leben?

„Ach, wäre ich doch nur etwas glücklicher!", sagt Luisa Peitz und rührt nachdenklich in ihrem Smoothie. Eigentlich scheint Luisa alles richtig zu machen – sie hat Karriere gemacht, verdient gutes Geld, ist gesund und sportlich und
5 dennoch scheint immer etwas zu fehlen.
Seit Jahrtausenden beschäftigen sich Menschen mit der Frage, was ein gutes Leben ausmacht. Ist es die Gesundheit? Ist es Reichtum? Erfolg? Oder geht es darum, sich zu verwirklichen? Lange Zeit waren Menschen vor allem mit dem reinen Überleben beschäftigt. Ein Dach über dem Kopf und genug zu essen – mehr gab es nicht zu wünschen. Noch die Nachkriegsgeneration kannte vor allem zwei Ziele: die eigene Existenz zu sichern und Wohlstand zu erwerben. Heute müs-
10 sen die Menschen in vielen Teilen der Welt nicht mehr um ihre Existenz fürchten. Wie Studien zeigen, steigt die Zufriedenheit aber nicht automatisch mit dem Wohlstand, denn – wer viel besitzt, kann auch viel verlieren. Und so scheint die Frage nach dem gelungenen Leben so wichtig wie nie zuvor. In den Regalen der Buchläden stapeln sich die Ratgeber zu Liebe und Partnerschaft, Menschen buchen Yogakurse, um sich in ihrem Körper wohlzufühlen, und kaufen Kochbücher mit veganen Rezepten, ein Superfood nach dem anderen erobert den Markt, aber wo bleibt das Glück?
15 „Es ist ein bisschen wie in manchen Märchen", sagt Luisa. „Wenn ein Wunsch erfüllt ist, ist schon der nächste da. Am Anfang denkt man nur: Ach, wenn ich nur ein bisschen gesünder und sportlicher wäre! Dann ginge es mir bestimmt besser. Also wird man Mitglied in einem Fitness-Club, joggt und beginnt sich vegan zu ernähren und kauft nur noch Bio-Produkte. Man fühlt sich fitter und leistungsfähiger. Aber zufrieden ist man nicht. Dann muss es wohl an der Arbeit liegen, denkt man dann. Würde ich bloß etwas mehr verdienen! Man sucht also nach einer neuen Stelle, bis man einen
20 wirklich gutbezahlten Job mit Aufstiegschancen findet, um den einen alle beneiden. Aber macht einen das glücklich? – Nein. Woran liegt das nur?"
Die Frage nach einem guten Leben wird an der Harvard University in der sogenannten *Grant Studie* untersucht. Hierzu wurden über 80 Jahre lang 268 männliche Absolventen aus den Jahrgängen 1939 bis 1946 wissenschaftlich begleitet. Regelmäßig wurden die Probanden medizinisch untersucht und über ihr Leben befragt: „Was macht Sie glücklich?
25 Was stört Sie an Ihrem Leben? Wie steht es um Ihre Ehe?"

> Einige Ergebnisse der Studie sind nicht besonders erstaunlich – etwa die Tatsache, dass eine gesunde Lebensweise sich positiv auswirkt. Ein Resultat wird in der Studie aber hervorgehoben: Das Wichtigste für ein gelungenes Leben sind enge menschliche Bindungen. Damit sind nicht nur Familie, Liebe und Partnerschaft gemeint, sondern auch Freundschaften oder allgemein ein gutes Verhältnis zum sozialen Umfeld.
> 30 „Ja", sagt Luisa, „das kann ich schon bestätigen. Es geht einem viel besser, wenn man sich in seiner Umgebung geborgen und gut aufgehoben fühlt. Und die Liebe ist nochmal etwas anderes ..." Vor sechs Monaten hat Luisa sich neu verliebt. Aber – ist Luisa nun glücklich? Wunschlos glücklich? „Naja", sagt sie und lächelt, „es geht mir wirklich gut, aber manchmal denke ich schon: „Wenn ich doch wieder ein bisschen mehr Zeit für mich hätte!" Irgendetwas fehlt eben immer.

e Was ist richtig? Lesen Sie den Artikel in d noch einmal und kreuzen Sie an.

1 ◯ Die Glücksvorstellungen haben sich im Laufe der Zeit kaum verändert.
2 ◯ Studien zeigen: Je mehr man besitzt, desto glücklicher ist man.
3 ◯ In jüngster Zeit hat das Interesse an der Frage nach dem Glück nachgelassen.
4 ◯ Die Grant-Studie zeigt, dass soziale Beziehungen besonders glücklich machen können.

f Was hat Luisa unternommen, um glücklicher zu werden? Was hat sie am Ende glücklicher gemacht? Lesen Sie den Artikel in d noch einmal und machen Sie Notizen.

2 Wenn ich doch nur …

a Was hat sich Luisa gewünscht? Was wünscht sie sich heute? Suchen Sie die Sätze im Text in 1d und ergänzen Sie.

Irreale Wünsche (Gegenwart)

Ach, _____ ich doch nur etwas glücklicher!

Ach, _____ ich nur etwas gesünder und sportlicher _____!

_____ ich bloß etwas mehr *verdienen* _____!

_____ ich doch wieder ein bisschen mehr Zeit für mich _____!

Irreale Wunschsätze drücken einen im Moment nicht realistisch erscheinenden Wunsch aus. Man bildet sie mit dem Konjunktiv II. Sie werden mit wenn *eingeleitet oder beginnen mit dem konjugierten Verb. Im Mittelfeld des Satzes steht eine Modalpartikel wie* doch, bloß *oder* nur.

▶ Grammatik B 2.5

---

b Und Sie? Was wünschen Sie sich? Wählen Sie sechs Wortgruppen aus dem Schüttelkasten und schreiben Sie irreale Wünsche.

---

nicht immer so früh aufstehen müssen – weniger Stress haben – öfter in Urlaub fahren können – endlich Karriere machen – mehr Zeit für meine Hobbys haben – eine Gehaltserhöhung bekommen – endlich einen Führerschein haben – öfter pünktlich sein – weniger Zeit auf den sozialen Medien verbringen – öfter aufräumen – eine neue Wohnung finden – weniger arbeiten müssen

---

> *Wenn ich bloß nicht immer so früh aufstehen müsste. / Müsste ich nur nicht   ...*

3 Glücksvorstellungen

a Was bedeutet Glück für Sie? Welche Wünsche haben Sie noch? Schreiben Sie einen kurzen Text.
b Lesen Sie einige Texte in der Gruppe vor. Unterscheiden sich Ihre Vorstellungen von Glück? Woran könnte das liegen? Gibt es individuelle oder kulturelle Unterschiede? Tauschen Sie sich aus.

> *Ich bin glücklich, wenn ich Zeit mit meiner Familie verbringen kann.*

> *Für mich bedeutet Glück berufliche Anerkennung.*

9

- über Selbstoptimierung sprechen; mit irrealen Vergleichen Eindrücke und Wirkungen beschreiben; Trends beschreiben und bewerten
- irreale Vergleiche mit *als ob*, *als wenn* und *als*

Selbstoptimierung – ein Mega-Trend

1 Selbstoptimierung

a Was verbinden Sie mit dem Begriff *Selbstoptimierung*? Tauschen Sie sich aus. Die Wörter helfen.

> auf gesunde Ernährung achten – ausreichend schlafen – seine Potenziale ausschöpfen –
> Kalorien zählen – Gesundheitsdaten protokollieren – Aufputschmittel nehmen –
> regelmäßig Sport treiben – nach Erfolg streben – das eigene Zeitmanagement verbessern

2.03 **b** Wie definiert Magnus Olbrich Selbstoptimierung? Hören Sie und vergleichen Sie mit Ihren Ideen in a.

2.04 **c** Wie optimieren Paul, Katharina und Alexeij ihr Leben? Hören Sie weiter und machen Sie Notizen.

2.05 **d** Was sagt Magnus Olbrich? Hören Sie weiter und kreuzen Sie an.

    1 ◯ Zu hohe Erwartungen können zu Frustration und Selbstvorwürfen führen.

    2 ◯ Wer sich optimieren will, für den besteht die Gefahr der Abhängigkeit.

    3 ◯ Manche Menschen streben nach Perfektion, weil ihr familiäres Umfeld zu viel Druck ausübt.

    4 ◯ Ein Grund für Selbstoptimierung ist, dass Menschen sich an anderen messen.

    5 ◯ Ohne die Interessen der Wirtschaft gäbe es den Trend der Selbstoptimierung nicht.

    6 ◯ Glück kann man durchaus in Zahlen ausdrücken.

e Was ist Selbstoptimierung? Was halten Sie von diesem Trend? Fassen Sie mithilfe ihrer Ergebnisse aus b–d zusammen und tauschen Sie sich aus. Die Redemittel auf Seite 121 helfen.

2 Ich fühle mich, als ob …

2.06 **a** Was sagen die Personen? Hören und ergänzen Sie.
Was drücken irreale Vergleiche aus? Tauschen Sie sich aus.

> *Man vergleicht mit etwas, was …*

Irreale Vergleiche mit *als ob*, *als wenn* und *als*

Es kam mir vor, als ob ich unbesiegbar wäre. (Aber das war natürlich Quatsch!)

Das klingt vielleicht so, _____ ich andauernd über mein Essen nachdenken würde.
(Aber das tue ich natürlich nicht: Essen soll doch Spaß machen!)

Ich fühle mich morgens, _____ hätte ich zwölf Stunden durchgeschlafen.
(Dabei waren es nur sieben oder acht Stunden!)

Irreale Vergleichssätze werden durch Verben des persönlichen Befindens oder der Wahrnehmung eingeleitet (Ich fühle mich, … / Es scheint mir, …). Im Nebensatz mit als *steht das konjugierte Verb auf Position II.*

▶ Grammatik B 2.6

---

b Bilden Sie irreale Vergleichssätze mit dem Konjunktiv II (Gegenwart oder Vergangenheit).

> ~~Sie tun so, …~~ – Ich fühle mich, … – Es kommt mir vor, … – Du siehst aus, … – Er macht den Eindruck, … – Sie wirkt auf mich, … – Es scheint, …

> täglich ins Fitnessstudio gehen – verliebt sein – gut/schlecht schlafen – Drogen nehmen – ~~perfekt sein~~ – sich ärgern – den Termin vergessen

> *Sie tun so, als ob sie perfekt wären. / Sie tun so, als wären sie perfekt.*

3 Neue Trends

 a Was? Wer? Warum? Welche Gefahren? Wählen Sie ein Thema (A: Gehirndoping oder B: Selftracking) und lesen Sie den Text in der App. Machen Sie Notizen zu den W-Fragen.

b Was halten Sie von dem Trend? Beschreiben Sie den Trend mithilfe Ihrer Notizen aus a und äußern Sie Ihre Meinung.

■ verschiedene Arbeitsformen und -bedingungen vergleichen; eine Videoreportage über die Arbeitsbedingungen in Start-ups verstehen; über eine Start-up-Gründung sprechen; Bedauern ausdrücken; ein formelles Telefonat führen
■ irreale Wünsche (Vergangenheit); Phonetik: am Telefon flüssig sprechen

9

Start-ups – der perfekte Arbeitsplatz?

1 Wie würden Sie gern arbeiten?

a Wie und unter welchen Bedingungen kann man arbeiten? Bilden Sie drei Gruppen, wählen Sie eine Arbeitsform (A, B oder C) und sammeln Sie Ideen. Die Wörter im Schüttelkasten helfen.

Arbeitszeit – Work-Life-Balance – Arbeitsort – Kolleginnen/Kollegen – Hierarchien – Tätigkeiten – Arbeitsvertrag – Lohn/Gehalt – Vorgesetzte

in einem Unternehmen angestellt sein

freiberuflich arbeiten

in einem Start-up arbeiten

b Bilden Sie neue Gruppen. In jeder Gruppe ist jeweils mindestens eine Person aus den Gruppen A, B, C vertreten. Stellen Sie Ihre Ergebnisse aus a in der Gruppe vor. Vergleichen Sie die Arbeitsformen. Wie und wo würden Sie gern arbeiten? Warum? Tauschen Sie sich in der Gruppe aus.

> *Ich möchte gerne freiberuflich arbeiten, weil ich mir meine Zeit selbst einteilen möchte.*

c Was ist Mathilde Ramadier von Beruf? Wo hat sie früher gearbeitet? Wie hat ihr ihre frühere Arbeit gefallen? Sehen Sie das Video und machen Sie Notizen.

d Wie hat Mathilde Ramadier die Arbeit im Start-up erlebt? *Kolleginnen/Kollegen: vor allem Männer* Sehen Sie das Video noch einmal und machen Sie Notizen zu den Stichwörtern in a.

e Welche Informationen aus dem Video haben Sie überrascht? Vergleichen Sie mit Ihren Ideen aus a und tauschen Sie sich aus.

> *Mich wundert, dass Frau Ramadier in Start-ups so starke Hierarchien erlebt hat. Das hätte ich mir ganz anders vorgestellt.*

2 Hätte ich dich doch früher gefragt!

a Was ist das Thema des Gesprächs? Lesen Sie den Chat und sprechen Sie im Kurs.

> **lukas99:** Hey, Ava! Wie du weißt, stehe ich kurz vor meinem IT-Master und ich habe echt keine Lust, danach in irgendeiner Firma anzufangen. Ich würde viel lieber mein eigenes Start-up gründen. Du hast da doch Erfahrungen. Was muss ich machen?

> **Ava:** Hey, Lukas! Ja, ich habe vor ein paar Jahren mein eigenes Start-up gegründet und es läuft ganz gut. Ich nehme an, du hast schon eine geniale Produktidee, oder?

> **lukas99:** Ja, die Produktidee gibt es schon, es ist eine Service-App. Aber ich werde Geld brauchen, um sie zu entwickeln … Wo bekomme ich das her?

> **Ava:** Ich habe damals mit Crowdfunding Geld gesammelt, aber du musst die Spender*innen natürlich erst mal von deiner Idee überzeugen. Ich hatte es damals viel zu eilig und einige Investor*innen sind wieder abgesprungen, weil mein Geschäftsplan noch nicht fertig war. Wenn ich mir am Anfang bloß mehr Zeit gelassen hätte! Ich würde dir unbedingt raten, zuerst mal eine gute Produktpräsentation und einen realistischen Geschäftsplan zu entwickeln.

> **lukas99:** Also, die Präsentation ist so gut wie fertig und am Finanzierungsplan arbeite ich gerade. Aber da kann man sich doch sicher auch beraten lassen. Kennst du eine gute Gründungsberatung?

> **Ava:** Es gibt ganz verschiedene. Frag doch mal an deiner Uni. Es gibt nämlich an einigen Unis Programme für Start-up-Gründer*innen, sogenannte Incubator-Programme. Dort bekommt man Unterstützung durch Beratungen, durch Co-Working-Spaces und auch bei der Suche nach finanziellen Mitteln.

> **lukas99:** Und gibt es noch Alternativen?

> **Ava:** Klar! Es gibt auch viele Webseiten, wo man sich informieren kann. Ich habe damals eine Beratungsfirma kontaktiert. Die erste Beratung war sogar kostenlos. Ich schick dir mal den Link.

> **lukas99:** Okay, vielen Dank, du hast mir echt geholfen. Wäre ich doch nur ein bisschen früher auf die Idee gekommen, dich zu fragen! 😌

b Was muss man tun, wenn man ein Start-up gründen will? Lesen Sie noch einmal und notieren Sie.

> *– eine Produktidee entwickeln*

c Wie drücken Ava und Lukas ihr Bedauern aus? Suchen Sie die Sätze im Chat und ergänzen Sie.

Irreale Wünsche (Vergangenheit)

_____ ich mir am Anfang bloß mehr Zeit _____ _____ !

(Schade, dass ich mir am Anfang nicht mehr Zeit gelassen habe.)

_____ ich doch nur ein bisschen früher auf die Idee _____ !

(Schade, dass ich nicht ein bisschen früher auf die Idee gekommen bin.)

Irreale Wunschsätze in der Vergangenheit drücken ein Bedauern aus. Sie werden mit dem Konjunktiv II der Vergangenheit (hätte / wäre + Partizip II) gebildet.

▶ Grammatik B 2.5

---

d Was hätten Sie lieber anders gemacht? Schreiben Sie irreale Wünsche in der Vergangenheit. Beginnen Sie mit dem Verb.

1 Sie haben einen langweiligen Job.
2 Ihr Studium gefällt Ihnen nicht.
3 Ihre Präsentation ist noch nicht fertig.
4 Sie haben noch keinen Beratungstermin.

> *1 Hätte ich doch nur einen anderen Beruf gewählt!*

e Sprachschatten. Sprechen Sie zu zweit wie im Beispiel. Benutzen Sie Ihre Sätze aus d.

> *Hätte ich doch nur einen anderen Beruf gewählt!*

> *Wenn ich doch nur einen anderen Beruf gewählt hätte!*

3 Die Gründungsberatung

2.07 🔊 **a** Was ist richtig? Hören Sie das Telefongespräch und kreuzen Sie an.

1 ◯ Herr Melchior führt Gründungsberatungen durch.
2 ◯ Lukas lässt sich mit der zuständigen Kollegin verbinden.
3 ◯ Frau Singh ist nicht im Büro.
4 ◯ Lukas möchte zurückgerufen werden.

2.07 ◁)) **b** Wie wird es gesagt? Lesen Sie die Redemittel, hören Sie noch einmal und unterstreichen Sie.

> **telefonische Auskünfte verstehen**
> Dafür ist … zuständig. / Bleiben Sie bitte dran / in der Leitung / am Apparat.
> Ich verbinde Sie / stelle Sie durch.
> … ist im Moment leider nicht am Platz / außer Haus. / Die Leitung ist gerade besetzt.
> Soll ich Ihnen die Durchwahl geben? / Möchten Sie sie/ihn zurückrufen?
> ▶ Redemittel S. 121

2.08 ◁)) **c** Welche Informationen bekommt Lukas? Lesen Sie zuerst seine Notizen. Hören Sie dann das Telefongespräch und korrigieren Sie die falschen Informationen.

Telefonat mit Fr. Singh → Infos zu Beratung für Existenzgründer

— Erstberatung: ~~50€~~ *kostenlos* → Geschäftsidee Erfolg versprechend? Finanzierungsplan o.k.?
— Lohnt sich die Gründung? → 2. Termin (= eigentliche Gründungsberatung)
   konkreter Projektplan + nächste Schritte (z.B. Werbung)
— Kosten? → wenn arbeitssuchend: Vermittlungsgutschein bei der Agentur für Arbeit beantragen
        → mit Gutschein: Gründungsberatung kostenlos bis zu 20 Stunden
        → ohne Gutschein: andere Stellen übernehmen die Kosten für die Beratung
— Unterlagen mitbringen: Produkt-Portfolio, Lebenslauf, Finanzierungsplan

d Welche Funktion haben die Redemittel? Ordnen Sie zu. Kennen Sie weitere Redemittel für ein formelles Telefonat? Notieren Sie und vergleichen Sie mit den Redemitteln auf Seite 121.

1 sich vergewissern   **2** das Gespräch einleiten   **3** zusammenfassen   **4** Fragen stellen

> **ein formelles Telefonat führen**
>
> ☐ Es geht um Folgendes: … / Ich hätte gerne Informationen zu … / Der Grund meines Anrufs ist …
>
> ☐ Ich würde gerne wissen, …/ Könnten Sie mir sagen, … / Mich würde interessieren, …
>
> ☐ Ich bin mir nicht ganz sicher, ob … / Könnten Sie das bitte wiederholen?
>
> ☐ Also, dann verbleiben wir so: … / Also, ich habe mir jetzt notiert: …
> ▶ Redemittel S. 121

2.09 ◁)) **e** Phonetik: am Telefon flüssig sprechen. Hören Sie und markieren Sie den Hauptakzent in d.
2.10 ◁)) **f** Hören Sie noch einmal und sprechen Sie nach. Versuchen Sie, möglichst flüssig zu sprechen. Betonen Sie beim Sprechen den Hauptakzent.

4 Strategietraining: ein formelles Telefonat führen

a Haben Sie schon einmal ein formelles Telefongespräch auf Deutsch geführt? Wie war das? Wie haben Sie sich vorbereitet? Sprechen Sie im Kurs.

▶ **b** Worauf sollte man bei einem formellen Telefonat achten? Sehen Sie das Video und notieren Sie Tipps. Welche Tipps finden Sie besonders nützlich? Tauschen Sie sich aus.

c Arbeiten Sie zu zweit. Wählen Sie jeweils eine Rolle (A oder B). Lesen Sie die passenden Informationen in der App und machen Sie Notizen für das Telefongespräch. Führen Sie dann das Telefonat zu zweit. Benutzen Sie die Redemittel auf Seite 121.

> **A** Sie rufen im Gründungszentrum an und bitten Ihre Partnerin / Ihren Partner um Informationen.

> **B** Sie arbeiten beim Gründungszentrum und beraten Ihre Partnerin / Ihren Partner.

d Arbeiten Sie mit einer neuen Partnerin / einem neuen Partner. Lesen Sie jetzt die Informationen zur jeweils anderen Rolle und führen Sie das Telefonat noch einmal.

Leben, um zu arbeiten, oder arbeiten, um zu leben?

1 **Arbeitsmoral. Was verbinden Sie mit dem Begriff *Arbeitsmoral*? Sprechen Sie im Kurs. Die Wörter im Schüttelkasten helfen.**

motiviert und diszipliniert arbeiten – sich um eine gute Arbeitsleistung bemühen – nur das Nötigste tun – fleißig sein – Überstunden machen – pünktlich kommen – pünktlich Feierabend machen – sich beruflich weiterentwickeln wollen – sich für den Arbeitgeber engagieren – immer sein Bestes geben

> *Mit dem Begriff „Arbeitsmoral" verbinde ich,*
> *dass man bei der Arbeit immer sein Bestes gibt.*

2 **Anekdote zur Senkung der Arbeitsmoral**

a Wer spricht mit wem, wo und worüber? Lesen Sie den ersten Teil der Kurzgeschichte und tauschen Sie sich aus.

Heinrich Böll: Anekdote zur Senkung der Arbeitsmoral (1963)

In einem Hafen an einer westlichen Küste Europas liegt ein ärmlich gekleideter Mann in seinem Fischerboot und döst[1]. Ein schick angezogener Tourist legt eben einen neuen Farbfilm
5 in seinen Fotoapparat, um das idyllische Bild zu fotografieren: blauer Himmel, grüne See mit friedlichen schneeweißen Wellenkämmen, schwarzes Boot, rote Fischermütze. Klick. Noch einmal: klick, und da aller guten Dinge
10 drei sind, und sicher sicher ist, ein drittes Mal: klick. Das Geräusch […] weckt den dösenden Fischer, der sich schläfrig aufrichtet, schläfrig nach seiner Zigarettenschachtel angelt[2], aber bevor er das Gesuchte gefunden [hat], hat ihm
15 der eifrige Tourist schon eine Schachtel vor die Nase gehalten, ihm die Zigarette […] in die Hand gelegt, und – ein viertes Klick, das des Feuerzeuges –, angezündet. Es ist eine gereizte Verlegenheit[3] entstanden, die der Tourist – der
20 Landessprache mächtig[4] – durch ein Gespräch zu überbrücken versucht.

„Sie werden heute einen guten Fang machen."
Kopfschütteln des Fischers.
„Aber man hat mir gesagt, dass das Wetter günstig ist."
25
Kopfnicken des Fischers.
„Sie werden also nicht ausfahren?"
Kopfschütteln des Fischers, steigende Nervosität des Touristen. […]
„Oh, Sie fühlen sich nicht wohl?"
30

[1]*dösen:* leicht, nicht tief schlafen; [2]*nach etwas angeln:* etwas nehmen/greifen; [3]*die Verlegenheit:* durch Verwirrung verursachte Unsicherheit, durch die man nicht weiß, wie man sich verhalten soll; [4]*einer Sprache mächtig sein:* eine Sprache sprechen können

b Wie fühlt sich der Fischer? Wie fühlt sich der Tourist? Lesen Sie noch einmal in a und unterstreichen Sie die Textstellen. Was glauben Sie: Warum fühlen sie sich so? Tauschen Sie sich aus.

c Was glauben Sie? Was könnte der Fischer auf die Frage am Ende antworten? Sammeln Sie Ideen.

> *Der Fischer sieht eigentlich ganz zufrieden aus. Vielleicht sagt er …*

d Welche Möglichkeiten hätte der Fischer nach Meinung des Touristen? Welche Folgen hätte das? Lesen Sie weiter, unterstreichen Sie im Text und sprechen Sie im Kurs.

Endlich geht der Fischer von der Zeichensprache zum [...] gesprochenen Wort über. „Ich fühle mich großartig", sagt er. „Ich habe mich nie besser gefühlt." Er steht auf, reckt sich[5], als

35 wollte er demonstrieren, wie athletisch er gebaut ist. „Ich fühle mich phantastisch."

Der Gesichtsausdruck des Touristen wird immer unglücklicher, er kann die Frage nicht mehr unterdrücken [...]: „Aber warum fahren

40 Sie dann nicht aus?" Die Antwort kommt prompt und knapp. „Weil ich heute morgen schon ausgefahren bin."

„War der Fang gut?"

„Er war so gut, dass ich nicht noch einmal aus-

45 zufahren brauche, ich habe vier Hummer[6] in meinen Körben gehabt, fast zwei Dutzend[7] Makrelen[8] gefangen ..."

Der Fischer, endlich erwacht [...], klopft dem Touristen beruhigend auf die Schultern. [...]

50 „Ich habe sogar für morgen und übermorgen genug", sagt er [...]. „Rauchen Sie eine von meinen?"

„Ja, danke."

Zigaretten werden in Münder gesteckt, ein

55 fünftes Klick, der Fremde setzt sich kopfschüttelnd auf den Bootsrand und legt die Kamera aus der Hand [...]. „Ich will mich ja nicht in Ihre persönlichen Angelegenheiten mischen", sagt er, „aber stellen Sie sich mal vor, Sie würden

60 heute ein zweites, ein drittes, vielleicht sogar ein viertes Mal ausfahren, und Sie würden drei, vier, fünf, vielleicht gar zehn Dutzend Makrelen fangen ... stellen Sie sich das mal vor ."

Der Fischer nickt.

65 „Sie würden", fährt der Tourist fort, „nicht nur heute, sondern morgen, übermorgen, ja, an jedem günstigen Tag zwei-, dreimal, vielleicht viermal ausfahren – wissen Sie, was geschehen würde?"

Der Fischer schüttelt den Kopf. 70

„Sie würden sich spätestens in einem Jahr einen Motor kaufen können, in zwei Jahren ein zweites Boot, in drei oder vier Jahren könnten Sie vielleicht einen kleinen Kutter[9] haben, mit zwei Booten oder dem Kutter würden Sie na- 75 türlich viel mehr fangen – eines Tages würden Sie zwei Kutter haben, Sie würden ...", die Begeisterung verschlägt ihm für ein paar Augenblicke die Stimme[10], „Sie würden ein kleines Kühlhaus bauen, vielleicht eine Räucherei, 80 später eine Fischfabrik [...], Sie könnten ein Fischrestaurant eröffnen, den Hummer ohne Zwischenhändler direkt nach Paris exportieren – und dann ...", wieder verschlägt die Begeisterung dem Fremden die Sprache[10]. Kopf- 85 schüttelnd, im tiefsten Herzen betrübt, blickt er auf die friedlich hereinrollende Flut, in der die ungefangenen Fische munter springen.

„Und dann", sagt er, aber wieder verschlägt ihm die Erregung die Sprache. Der Fischer 90 klopft ihm auf den Rücken, wie einem Kind, das sich verschluckt hat. „Was dann?", fragt er leise.

„Dann", sagt der Fremde mit stiller Begeisterung, „dann könnten Sie beruhigt hier im 95 Hafen sitzen, in der Sonne dösen – und auf das herrliche Meer blicken."

„Aber das tue ich ja schon jetzt", sagt der Fischer, „ich sitze beruhigt am Hafen und döse, nur Ihr Klicken hat mich dabei gestört." 100

Der Tourist zog nachdenklich davon[11], denn früher hatte er auch einmal geglaubt, dass er arbeite, um eines Tages einmal nicht mehr arbeiten zu müssen, und es blieb keine Spur von Mitleid[12] mit dem ärmlich gekleideten Fischer 105 in ihm zurück, nur ein wenig Neid.

---

[5] *sich recken:* den Körper strecken und dehnen; [6] *der Hummer:* großer Krebs, der als Delikatesse gilt; [7] *das Dutzend:* zwölf Stück; hier: eine große Anzahl; [8] *die Makrele:* ein großer, im Meer lebender Fisch; [9] *der Kutter:* ein größeres Fischerboot; [10] *es verschlägt einem die Stimme / die Sprache:* nicht reden können; [11] *davonziehen:* weggehen; [12] *(mit jemandem) Mitleid (haben):* mitfühlen, wenn es jemandem schlecht geht

Wenn der Fischer mehrmals am Tag ausfahren würde, könnte er mehr Fische fangen.

Würde er mehr Fische fangen, ...

e Welche Vision hat der Tourist am Ende? Wie reagiert der Fischer darauf und wie fühlt sich schließlich der Tourist? Lesen Sie noch einmal ab Zeile 94 und fassen Sie zusammen.

f Welche Arbeitsmoral vertritt der Fischer? Welche der Tourist? Fassen Sie in eigenen Worten zusammen. Brauchen Sie Hilfe oder sind Sie schon fertig? Dann arbeiten Sie mit der App.

g Mit wem können Sie sich eher identifizieren? Warum? Welchen Stellenwert haben Arbeit und wirtschaftlicher Erfolg in Ihrer Heimat? Sprechen Sie im Kurs.

9

◻)))

■ eine Radiosendung über einen Firmencampus verstehen; über die Vor- und Nachteile eines Firmencampus sprechen; einen Kommentar schreiben

Leben und arbeiten auf dem Firmencampus

1 Ein neuer Firmencampus

a Was ist ein Firmencampus? Lesen Sie die Zeitungsnachricht und erklären Sie mit eigenen Worten.

Frankfurt. Der Online-Mode-Händler Zephyr hat seinen neuen Firmensitz eröffnet – einen gigantischen Campus für mehr als 5000 Mitarbeiterinnen und Mitarbeiter, eine Stadt in der Stadt. Auf dem 42.000 m² großen Gelände befinden sich nicht nur Büroräume, sondern auch Wohnungen für die Angestellten, Aufenthaltsräume, Fitness-Studios und sogar eine Kita. Leben und Arbeit sollen enger verbunden sein, so heißt es aus der Unternehmensleitung. Vor zehn Jahren noch ein kleines Start-up, ist Zephyr inzwischen einer der größten Arbeitgeber der Region. ...

b Was glauben Sie: Welche Vor- und Nachteile könnte ein Firmencampus haben? Sammeln Sie Ideen.

2 Ein Arbeitsplatz zum Wohlfühlen?

2.11 ◻))) a Wer sind die Personen? Welche Haltung haben sie gegenüber dem Firmencampus (positiv, negativ, neutral)? Hören Sie die Radiosendung und notieren Sie.

a Frederik Koppitz: *Moderator (neutral)*   c Peter Tuchmann: _____

b Xu-Feng Liu: _____   d Ariane Hellwig: _____

2.11 ◻))) b Was ist richtig? Hören Sie noch einmal und kreuzen Sie an.

1 Frau Liu gefiel am Leben auf dem Firmencampus besonders, dass …
a ◯ man auch am Privatleben der Kollegen teilhaben konnte.
b ◯ man Menschen aus der ganzen Welt kennenlernen kann.
c ◯ sie sich mit zwei Kollegen eine Wohnung geteilt hat.

2 Nach Frau Lius Meinung arbeiten manche Mitarbeiter nur wenige Jahre im Unternehmen, weil …
a ◯ die Bezahlung zu schlecht ist.
b ◯ junge Menschen sich öfter neu orientieren wollen.
c ◯ sie mit der Arbeitsatmosphäre unzufrieden sind.

3 Herr Tuchmann findet es problematisch, wenn …
a ◯ der Arbeitgeber zu viel über das Privatleben der Angestellten weiß.
b ◯ die Angestellten auf dem Campus Alkohol trinken oder Drogen nehmen.
c ◯ junge Menschen zu niedrigen Gehältern arbeiten.

4 Er kritisiert, dass …
a ◯ zu selten flexible Arbeitszeiten angeboten werden.
b ◯ sich manche Mitarbeiter zu wenig mit der Firma identifizieren.
c ◯ viele Menschen auch in ihrer Freizeit für die Firma arbeiten.

5 Frau Hellwig ist empört darüber, dass …
a ◯ der Campus keine Grünflächen und Kinderspielplätze hat.
b ◯ die Wohnungen auf dem Campus so teuer sind.
c ◯ sich durch den Campus die Mieten in der Nachbarschaft erhöht haben.

2.12 ◻))) c Herr Tuchmann warnt vor dem *gläsernen Mitarbeiter*. Was meint er damit? Welche Gefahren sieht er? Teilen Sie seine Meinung? Hören Sie noch einmal. Machen Sie Notizen und diskutieren Sie im Kurs.

d Und Sie? Könnten Sie sich ein Leben auf einem Firmencampus vorstellen? Warum (nicht)? Schreiben Sie einen kurzen Kommentar an den Radiosender. Nehmen Sie auch zu den Argumenten der Gesprächsteilnehmerinnen und Gesprächsteilnehmer Stellung. Die Redemittel auf Seite 109 helfen.

Raus aus dem Hamsterrad

1 **Neue Trends. Was glauben Sie: Was bedeutet die Redewendung „Raus aus dem Hamsterrad"? Welche Trends verbinden Sie damit? Sammeln Sie Ideen.**

2 **Zurück zur Einfachheit**

a Worum könnte es bei diesen Trends gehen? Was könnten alle drei Trends gemeinsam haben? Sehen Sie sich die Fotos an und lesen Sie die Überschriften. Sammeln Sie Ideen im Kurs.

Der Slow-Trend

Immer schneller, höher, weiter? Nein, sagen die Anhänger des *Slow-Trends*, Wachstum macht nicht glücklich, sondern erhöht nur den Stress. Der *Slow-Trend*, der in den 80er Jahren angefangen hat, setzt auf Qualität statt Quantität. Alles begann mit *Slow Food*: regionale und saisonale Nahrungsmittel, die traditionell und umweltschonend hergestellt werden. Inzwischen hat der Trend aber weitere Lebensbereiche erreicht: Die *Slow-Retail-Bewegung* will den Handel insgesamt regionaler, fairer und transparenter machen – besser kleine Geschäfte als riesige, unpersönliche Einkaufszentren, ist ihr Motto. Und die *Slow-City-Bewegung* versucht, das Leben in den Städten mit lokalen Initiativen nachbarschaftlicher und nachhaltiger zu gestalten. Egal in welchem Bereich, immer geht es um Achtsamkeit und Entschleunigung.

Minimalismus

Haben Sie schon mal darüber nachgedacht, wie viele Dinge man tatsächlich zum Leben braucht? Wie viele T-Shirts, Gabeln, Tassen sind nötig? Und wenn man sich von all den Mänteln und Hosen getrennt hat, die man doch nicht mehr trägt, braucht man dann überhaupt noch einen Kleiderschrank? Anhänger des Minimalismus, eines Trends, der in den letzten zehn Jahren vor allem in den „westlichen" Ländern entstanden ist, würden vermutlich mit Nein antworten. Minimalisten versuchen, dem Konsum-Wahn entgegenzuwirken, indem sie sich von allem trennen, was sie nicht wirklich brauchen, und ihren Konsum radikal einschränken. Besitz macht – so sagen sie – nicht glücklich, sondern unfrei. Wenn man nichts besitzt, muss man sich auch nicht darum kümmern. Der Lohn: mehr Zeit, mehr Platz und auch mehr Geld.

Die Karriereverweigerer

Wer hart arbeitet, wird irgendwann belohnt: mit einer guten Stelle, Geld und gesellschaftlichem Ansehen. Vor allem junge Menschen zweifeln an diesem Karriereversprechen der kapitalistischen Leistungsgesellschaft. Schule, Studium, Praktikum, Arbeitsplatz, Beförderung, Karriere – aber wozu? Um Geld anzuhäufen? Teure Autos zu fahren? Und dann? Burnout oder Herzinfarkt? Die Karriereverweigerer, vor allem jüngere, gut ausgebildete Menschen, wollen ihr Leben nicht mehr über die Arbeit definieren und fragen sich stattdessen: Was gewinne ich, wenn ich einfach weniger arbeite? Mehr Freizeit, mehr Zeit für zwischenmenschliche Beziehungen und ein selbstbestimmtes Leben. Und tatsächlich scheint auch die Wirtschaft diesen Wertewandel zu erkennen. Immer mehr Firmen bieten Sabbaticals, flexible Arbeitszeiten oder Teilzeit-Arbeitsmodelle an, denn sie haben erkannt: Nur ein glücklicher Arbeitnehmer ist ein guter Arbeitnehmer.

b Lesen Sie die Kurzbeschreibungen und überprüfen Sie Ihre Ideen aus a.
c Wann? Woher? Wer? Was? Warum? Wählen Sie einen Trend aus a, recherchieren Sie weitere Informationen im Internet und machen Sie Notizen.
d Bilden Sie 3er-Gruppen, in denen zu jedem Trend aus a eine Person vertreten ist. Halten Sie nacheinander eine kurze Präsentation mithilfe Ihrer Notizen und stellen Sie Ihren Trend vor. Die Redemittel auf Seite 121 helfen.
e Glauben Sie daran, dass diese Trends erfolgreich sein werden? Diskutieren Sie in der Gruppe.

Werbung für sich selbst

1 Die perfekte Kandidatin / Der perfekte Kandidat

a Was für Texte sind das? An wen richten sie sich? Lesen Sie und sprechen Sie im Kurs.

> Innenarchitektin mit langjähriger Berufserfahrung bietet gestalterische Beratung zu allen Fragen rund ums Bauen und Wohnen.
> +49 40 32519967

> WG gesucht: Student, 20, sucht Zimmer in einer netten WG. Freue mich über eure Zuschriften.

b Worin unterscheiden sich diese Texte von den Texten in a? Welche finden Sie interessanter? Welche überzeugen Sie mehr? Warum? Lesen Sie und sprechen Sie zu zweit.

Über mich | Studio | Projekte | Kontakt

Endlich Freude am Wohnen!

Wirkt Ihre Wohnung kleiner, ungemütlicher und dunkler, als sie wirklich ist? Ja? – Keine Sorge, denn ich verwandle Ihr Heim in eine Wohlfühl-Oase! Als erfahrene und vielseitige Innenarchitektin weiß ich, wie man mit Licht, Farben und Formen einen Raum zum Erlebnis für alle Sinne macht. Ob Arbeits- oder Wohnräume – in meinen Gestaltungsentwürfen gelangen Funktion und Ästhetik zu einer überzeugenden Symbiose. Setzen Sie der Ungemütlichkeit ein Ende und lassen Sie uns gemeinsam Ihr Heim neu erfinden!

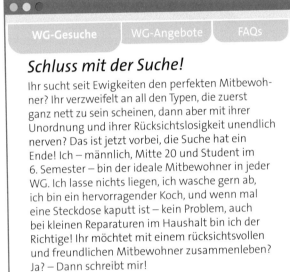

WG-Gesuche | WG-Angebote | FAQs

Schluss mit der Suche!

Ihr sucht seit Ewigkeiten den perfekten Mitbewohner? Ihr verzweifelt an all den Typen, die zuerst ganz nett zu sein scheinen, dann aber mit ihrer Unordnung und ihrer Rücksichtslosigkeit unendlich nerven? Das ist jetzt vorbei, die Suche hat ein Ende! Ich – männlich, Mitte 20 und Student im 6. Semester – bin der ideale Mitbewohner in jeder WG. Ich lasse nichts liegen, ich wasche gern ab, ich bin ein hervorragender Koch, und wenn mal eine Steckdose kaputt ist – kein Problem, auch bei kleinen Reparaturen im Haushalt bin ich der Richtige! Ihr möchtet mit einem rücksichtsvollen und freundlichen Mitbewohner zusammenleben? Ja? – Dann schreibt mir!

2 Strategietraining: für sich werben

a Wie wird die Wirkung in den Texten in 1b erzielt? Welche sprachlichen Mittel werden benutzt? Lesen Sie noch einmal und sammeln Sie Beispiele.

rhetorische Fragen stellen – das Problem benennen – eine Problemlösung anbieten – Emotionen hervorrufen – ausdrucksstarke Adjektive benutzen – Metaphern und Sprachbilder benutzen – Imperative benutzen

> *Durch rhetorische Fragen werden die Leser direkt angesprochen. Zum Beispiel in der ersten Anzeige …*

b Wählen Sie eine Anzeige und schreiben Sie sie um, sodass sie interessanter klingt. Benutzen Sie die sprachlichen Mittel aus a. Die Redemittel auf Seite 121 helfen.

A Musikstudentin, 22, bietet Gitarrenunterricht für Anfänger und Fortgeschrittene.

B Ich, Student, 23, bin neu in der Stadt und suche Leute für gemeinsame Aktivitäten.

C Zuverlässige Studentin, 19, Nichtraucherin, sucht Zimmer in freundlicher WG.

D Tandempartner/in gesucht. Biete: Russisch. Suche: Deutsch. LG Dimitri

c Hängen Sie Ihre Anzeigen im Kursraum auf und lesen Sie sie. Welche Anzeigen sind besonders gelungen? Warum? Geben Sie sich gegenseitig Feedback.

Auf einen Blick

einen Trend beschreiben

Seit … zeichnet sich ein neuer Trend ab. / Schon seit vielen Jahren hält dieser Trend an.
Dieser Trend kommt aus … und ist im Jahr … entstanden. / Dabei geht es um … / darum, dass …
Der Trend geht weg von … und hin zu … / Der Trend geht eindeutig in Richtung …
Sich selbst zu optimieren/perfektionieren liegt gerade / seit … sehr im Trend.
Die Anhängerinnen und Anhänger dieses Trends / dieser Bewegung meinen/finden, dass …
Der Trend bewirkt, dass … / führt dazu, dass … / Als Ergebnis dieses Trends …
Gegnerinnen und Gegner des Trends kritisieren/befürchten, dass …
Kritikerinnen und Kritiker warnen vor … / weisen darauf hin, dass …

einen Trend bewerten

Ich finde diesen Trend sehr interessant / ziemlich extrem / total gefährlich.
Ich kann mir selbst auch / gar nicht vorstellen, … zu …
Ich kann mit diesem Trend / damit wenig anfangen.
Ich finde es komisch / nicht nachvollziehbar / unverständlich, dass/wenn …
Ich glaube nicht/schon, dass sich dieser Trend durchsetzen wird, weil …

telefonische Auskünfte verstehen

Dafür ist … zuständig. / Bleiben Sie bitte dran / am Apparat / in der Leitung.
Ich verbinde Sie mit Frau/Herrn … / Ich stelle Sie zu Frau/Herrn … durch.
… ist im Moment leider nicht am Platz / außer Haus. / Die Leitung ist gerade besetzt.
Möchten Sie eine Nachricht hinterlassen? / Kann ich ihr/ihm etwas ausrichten?
Soll ich Ihnen die Durchwahl von … geben? / Möchten Sie sie/ihn zurückrufen?

ein formelles Telefonat führen

das Gespräch einleiten

Der Grund meines Anrufs ist … / Ich rufe Sie an, weil … / Es geht um Folgendes: …
Ich hätte gern Informationen zu / Auskünfte über … / Ich wollte mich danach erkundigen, ob …

Fragen stellen

Ich würde gern wissen / ich wüsste gerne / Mich würde interessieren, ob/wie/warum …
Wie ist das denn, wenn …? / Ich wollte noch fragen, ob … / Könnten Sie mir (noch) sagen, ob …

sich vergewissern / nachfragen

Entschuldigung, das habe ich nicht ganz verstanden. Könnten Sie das bitte wiederholen?
Ich bin mir nicht ganz sicher, ob ich Sie richtig verstanden habe. Sie meinen also, …

die Ergebnisse zusammenfassen

Ich fasse das zur Sicherheit noch einmal zusammen: … / Ich wiederhole noch einmal: …
Also, ich habe mir jetzt notiert: … / Wir können also festhalten, dass …
Also, dann machen wir das so: … / Gut, verbleiben wir also so: …

für sich werben und Interesse wecken

Wenn Sie/du schon immer mal …, dann bin ich die/der Richtige!
Sie suchen / Ihr sucht … ? / Ihr wolltet schon immer mal … – Dann schreiben Sie / schreibt mir!
Mit mir haben Sie / habt ihr die perfekte / den perfekten … gefunden.
Keine Lust auf … ? / Immer Ärger mit … ? – Kein Problem / Keine Sorge, denn ich …
Als erfahrene Architektin / motivierter Student / leidenschaftlicher Blogger / … weiß ich, wie
wichtig es ist, … / habe ich die Lösung für … / weiß ich genau, wie man …
Also, lasst uns … / Genug gezögert – es ist Zeit für … / dafür, dass …

Wie wir die Welt sehen

1 Der Gapminder-Test

a Was glauben Sie: Welche Antwort ist richtig?
Lesen Sie die Quizfrage und äußern Sie Vermutungen im Kurs. Vergleichen Sie danach mit
der Lösung unten. Wie viele Personen wussten
die richtige Antwort?

b Arbeiten Sie zu viert mit der App. Jede Person hat andere Quizfragen.
Lesen Sie nacheinander Ihre Fragen vor, die anderen notieren ihre Antworten.
Vergleichen Sie dann mit den Antworten in der App.

c Wie viele Fragen haben Sie richtig beantwortet? Was hat Sie überrascht? Vergleichen Sie Ihre Ergebnisse im Kurs und berichten Sie. Die Redemittel auf Seite 133 helfen.

d Was ist der Gapminder-Test? Von wem und wozu wurde er entwickelt? Lesen und berichten Sie.

> In den letzten 20 Jahren hat sich der Anteil der in extremer Armut lebenden Weltbevölkerung ...
>
> a ☐ nahezu verdoppelt.
>
> b ☐ nicht oder nur unwesentlich verändert.
>
> c ☐ nahezu halbiert.

● ● ● ○

Fakten, um die Welt wirklich zu verstehen

In dem 2018 veröffentlichten Buch „Factfulness: Wie wir lernen, die Welt so zu sehen,
wie sie wirklich ist" zeigt der Autor Hans Rosling, dass es besser um die Welt steht, als viele
glauben. Bis zu seinem Tod 2017 hat der schwedische Medizin- und Statistikprofessor
daran gearbeitet, den Menschen zu einem positiveren und realistischeren Weltbild zu
5 verhelfen. Dafür entwickelte er mit seinem Team den Gapminder-Test. Mit dem Wissenstest,
der aus 13 Fragen zum gesundheitlichen und gesellschaftlichen Fortschritt
in der Welt besteht, wollte er beweisen, dass unsere Wahrnehmung von der Welt zu
pessimistisch ist.

Hans Rosling

---

e Richtig (r), falsch (f) oder steht nicht im Text (x)? Lesen Sie weiter und kreuzen Sie an.

Im Jahr 2017 ließ Roslings Team im Rahmen einer Studie 12.000 Menschen aus 14 reichen Ländern, darunter
10 Schweden, die USA und Südkorea, die Fragen des Gapminder-Tests beantworten. Keine einzige Person kannte
die Antworten auf alle 13 Fragen. Nur ein einziger Studienteilnehmer aus Schweden hatte immerhin zwölf
korrekte Antworten. Im Durchschnitt wurden nur zwei Fragen richtig beantwortet. Und jede sechste Person
beantwortete sogar alle Fragen falsch.

In seinen Vorträgen nannte Rosling den Test „Schimpansen-Test" und verglich das Wissen der Menschen mit
15 dem Wissen von Affen. „Wenn ich die drei Antwortmöglichkeiten auf drei Bananen schreiben würde und die
Bananen dann Affen im Zoo zur Auswahl anbieten würde, dann würden sie nach dem Zufallsprinzip zugreifen",
so Rosling. Die Wahrscheinlichkeit, dass die Affen die richtige Antwort wählen, würde also bei 33 Prozent liegen.
Die Erfolgsquote der Menschen war mit durchschnittlich 15 Prozent nicht einmal halb so groß. Rosling führte
den Test auch mit Menschen durch, die wegen ihrer Berufe eigentlich genaue Kenntnisse über die Welt besitzen
20 müssten, wie Politiker*innen und Wissenschaftler*innen, darunter Nobelpreisträger*innen. Doch auch gegen
diese Expert*innen hätten die Schimpansen gewonnen.

Dank dieser Ergebnisse bestätigte sich Roslings Vermutung, dass viele Menschen die globalen Entwicklungen oft
zu negativ einschätzen. Unser verzerrtes Weltbild ist nach Rosling zum einen eine Folge der vielen negativen
Berichte in den Medien. Da Nachrichten über Armut, Kriege oder Umweltkatastrophen mehr Aufmerksamkeit
25 geschenkt wird als positiven Meldungen, findet man in den Medien auch mehr negative als positive Nachrichten.
Über Fortschritte und Verbesserungen wird dagegen viel seltener berichtet. Zum anderen – so Rosling – scheinen
die Menschen in den Ländern des globalen Nordens aus Arroganz oder Bequemlichkeit die positiven Entwicklungen
in ärmeren Ländern zu ignorieren oder zumindest zu unterschätzen. In vielen Köpfen herrscht noch immer ein
Bild von unterentwickelten, verarmten Ländern in bestimmten Regionen der Welt.

30 Manche Kritiker warfen Rosling vor, dass er das Leid und die Not vieler Menschen verharmlosen würde. Doch
der Wissenschaftler sah seine Aufgabe darin, die Menschen zu warnen: Aufgrund einer zu negativen Wahrnehmung
der Welt könnte man nämlich meinen, dass es sich nicht lohnen würde, für Verbesserungen zu kämpfen. Wer
überall nur noch Probleme sieht, weiß vor Stress und Überforderung gar nicht mehr, was er machen könnte.
Seinen Kritikern entgegnete Rosling stets: „Ich sage keineswegs, alles ist gut. Ich sage bloß: Vieles wird besser.
35 Aber ihr seht es nicht."

---

*Antwort c

■ Überraschung ausdrücken; einen Artikel über eine wissenschaftliche Studie verstehen; etwas begründen; den Inhalt einer Studie wiedergeben; über das eigene Weltbild spechen
■ kausale Präpositionen *wegen, aufgrund, dank, aus, vor*

10

	r	f	x
1 Die Gapminder-Studie wurde weltweit durchgeführt.	○	○	○
2 Die Studienteilnehmer aus Schweden hatten im Durchschnitt mehr richtige Antworten.	○	○	○
3 Laut Rosling würden Affen in dem Test ähnliche Ergebnisse erzielen wie Menschen.	○	○	○
4 Die Expertinnen und Experten hatten mehr richtige Antworten als andere Menschen.	○	○	○
5 Negative Nachrichten werden mit mehr Interesse verfolgt.	○	○	○
6 Trotz aller Fortschritte leben viele Menschen weiterhin in Armut.	○	○	○
7 Laut Rosling kann ein negatives Weltbild zu Überforderung führen.	○	○	○

f Worum geht es in der Gapminder-Studie? Lesen Sie noch einmal den Artikel in d und e und notieren Sie die wichtigsten Informationen. Beschreiben Sie dann die Studie mithilfe der Redemittel auf Seite 133 in einem kurzen Text.

2 Dank der Fakten verstehen wir die Welt besser.

a Wo stehen diese Informationen im Artikel in 1e? Welche kausalen Präpositionen werden dort benutzt? Lesen Sie den Grammatikkasten und die Sätze 1 bis 5. Lesen Sie dann noch einmal den Artikel in 1e, markieren Sie die entsprechenden Sätze mit kausalen Präpositionen und ergänzen Sie die Zeilen.

Kausale Präpositionen *wegen, aufgrund, dank, aus, vor*

neutraler Grund:	wegen + *Genitiv* / aufgrund + *Genitiv*
Grund mit einer positiven Folge:	dank + *Genitiv*
„emotionaler Grund" für eine kontrollierte Handlung:	aus + *Dativ*
Nomen oft im Singular, immer ohne Artikel	(Sie schweigt aus Angst.)
„emotionaler Grund" für eine unkontrollierte Reaktion:	vor + *Dativ*
Nomen oft im Singular, fast immer ohne Artikel	(Er zittert vor Angst.)

▶ Grammatik A 3.4

---

1 Manche Leute wissen nicht, was sie tun könnten, weil sie überfordert sind. *Z. 32 – 33*

2 Weil man arrogant ist, will man Fortschritte manchmal nicht wahrhaben.

3 Politiker müssten bessere Ergebnisse haben, weil sie in ihrem Beruf viel wissen müssen.

4 Manche Menschen kämpfen nicht für Verbesserungen, weil sie zu pessimistisch sind.

5 Roslings Annahme bestätigte sich, weil auch Experten schlechtere Ergebnisse hatten als Affen.

b Neutraler Grund oder positive Folge? Schreiben Sie Sätze mit *aufgrund* oder *dank* wie im Beispiel.

1 sein großes Interesse → Rosling erforschte die Wahrnehmung der Welt.
2 die negative Berichterstattung → Wir bekommen einen falschen Eindruck.
3 Roslings Studie → Glücklicherweise kann man die Welt besser verstehen.
4 die vielen Möglichkeiten, sich zu engagieren → Man kann die Welt verändern.

1 Aufgrund seines großen Interesses erforschte …

c Kontrollierte Handlung oder unkontrollierte Reaktion? Bilden Sie zu zweit Sätze mit *aus* oder *vor*.

Langeweile: im Kino einschlafen – Angst: nicht mit dem Flugzeug fliegen – Interesse: den Zeitungsartikel lesen – Aufregung: nicht schlafen können – Hilfsbereitschaft: beim Umzug helfen – Ärger: am ganzen Körper zittern – Neugier: viele Fragen stellen – Scham: rot werden – Liebe: heiraten

---

Sie schläft vor Langeweile im Kino ein.   *Aus Angst fliegt er …*

d Und wie ist Ihr Weltbild? Ist Ihre Sicht auf die Welt eher optimistisch oder eher pessimistisch? Was glauben Sie, wie sich die Welt in den nächsten Jahren entwickeln wird? Sprechen Sie im Kurs.

10

■ einen Podcast über Empathie und Mitgefühl verstehen; Konsequenzen und Methoden beschreiben;
  beim Hören Notizen machen; ein psychologisches Experiment verstehen und beschreiben; über Empathie sprechen
■ konsekutive Nebensätze mit *sodass* und *so ..., dass*; modale Nebensätze mit *indem* und *dadurch dass*

Die Perspektive wechseln

1 Empathie und Mitgefühl

a Was bedeutet Empathie für Sie? Erklären Sie und geben Sie Beispiele.

> *Empathisch zu sein, bedeutet für mich, dass ich mitfühle, wenn jemand traurig ist.*

2.13 b In welcher Reihenfolge wird über die Themen gesprochen? Hören Sie den Podcast und ordnen Sie die Themen.

a ☐ psychologische Definition: Empathie

b ☐ Empathie bei Kindern

c ☐ Ursachen für Empathie

d ☐ 1 Alltagsbegriff Empathie

e ☐ psychologische Definition: Mitgefühl

f ☐ Prozesse im Gehirn

g ☐ Ähnlichkeit und Gruppenzugehörigkeit

2.13 c Was ist richtig? Hören Sie noch einmal und kreuzen Sie an. Korrigieren Sie dann die falschen Aussagen.

1 ☐ In der Alltagssprache bedeutet Empathie, sich in eine andere Person hineinzuversetzen und ihre Gedanken, Gefühle und Persönlichkeit wahrzunehmen.
2 ☐ In der Psychologie heißt Empathie, die Gefühle des Gegenübers nachzufühlen.
3 ☐ Mitgefühl bedeutet, dass man anderen helfen möchte, weil man dasselbe fühlt.
4 ☐ Bei Empathie wird das Belohnungssystem im Gehirn aktiviert, sodass man sich besser fühlt.
5 ☐ Die Spiegelneuronen spiegeln die Gefühle anderer Menschen, sodass man dasselbe empfindet.
6 ☐ Dieser Mechanismus funktioniert so gut, dass es sogar reicht, nur von einer Situation zu lesen.
7 ☐ Wie empathisch ein Mensch ist, wird in erster Linie durch die Gene bestimmt.
8 ☐ Kinder sind erst ab dem Alter von etwa drei Jahren in der Lage, Empathie zu empfinden.
9 ☐ Wie empathisch man gegenüber anderen Menschen ist, hängt davon ab, ob man sie für ihre eigene Situation verantwortlich macht.

d Welche Konsequenzen folgen daraus? Suchen Sie die Informationen in c und ergänzen Sie die Sätze.

Konsekutive Nebensätze mit *sodass* und *so ..., dass*	
Hauptsatz: Ursache	**Nebensatz: unbeabsichtigte Konsequenz**
Das Belohnungssystem im Gehirn wird aktiviert, sodass _____ .	
Die Neuronen spiegeln die Gefühle anderer Menschen, sodass _____ .	
Das funktioniert so gut, dass _____ .	

In Sätzen mit so + Adjektiv/Adverb, + dass wird das Adjektiv/Adverb als Ursache hervorgehoben.
Das so wird beim Sprechen betont.

▶ Grammatik B 2.2.7

e Schreiben Sie Sätze mit *sodass* wie im Beispiel.

1 Sie ist in Gruppen normalerweise ruhig. Deshalb wird sie als schüchtern wahrgenommen.
2 Er ist manchmal laut. Deshalb geht er seinen Kommilitonen manchmal auf die Nerven.
3 Er kümmert sich oft um andere. Deshalb vergisst er, auf seine eigenen Bedürfnisse zu achten.
4 Ich bin verliebt in meinen Partner. Deshalb wäre ich auch bereit, mit ihm umzuziehen.

> *1 Sie ist in Gruppen normalerweise ruhig, sodass sie als schüchtern wahrgenommen wird.*

f Sprechen Sie zu zweit. Lesen Sie abwechselnd Ihre Sätze aus d vor und reagieren Sie mit *so …, dass* wie im Beispiel. Betonen Sie das *so*.

> *Sie ist in Gruppen normalerweise ruhig, sodass sie als schüchtern wahrgenommen wird.*

> *Ja, sie ist in Gruppen normalerweise so ruhig, dass sie als schüchtern wahrgenommen wird.*

2 Wie lernt man Empathie? – Indem man …

a Was passt zusammen? Verbinden Sie. Ergänzen Sie dann die Sätze im Grammatikkasten.

1 Man kann einer traurigen Person helfen,
2 Indem sie die Mimik der Eltern nachahmen,
3 Dadurch dass man sieht, wie sich jemand wehtut,

a wird im Gehirn das Schmerzzentrum aktiviert.
b indem man sie in den Arm nimmt und tröstet.
c lernen Babys, Gefühle zu verstehen.

Modale Nebensätze mit *indem* und *dadurch dass*

Man kann einer traurigen Person helfen, _____ man sie in den Arm nimmt und tröstet.

_____ sie die Mimik der Eltern nachahmen, lernen Babys, Gefühle zu verstehen.

_____ man sieht, wie jemand sich wehtut, wird das Schmerzzentrum aktiviert.

Modale Nebensätze mit indem *und* dadurch dass *antworten auf die Frage* wie/wodurch *und beschreiben ein Mittel bzw. eine Methode, wie etwas erreicht wird.*
Dadurch dass *kann auch eine kausale Bedeutung haben:*
Dadurch dass / Weil *man die Gefühle des anderen nicht selbst fühlt, kann man sich besser abgrenzen.*

▶ Grammatik B 2.2.6

---

b Beantworten Sie die Fragen mit den Informationen in Klammern. Benutzen Sie *dadurch dass* oder *indem*.

1 Wodurch gelingt es uns, empathischer zu sein? *(uns selbst besser kennenlernen)*
2 Wodurch werden Glücksgefühle im Gehirn ausgelöst? *(Glückshormone ausschütten)*
3 Wie kann man sich von den Problemen anderer besser abgrenzen? *(sich regelmäßig entspannen)*
4 Wie bringt die Werbung Menschen dazu, ein Produkt zu kaufen? *(Bedürfnisse wecken)*

> *1 Dadurch dass / Indem wir uns selbst besser kennenlernen, gelingt es uns, … / Es gelingt uns, …, indem …*

3 Ein Empathie-Experiment

a **Strategietraining: beim Hören Notizen machen.**
Worauf sollte man achten, wenn man beim Hören Notizen macht? Welche Tipps kennen Sie? Tauschen Sie sich aus.

> *Indem man Abkürzungen benutzt, kann man Zeit und Platz sparen.*

b Welche Tipps werden genannt? Sehen Sie das Strategievideo und notieren Sie. Vergleichen Sie dann mit Ihren Ideen aus a.

c Was für ein Experiment beschreibt die Psychologin?
Hören Sie weiter und machen Sie Notizen zu den Stichwörtern.

Hypothese/Fragestellung:
Verlauf/Durchführung:
Ergebnis/Fazit:

d Welche Strategien haben Sie beim Notieren angewendet?
Wie haben Sie die Informationen notiert? Vergleichen Sie Ihre Notizen zu zweit.

e Beschreiben Sie das Experiment mithilfe Ihrer Notizen aus c in einigen Sätzen im Kurs. Benutzen Sie die Redemittel auf Seite 133.

f Das Experiment hat gezeigt, dass Empathie Grenzen hat und wir nicht mit allen Menschen gleichermaßen mitfühlen. Was denken Sie darüber? Berichten Sie über Ihre eigenen Erfahrungen.

> *Das Ergebnis des Experiments hat mich, ehrlich gesagt, überrascht. Ich hätte nicht gedacht, dass…*

10

■ einem Schaubild Informationen entnehmen und sie wiedergeben; politische Systeme beschreiben; politische Meinungen verstehen; Zustimmung und Skepsis ausdrücken; eine Diskussion führen
■ Satzumformungen mit Nominalgruppen; Phonetik: Wortakzent

Politik und Gesellschaft

1 Politikbegriffe

a Was bedeuten die Begriffe? Erklären Sie mit eigenen Worten.

> *Die Kanzlerin ist die Vorsitzende der deutschen Regierung.*

das Bundesland – der/das Kanton – die Bürgerinnen und Bürger – die Kanzlerin / der Kanzler –
die Ministerin / der Minister – der Staat – das Ressort – die Nationalität – das Gesetz – das Parlament –
die Regierung – der/die Abgeordnete – die Volksabstimmung – das Staatsoberhaupt

2.15 b Phonetik: Wortakzent. Hören Sie die Wörter aus a und sprechen Sie nach.

2.15 c Hören Sie noch einmal und markieren Sie den Wortakzent bei den Wörtern in a.

d Welche Regeln zum Wortakzent kennen Sie? Sammeln Sie im Kurs.

> *Bei Komposita liegt der Wortakzent immer auf dem Bestimmungswort.*

e Was wissen Sie über die politischen Systeme in Deutschland und in der Schweiz? Sprechen Sie im Kurs. Die Wörter in a und die Redemittel auf Seite 133 helfen.

2 Die politischen Systeme in der Schweiz und in Deutschland

2.16 a Wo sind Leon und Emanuela? Worüber sprechen sie? Hören Sie und sprechen Sie im Kurs.

2.17
2.18 b Welche Informationen fehlen? Wählen Sie ein Land (A: die Schweiz; B: Deutschland), hören Sie in der App und ergänzen Sie die passenden Wörter aus 1a in Ihrem Schaubild. Nicht alle Wörter passen.

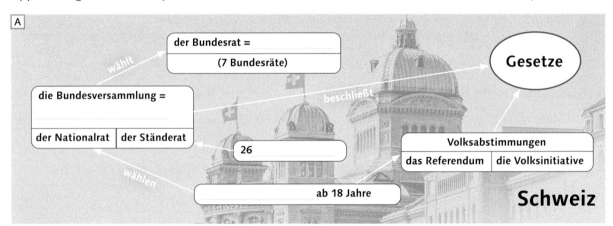

A

der Bundesrat =
_____
(7 Bundesräte)

Gesetze

wählt

die Bundesversammlung =
_____

der Nationalrat | der Ständerat

beschließt

26

Volksabstimmungen
das Referendum | die Volksinitiative

wählen

ab 18 Jahre

Schweiz

B

die Bundesregierung
_____
und Ministerinnen/Minister

schlägt vor

Gesetze

wählt

beschließen

der Bundestag =
_____

der Bundesrat = Vertretung der 16

wählen

ab 18 Jahre

Deutschland

2.17
2.18 c Hören Sie noch einmal und beantworten Sie die Fragen in Ihrem Heft. Die Schaubilder in b helfen.

1 Wer ist wahlberechtigt?
2 Wer sitzt in der Regierung?
3 Wer entscheidet über die Gesetze?
4 Welchen politischen Einfluss haben die Bürger?

d Wie ist das politische System in Ihrem Land? Welche Gemeinsamkeiten und Unterschiede gibt es im Vergleich zu Deutschland bzw. der Schweiz? Berichten Sie mithilfe der Redemittel auf Seite 133.

3 Politische Meinungen

⊕ **a** Sollte das Wahlalter gesenkt werden? Wie unterscheiden sich die Meinungen der jüngeren und älteren Generation zu der Frage? Sehen Sie das Video und sprechen Sie im Kurs.

⊕ **b** Welche Meinungen werden vertreten? Sehen Sie das Video noch einmal und kreuzen Sie an.

1 ◯ Auch Jugendliche ab 16 sind in der Lage, begründete Entscheidungen zu treffen.
2 ◯ Junge Menschen denken seltener über Politik nach.
3 ◯ Würde man das Wahlalter senken, würde die Politik sich nicht nur an den Älteren orientieren.
4 ◯ Jugendlichen fehlt die notwendige geistige Reife.
5 ◯ Erwachsen zu sein, heißt nicht automatisch, klügere politische Entscheidungen zu treffen.
6 ◯ Das Beispiel Greta Thunberg zeigt, dass junge Menschen wichtige Ansichten vertreten.
7 ◯ Junge Menschen müssen die Möglichkeit haben, über ihre eigene Zukunft mitzuentscheiden.
8 ◯ Es ist unlogisch, dass man in Deutschland ab 16 Jahren Alkohol kaufen aber nicht wählen darf.
9 ◯ Da die meisten Menschen sehr alt werden, haben sie lange die Möglichkeit, wählen zu gehen. Deshalb ist es nicht nötig, das Wahlalter zu senken.
10 ◯ Obwohl junge Menschen oft reif und verantwortungsbewusst handeln, sollte das Wahlalter nicht gesenkt werden.

c Welchen Meinungen in b würden Sie zustimmen? Bei welchen sind Sie skeptisch? Tauschen Sie sich aus.

Zustimmung und Skepsis äußern

Ich bin ebenfalls der Ansicht, dass … / Das ist ohne Zweifel / zweifellos / auf jeden Fall richtig.
Es ist fraglich, ob … / Ich bin mir nicht sicher, ob … / Ich bezweifle, dass …
… – Da bin ich skeptisch. / Das würde ich bezweifeln.

▶ Redemittel S. 133

---

d Welche Sätze in b bedeuten das Gleiche? Wie werden die unterstrichenen Informationen dort ausgedrückt? Lesen Sie die Sätze, markieren Sie in b und ordnen Sie zu. Wie unterscheiden sich die Sätze in b und d? Sprechen Sie im Kurs. Vergleichen Sie dann mit dem Grammatikkasten.

a ◻ <u>Dank der hohen Lebenserwartung</u> können die Menschen sehr lange wählen gehen.

b ◻ <u>Bei einer Senkung des Wahlalters</u> würde sich die Politik nicht nur an den Älteren orientieren.

c ◻ <u>Trotz des verantwortungsbewussten Handelns der jungen Generation</u> sollte das Wahlalter nicht gesenkt werden.

Nominalgruppen: Präposition + Nomen / nominalisiertes Verb

Obwohl junge Menschen verantwortungsbewusst handeln, sollte …	*Nebensatz*
Trotz des verantwortungsbewussten Handelns junger Menschen sollte …	*Nominalgruppe*

Informationen aus Nebensätzen können in Nominalgruppen zusammenfasst werden. Das Subjekt im Nebensatz steht in der Nominalgruppe im Genitiv. Nominalgruppen sind keine eigenständigen Sätze, sondern Teil des Satzes. So können mehr Informationen in einem Satz kombiniert werden. Nominalgruppen sind typisch für formelle Texte, z.B. Zeitungstexte, wissenschaftliche oder bürokratische Texte.

▶ Grammatik B 3.1 und B 3.2

---

e Welche Präposition passt hier? Arbeiten Sie mit dem Grammatikanhang (B 3.2) und schreiben Sie Sätze mit Nominalgruppen. Benutzen Sie die Nomen in Klammern.

1 Sie geht wählen, <u>obwohl</u> sie sich nicht für Politik interessiert. *(ihr Desinteresse an Politik)*
2 Er kennt sich gut in der Politik aus, <u>weil</u> er sich politisch engagiert. *(sein politisches Engagement)*
3 <u>Dadurch dass</u> man wählen geht, kann man in der Politik mitbestimmen. *(Wahlen)*

f Zu jung oder zu alt zum Wählen? Arbeiten Sie in Gruppen zu viert. Entscheiden Sie sich gemeinsam für eine These (A oder B) und diskutieren Sie. Die Redemittel oben in c bzw. auf Seite 133 helfen.

A̅ Das Wahlalter sollte auf 16 Jahre gesenkt werden.

B̅ Das Wahlalter sollte auf 70 Jahre begrenzt werden.

10 ■ über Redewendungen sprechen; einen Blog über Sprachlern- und Übersetzungsprogramme verstehen; eine Diskussion führen

Ich verstehe nur Bahnhof!

1 Sprachkurs oder Übersetzungs-App?

a Was für eine Situation zeigt das Bild? Was hat das mit Sprachenlernen zu tun? Tauschen Sie sich aus.

b Was bedeutet die Redewendung „Ich verstehe nur Bahnhof!"? Gibt es eine ähnliche Redewendung in Ihrer Sprache? Tauschen Sie sich aus.

c Worum geht es in Pias Blog? Was hat das Bild in a damit zu tun? Lesen Sie und sprechen Sie im Kurs.

www.pia-in-babylon.beispiel.de

| Tipps zum Sprachenlernen | **Blog** | nützliche Links | über mich |

12. Januar

Mit allen Menschen auf der Welt kommunizieren, ohne viel Zeit und Geld in Fremdsprachenkurse zu investieren oder langweilige Grammatikübungen zu machen? Klingt gut, oder? Apps und digitale Übersetzungsprogramme versprechen uns: In der einen Sprache rein und in einer anderen Sprache raus.

Ich war neugierig und habe die Kopfhörer „Sprachgenie" ausprobiert. So funktioniert es: Beide Gesprächsteilnehmer setzen sich je einen Kopfhörer ins Ohr. Außerdem braucht man noch ein Smartphone und die „Sprachgenie"-App, die man sich kostenlos runterladen kann. Die Kopfhörer sind über Bluetooth mit dem Smartphone verbunden. Dann wählt man in der App einfach die Sprachen aus, in denen man kommunizieren will. Im Moment gibt es schon über 20 Sprachen. Der Rest ist ganz einfach: Ich spreche in einer Sprache und mein Gegenüber hört in seinem Kopfhörer, was ich sage, in der von ihm gewählten Sprache. Wenn man will, kann man sich die Übersetzung auch auf dem Display des Smartphones anzeigen lassen, um sie mitzulesen.

Ich habe die „Sprachgenie"-Kopfhörer mit meinem Kollegen aus Portugal ausprobiert. Da er auch Deutsch spricht und ich ein bisschen Portugiesisch, konnten wir die Übersetzungen überprüfen. Die meisten Übersetzungen waren korrekt, allerdings haben wir uns eher über einfache Dinge aus dem Alltag unterhalten. Ich bin mir nicht sicher, wie es gewesen wäre, wenn wir uns über anspruchsvollere Themen unterhalten hätten. Einen Nachteil hat die App allerdings: Man braucht etwas Geduld, bis der Text des Gegenübers übersetzt ist und man antworten kann. Dadurch dass das Gespräch zeitversetzt war, fühlte sich die Situation ein bisschen künstlich an. Wenn die Entwickler dieses Problem lösen, kann ich mir aber vorstellen, dass die „Sprachgenie"-Kopfhörer sehr erfolgreich sein werden.

Und welche Erfahrungen habt ihr mit Sprach-Apps gemacht? Ich freue mich auf eure Kommentare!

d Lesen Sie noch einmal Pias Blogbeitrag und beantworten Sie die Fragen.

1 Was braucht man, um die „Sprachgenie"-App zu benutzen?
2 Wie funktioniert die App?
3 Für welche Gesprächsthemen ist die App Pias Meinung nach geeignet und für welche vielleicht nicht?
4 Wie sieht Pia die Zukunft dieser Übersetzungshilfe?

e Über welche Sprach-Apps berichten die Personen? Wer findet Sprach-Apps eher gut? Wer ist eher skeptisch? Lesen Sie die Kommentare und tauschen Sie sich aus.

Kommentare

Sebi98:
Ich habe die App „LanguageToGo" ausprobiert, die sehr ähnlich funktioniert wie die Kopfhörer, die du beschreibst. Dort kann man sogar aus über 50(!) Sprachen auswählen. Dadurch dass man direkt ins Smartphone sprechen kann, braucht man kein Mikrophon. Die Übersetzung erscheint dann auf dem Display oder wird laut vorgelesen. Das klingt mit Kopfhörern natürlich besser. Dadurch dass die App Online-Wörterbücher verwendet, ist eine Offline-Nutzung leider nicht möglich. Das ist leider noch bei vielen solcher Apps so. Ich war ja erst sehr skeptisch, bin aber inzwischen echt positiv überrascht, wie gut die Übersetzungen sind. Ich benutze die App vor allem, wenn ich beruflich unterwegs bin. Für einfache Gespräche mit einer anderen Person reicht's. Für Gruppendiskussionen würde ich „LanguageToGo" aber nicht empfehlen, dafür ist die App zu langsam. Außerdem funktioniert die Spracherkennung nicht gut, wenn es laute Nebengeräusche gibt. Also für ein Kneipengespräch leider ungeeignet.

Alex_JA:
Hallo! Ich benutze oft die App „Sprachscanner" für geschriebene Texte. Du hältst einfach die Kamera deines Smartphones auf den Text und siehst im Display sofort die Übersetzung. Die ist nicht immer perfekt (für Literatur-klassiker eher nicht zu empfehlen 😊), aber im Ausland ist es bei Speisekarten oder Schildern sehr praktisch. Bei Gesprächen würde ich keine Übersetzungs-Apps benutzen. Ich finde es unnatürlich, wenn ich eine andere Stimme höre, als die der Person, mit der ich spreche. Die „automatische" Stimme kann ja keine Gefühle wieder-geben. So bekommt man weniger gut mit, wie es der anderen Person geht, und es geht auch was von der Persön-lichkeit verloren. Außerdem lassen sich manche Wörter ja gar nicht eins zu eins übersetzen. Für ein Wort im Deutschen gibt es in einer anderen Sprache vielleicht drei oder noch mehr Wörter, die alle ein bisschen was anderes bedeuten. Ich bezweifle, dass Übersetzungs-Apps diese Feinheiten gut hinkriegen.

friEda:
Also, ich lerne total gern Sprachen. Es macht mich immer stolz, wenn ich merke, dass ich mich besser ausdrücken und andere besser verstehen kann. Gerade lerne ich intensiv Russisch, damit ich mich auf meiner nächsten Rei-se in Russland noch mehr mit den Menschen unterhalten kann und dadurch die Kultur besser verstehe. Die Menschen werden offener, wenn man sich die Mühe macht, ihre Sprache zu lernen. Übersetzungs-Apps sorgen eher für Distanz, glaube ich. Außerdem bin ich mir nicht sicher, was bei Apps mit Spracherkennung mit meinen Daten – also dem, was ich sage – passiert. Da die künstliche Intelligenz ja von dem lernt, was wir sagen, wird das bestimmt irgendwo gespeichert. Das will ich nicht, meine Privatsphäre im Netz ist mir sehr wichtig.
Was ich aber richtig gern nutze und euch sehr empfehlen kann, sind Untertitel-Apps. Es gibt zum Beispiel so viele grandiose russische Filme, die nicht auf Deutsch erscheinen. Wenn der Film in der Datenbank der App enthalten ist, dann kann die gesprochene Sprache synchron in Untertitel umgewandelt werden. Das geht zwar nicht fehlerfrei, aber immerhin!

---

f Wie hilfreich sind die digitalen Übersetzungshilfen? Was funktioniert gut bzw. nicht so gut? Lesen Sie den Blogbeitrag in d und die Kommentare in e noch einmal und machen Sie eine Liste.

positiv
- in vielen Sprachen möglich

negativ
- für anspruchsvolle Themen eher nicht geeignet

2 Die Zukunft des Sprachenlernens

a Welche Meinung vertreten Sie? Machen Sie sich Notizen zu den Fragen.

- Ist es noch nötig, Sprachen zu lernen, wenn man dank digitaler Programme in verschiedenen Sprachen kommunizieren kann?
- Welche Vor- bzw. Nachteile haben digitale Sprachprogramme Ihrer Meinung nach? Welche Erfahrungen haben Sie bisher damit gemacht? In welchen Situationen würden Sie sie benutzen?
- Haben Sprachkurse noch eine Zukunft? Welche Vorteile hat es Ihrer Meinung nach, einen Sprach-kurs zu machen, statt eine Sprache ausschließlich mit digitalen Programmen zu lernen?

b Diskutieren Sie die Fragen aus a in Gruppen. Eine Person moderiert. Die Redemittel zum Moderieren auf Seite 97 helfen.

10

■ einen formellen Brief verstehen und die Hauptinformationen zusammenfassen; „Amtsdeutsch" in einfache Sprache übertragen; eine E-Mail schreiben

Amtsdeutsch – eine ganz andere Sprache

1 Ein komplizierter Brief

a Haben Sie schon mal einen formellen Brief auf Deutsch bekommen? Von wem? Berichten Sie.

b Von wem ist dieser Brief? Was ist hier das Thema? Lesen Sie und sammeln Sie Ideen.

> *Ich habe mal einen Brief von der Ausländerbehörde bekommen. Da habe ich fast nichts verstanden, weil ...*

Felix Pham
Schwedter Str. 14
21037 Hamburg

Hamburg, 21.12.2020

Aufforderung zur Mitwirkung

Sehr geehrtes Krankenkassenmitglied,

aufgrund Ihrer Mitteilung über Ihre neue selbstständige Tätigkeit ist die Überprüfung und Anpassung Ihres bisherigen Krankenkassentarifs nötig. Trotz Ihres Schreibens vom 14.12. fehlen uns dafür noch Informationen. *(1)* Eine Tarifanpassung kann erst nach der Meldung Ihrer voraussichtlichen Einkünfte vorgenommen werden. Daher bitten wir Sie um zeitnahe Rücksendung des beigelegten Formulars. *(2)* Die voraussichtlichen Einkünfte können auch durch eine Schätzung angegeben werden.

Wir möchten Sie in diesem Zusammenhang auf die gesetzliche Mitwirkungspflicht (nach §153a KvG) hinweisen, *(3)* wonach Änderungen Ihrer Einkünfte binnen 14 Tagen nach Tätigkeitsbeginn vollständig und wahrheitsgemäß angegeben werden müssen. Sollten Sie Ihrer Mitwirkungspflicht nicht nachkommen, *(4)* wird die Schätzung Ihrer Einkünfte von uns durchgeführt. *(5)* Etwaige Differenzen zu Ihren realen Einkünften können nur im Einzelfall rückwirkend berücksichtigt werden.

Mit freundlichen Grüßen

Heidemarie Saikowsy-Prahl
Mitgliederservice

L.E.B.E.N. *– Ihre gesetzliche Krankenkasse*

Dieses Schreiben ist maschinell erstellt und daher ohne Unterschrift gültig.

c Was bedeuten die Nomen? Lesen Sie den Brief in b noch einmal und ordnen Sie zu.

1	die Mitwirkung	a	eine Vermutung darüber, wie viel etwas ist
2	die Mitteilung / die Meldung	b	der Beruf, den man ausübt
3	die Tätigkeit	c	das Geld, das man mit selbstständiger Arbeit verdient
4	der Krankenkassentarif	d	der Unterschied
5	die Tarifanpassung	e	die Information
6	die Einkünfte	f	die Mitarbeit / die Kooperation
7	die Schätzung	g	die Änderung der Höhe des Krankenkassenbeitrages
8	die Differenz	h	das Geld, das man monatlich an die Krankenkasse zahlt

d Was bedeuten die Adjektive? Lesen Sie den Brief in b noch einmal und ordnen Sie zu.

~~etwaig~~ – real – rückwirkend – vollständig – voraussichtlich – wahrheitsgemäß – zeitnah

---

1	eventuell: *etwaig*	5	höchstwahrscheinlich:
2	wahr/richtig:	6	den Tatsachen entsprechend:
3	komplett:	7	mit Auswirkung auf die Vergangenheit:
4	sehr schnell/bald:		

e Wo stehen diese Informationen? Lesen Sie den Brief noch einmal und unterstreichen Sie in b.

Felix Pham ...
1 hat der Krankenkasse mitgeteilt, dass er eine neue selbstständige Tätigkeit ausübt.
2 hat der Krankenkasse am 14.12. schon einmal geschrieben.
3 muss seine voraussichtlichen Einkünfte melden.
4 soll das beigelegte Formular möglichst schnell zurücksenden.
5 kann seine Einkünfte auch schätzen.

f Schreiben Sie die Norminalgruppen, die Sie im Brief unterstrichen haben, als Nebensätze wie im Beispiel. Benutzen Sie die Konnektoren aus dem Schüttelkasten. Die Sätze in e helfen.

dass ~~(2x)~~ – indem – nachdem – obwohl – ~~weil~~

> ... <u>aufgrund Ihrer Mitteilung über Ihre neue selbstständige Tätigkeit</u> ist die Überprüfung und Anpassung Ihres bisherigen Krankenkassentarifs nötig.

1 <u>Weil</u> Sie uns mitgeteilt haben, <u>dass</u> Sie eine neue selbstständige Tätigkeit ausüben, ...

g Schreiben Sie die Sätze *(1)* bis *(5)* aus dem Brief in b vom Passiv ins Aktiv um.

1 Eine Tarifanpassung können wir erst vornehmen, nachdem Sie uns Ihre voraussichtlichen Einkünfte gemeldet haben.

2 Strategietraining: formelle Texte verstehen

a Welche Strategien haben Sie in den Übungen in 1 benutzt? Lesen Sie die Tipps und sprechen Sie im Kurs.

www.amtsdeutsch-verstehen.beispiel.net

Amtsdeutsch verstehen? – Mit diesen Tipps gelingt's

Die Wörter in formellen Briefen sind oft sehr komplex.
- Versuchen Sie, sich unbekannte Wörter aus dem Kontext zu erschließen und ersetzen Sie sie durch einfachere Synonyme.
- Sind vielleicht Teile des Wortes verständlich (z.B. bei Komposita oder durch die Wortfamilie)? Suchen Sie im Wörterbuch nach Einzelteilen des Wortes oder einer anderen Wortart, wenn Sie ein bestimmtes Wort nicht finden.

In formellen Briefen werden sehr lange und oft komplizierte Sätze benutzt.
- Teilen Sie lange Sätze in kürzere Einzelsätze auf.
- Vereinfachen Sie die Sätze, indem Sie z.B. Nominalgruppen in Nebensätze mit Verben oder Partizipien in Relativsätze umwandeln.
- Formulieren Sie Sätze mit Passiv oder Passiversatzformen im Aktiv.

b Welche Tipps aus a finden Sie besonders hilfreich? Welche anderen Strategien kennen Sie, um formelle Texte in verständliche Sprache zu „übersetzen"? Sammeln Sie Ideen im Kurs.

> *Ich schaue immer zuerst, ob irgendwo ein Datum im Brief steht. Dann geht es nämlich meist um eine Frist oder einen Termin, den man einhalten muss.*

c Stellen Sie sich vor, Ihr Bekannter Felix Pham, hat den Brief in 1b erhalten. Sein Deutsch ist nicht so gut und er bittet Sie um Hilfe. Schreiben Sie Felix eine E-Mail und fassen Sie darin die wichtigsten Informationen zusammen. Brauchen Sie Hilfe oder sind Sie schon fertig? Dann arbeiten Sie mit der App.

- die geografische Lage eines Landes beschreiben; einen Podcast über Weltkarten verstehen; Überraschung ausdrücken; über die Darstellung der Welt in Karten sprechen

Die Darstellung der Welt

1 **Wie heißt das Land? Arbeiten Sie in Gruppen. Öffnen Sie eine Weltkarte im Internet und wählen Sie ein Land. Beschreiben Sie die geografische Lage des Landes (ohne den Namen zu nennen) mithilfe der Redemittel. Die anderen raten, welches Land gemeint ist.**

> **über Geografie sprechen**
> Das Land liegt im Süden/Südosten/... von Asien/... / Es liegt südöstlich/westlich/... von China/...
> ... hat eine Fläche von ... Quadratkilometern. / ... erstreckt sich über etwa ... Kilometer vom Mittelmeer/Atlantik/Pazifik im Westen bis zum Persischen Golf / Roten Meer / ... im Osten.
> ... ist von Meer/Bergen/Wüsten umgeben. / ... ist eine Insel / ein Inselstaat.
> Das Land hat ... Nachbarstaaten. Es grenzt an China/... im Osten und an ... im Norden.
> Die Anden / Der Mississippi / Die Sahara / ... durchziehen/durchzieht das Land im Süden/Osten/...
> ... ist das (zweit/dritt)größte Land Afrikas/Südamerikas/...
> ... ist halb/doppelt/zehnmal so groß wie ...
>
> ▶ Redemittel S. 133

2 **Weltkarten**

a Schauen Sie sich die drei Karten an. Welche Unterschiede gibt es? Sprechen Sie im Kurs.

2.19 🔊 **b** Wie heißen die Karten in a? Hören Sie den Podcast und ordnen Sie in a zu.

    1 Mercator-Projektion   **2** Peters-Projektion   **3** Winkel-Tripel-Projektion

2.20 🔊 **c** Welche Karte passt: Die Mercator-Projektion (M), die Peters-Projektion (P) oder die Winkel-Tripel-Projektion (W)? Hören Sie weiter und ordnen Sie zu.

    1 ☐ wurde im Mittelalter und für die Seefahrt erfunden.

    2 ☐ stellt die Formen der Kontinente und die Entfernungen zwischen den Ländern richtig dar.

    3 ☐ wurde in den siebziger Jahren des 20. Jahrhunderts von einem Deutschen entwickelt.

    4 ☐ bildet die Größenverhältnisse der Länder und Kontinente realistisch ab.

    5 ☐ kann Entfernungen, Winkel und Flächen relativ realistisch zeigen.

    6 ☐ spiegelt die Ideen aus der Kolonialzeit wider.

    7 ☐ sollte das kolonialistische Weltbild korrigieren.

    8 ☐ wird erst seit Ende des 20. Jahrhunderts oft benutzt, nachdem eine Zeitschrift anfing, sie zu verwenden.

    9 ☐ ist die am weitesten verbreitete Karte im Internet.

    10 ☐ wird in den meisten Schulbüchern in Deutschland verwendet.

🌐 **d** Arbeiten Sie in Gruppen. Öffnen Sie den Link in der App und vergleichen Sie die Größe Ihrer Heimatländer mit anderen Ländern. Was überrascht Sie? Wie wird Ihr Land in anderen Karten dargestellt? Tauschen Sie sich aus.

    e Welche Karte stellt Ihrer Meinung nach die Welt am besten dar? Warum? Sprechen Sie im Kurs.

Auf einen Blick

Überraschung ausdrücken

Ich hätte nicht gedacht/erwartet, dass … / Am erstaunlichsten/überraschendsten finde ich, dass …
… war/ist für mich (völlig) neu. / Das war/ist mir nicht bekannt. / … hat mich total überrascht.
Die Tatsache, dass … überrascht/erstaunt/verwundert mich sehr.

eine Studie / ein Experiment / ein Projekt beschreiben

Forschungsfrage/ Hypothese	Die Forscherin / Der Forscher wollte wissen/herausfinden, wie/ob … … nahm an / ging davon aus, dass … … interessierte sich dafür, wie/was … Deshalb …
Verlauf/ Durchführung	… führte eine Umfrage / ein Projekt / eine Studie / ein Experiment durch. Dabei wurden … Personen befragt. / Dabei wurde untersucht, ob … Die Testpersonen/Befragten/Teilnehmer mussten dafür/dabei …
Ergebnis/Fazit	Die Studie / Das Experiment / Das Projekt hat gezeigt, dass … So konnte man herausfinden/beweisen/feststellen, dass … Es ließ sich beobachten, dass … / Es stellte sich heraus, dass … Die Forscherinnen und Forscher erklären die Ergebnisse mit … / damit, dass … Die Ergebnisse deuten darauf hin, dass … / lassen vermuten, dass …

politische Systeme beschreiben

Das Volk wählt / Die Bürger wählen alle vier/fünf/… Jahre das Parlament / das Staatsoberhaupt.
Alle Menschen / Bürgerinnen und Bürger ab 16/18/… Jahren sind wahlberechtigt und können sich
zur Wahl stellen / können über Gesetze abstimmen / eine Volksabstimmung durchführen.
Die Präsidentin/Königin / Der Präsident/König / … ist das Staatsoberhaupt / hat repräsentative
Aufgaben / ernennt die Regierung / …
Das Parlament vertritt / Die Abgeordneten vertreten die Bürgerinnen und Bürger.
Die Regierung / Das Parlament besteht aus … Ministerinnen und Ministern / Abgeordneten.
… kann Gesetze vorschlagen/abstimmen/beschließen/verabschieden.

Zustimmung und Skepsis äußern

Zustimmung
Ich meine/glaube schon, dass … / Ich bin ebenfalls der Ansicht, dass … / Ich bin ganz sicher, dass …
Dieses Argument ist ohne Zweifel / zweifellos / auf jeden Fall richtig.

Skepsis
Es ist fraglich, ob … / unwahrscheinlich, dass … / Ich bin mir nicht sicher, ob … / Ich bezweifle, dass …
Jugendliche handeln verantwortungsbewusst? – Da bin ich skeptisch. / Das würde ich bezweifeln.

über Geografie sprechen
Das Land liegt im Süden/Südosten/… von Asien/… / Es liegt südöstlich/westlich/… von China/…
… hat eine Fläche von … Quadratkilometern. / … erstreckt sich über etwa … Kilometer vom
Mittelmeer/Atlantik/Pazifik im Westen bis zum Persischen Golf / Roten Meer / … im Osten.
… ist von Meer/Bergen/Wüsten umgeben. / … ist eine Insel / ein Inselstaat.
Das Land hat … Nachbarstaaten. Es grenzt an China/… im Osten und an … im Norden.
Die Anden / Der Mississippi / Die Sahara / … durchziehen/durchzieht das Land im Süden/Osten/…
… ist das (zweit/dritt)größte Land Afrikas/Südamerikas/… / … ist halb/doppelt/zehnmal so groß wie …

Alltagsgeschichten

1 Es war einmal ...

a Wie können Geschichten erzählt werden? Sehen Sie sich die Bilder an und sammeln Sie Ideen.

b Welche Formen des Geschichtenerzählens werden genannt? Sehen Sie das Video und machen Sie Notizen. Vergleichen Sie dann mit Ihren Ideen aus a.

c Warum erzählen sich Menschen Geschichten? Sehen Sie das Video noch einmal und sprechen Sie im Kurs.

2 Texte für die Ohren

a Was glauben Sie: Was sind Lesebühnen? Was passiert dort? Sprechen Sie im Kurs.

b Was ist richtig? Lesen Sie den Blog und kreuzen Sie an.

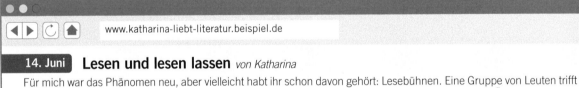

www.katharina-liebt-literatur.beispiel.de

14. Juni **Lesen und lesen lassen** *von Katharina*

Für mich war das Phänomen neu, aber vielleicht habt ihr schon davon gehört: Lesebühnen. Eine Gruppe von Leuten trifft sich regelmäßig in einer Kneipe oder einem Club, um vor Publikum ihre eigenen Texte vorzulesen. Ähnlich wie beim Poetry-Slam gibt es für die Texte keine Vorgaben. Alles ist also möglich: von Lyrik über Kurzgeschichten bis hin zu Spoken-Word-Performances. Entscheidend ist, ob die Texte das Publikum fesseln können. Die Texte handeln meist von Alltagsthemen und sind oft kurz und witzig. Der große Unterschied zum Poetry-Slam ist, dass es nicht darum geht zu gewinnen. Wichtiger ist eine angenehme, intime Atmosphäre. Die wenigsten, die vorlesen, sind Profis, aber einige schaffen durchaus den Sprung auf den Literaturmarkt. Manche Lesebühnen veranstalten gelegentlich Open Mics: An diesen Abenden dürfen auch Gäste zum Mikro greifen.

Letzte Woche war ich zum ersten Mal bei einer Lesebühne und ich war wirklich positiv überrascht! Die Veranstaltung war gut besucht, die Stimmung super. Der Saal tobte und das Publikum belohnte jeden Beitrag mit Johlen, lauten Pfiffen oder kräftigem Applaus. Was die Qualität der Texte betrifft – nun ja, man bezeichnet die Lesebühnenliteratur auch gern als literarischen Punk, die Texte waren also bunt, anarchisch und manchmal ein wenig amateurhaft. Mir gefiel jedoch, wie persönlich die Autorinnen und Autoren aus ihrem Leben erzählten. Was mir ein bisschen fehlte, waren die leiseren Töne. Die meisten Texte waren zu sehr darauf aus, das Publikum zum Lachen zu bringen. Ein paar ruhigere, nachdenklichere Stücke zwischendurch hätten der Veranstaltung gutgetan.

1 ◯ Bei Lesebühnen gibt es keine Regeln für die Art der Texte.

2 ◯ Lesebühnen sind literarische Wettbewerbe.

3 ◯ Die meisten Vorlesenden arbeiten in der Literaturbranche.

4 ◯ Leute aus dem Publikum können immer spontan mitmachen.

5 ◯ Die Reaktionen des Publikums sorgten für eine gute Atmosphäre.

6 ◯ Die meisten Texte wirkten authentisch.

7 ◯ Katharina hätte sich ernstere Texte gewünscht.

- über Geschichten und Erzählformen sprechen; über kulturelle Veranstaltungen sprechen; lebendig über die Vergangenheit sprechen; eine Geschichte schreiben und vortragen
- szenisches Präsens / historisches Präsens

11

c   Und Sie? Bei welcher kulturellen Veranstaltung waren Sie zuletzt? Wie war die Atmosphäre? Sprechen Sie zu zweit. Die Redemittel helfen.

> **über eine Veranstaltung sprechen**
> Ich war neulich / letzte Woche / … bei einer Lesebühne / einem Konzert / …
> Die Veranstaltung war ausverkauft / gut besucht. / Die Stimmung war super/angenehm/…
> Es gab viel Applaus / viele Buh-Rufe. / Das Publikum war begeistert/enttäuscht/…
> Die Zuschauerinnen und Zuschauer johlten/klatschten/tobten/…
>
> ▶ Redemittel S. 145

3 Lebendig erzählen

a   Wer? Was? Wo? Wann? Hören Sie die Geschichte und machen Sie Notizen zur Handlung.

b   Welche Zeitformen benutzt der Erzähler? Warum wechselt er die Zeitform? Welche Wirkung wird dadurch erzielt? Hören Sie einen Ausschnitt und tauschen Sie sich aus.

> *Der Erzähler benutzt zuerst …*

> *Aber danach wechselt er ins … Dadurch hat man das Gefühl, dass …*

c   Lesen Sie die Regeln im Grammatikkasten und vergleichen Sie mit Ihren Ideen in b.

> **Über die Vergangenheit sprechen: szenisches Präsens / historisches Präsens**
>
> *Man kann das Präsens benutzen, um Handlungen in der Vergangenheit lebendiger und spannender zu beschreiben. So können die Lesenden und Zuhörenden direkter an der Geschichte teilhaben. Man spricht dann vom szenischen Präsens.*
>
> *Das Präsens kann auch benutzt werden, um historische Ereignisse zu schildern. In diesem Fall spricht man vom historischen Präsens:* Am 15.1.1929 wird Martin Luther King geboren.
>
> ▶ Grammatik A 1.1.6

d   Was glauben Sie: Wie könnte die Geschichte weitergehen? Arbeiten Sie in Gruppen. Erzählen Sie die Geschichte aus der Perspektive des Erzählers weiter. Benutzen Sie das szenische Präsens. Die Wörter helfen.

---

plötzlich – ganz unerwartet – völlig überraschend – kopfschüttelnd – freundlich – ganz vorsichtig – leise – vor Ärger/Wut/Angst – laut auflachend – vollkommen verwundert – leicht verärgert

---

> *Und da steigt die Wut in mir hoch. Ich gehe auf sie zu und …*

e   Wie endet die Geschichte wirklich? Hören Sie das Ende und vergleichen Sie mit Ihren Ideen aus d. Was hätten Sie anstelle des Erzählers gemacht? Tauschen Sie sich aus.

4 Geschichten im Kurs

a   Wählen Sie ein Thema und schreiben Sie eine kurze Geschichte – fiktiv oder aus Ihrem Alltag. Benutzen Sie das szenische Präsens.

A eine interessante Begegnung	B ein lustiges Missverständnis	C ein besonderes Reiseerlebnis	D eine typische Familienfeier

> *Und dann stehe ich da an einem Vormittag vor meiner Wohnungstür.*
> *Die Sonne scheint und ich denke, das wird ein schöner Tag. Dann aber …*

b   Veranstalten Sie eine Lesebühne im Kurs. Lesen Sie Ihre Geschichten im Kurs vor. Welche Geschichte hat Ihnen besonders gut gefallen? Warum? Sprechen Sie im Kurs.

11

- über verschiedene Kunstformen sprechen; Eindrücke und Wirkungen beschreiben; Gesagtes wiedergeben und jemanden (indirekt) zitieren
- indirekte Rede mit Konjunktiv I und Konjunktiv II (3. Person Singular und Plural); Phonetik: flüssig sprechen

Mit Farben und Formen erzählen

1 Eine Vernissage

a Um was für eine Veranstaltung geht es hier? Überfliegen Sie den Flyer und tauschen Sie sich aus.

Raum-Zeit Die Kunsthalle Bernheim lädt ein zur Vernissage

☐ Manuel da Costa präsentiert seine gigantischen _____ aus Stein und Stahl.

☐ Marie Stötzer verwandelt den Raum mit ihrer verspielten _____ aus Alltagsobjekten in einen Ort der Erinnerung.

☐ Nesrin Al-Husseins unscharfe Schwarz-Weiß- _____ zwingen uns, genauer hinzusehen.

☐ Die großformatigen _____ von Felix Karstens bringen die Farben zum Tanzen.

☐ Li Wen zeigt ihre neue _____ , in die Elemente des Tanzes und der Malerei einfließen.

b Was wird in der Ausstellung gezeigt? Lesen Sie den Flyer in a und ergänzen Sie.

Fotografien – Performance – Skulpturen – Installation – Gemälde

c Was würden Sie sich gern in der Ausstellung anschauen und warum? Sprechen Sie im Kurs.

2 Irgendwie erinnern mich die Skulpturen an …

3.05 a Was sehen sich Sarah und Kareem in der Ausstellung an? Hören Sie und nummerieren Sie in 1a.

3.05 b Sarah oder Kareem? Hören Sie noch einmal und streichen Sie den falschen Namen durch.

1 *Sarah/Kareem* hat gefallen, wie die Künstlerin beim Tanzen mit der Farbe umgegangen ist.
2 Die Bilder erzeugen in *Sarah/Kareem* das Gefühl, die Räume zu kennen.
3 *Sarah/Kareem* scheint es, als würden die Skulpturen gleich beginnen zu laufen.
4 Auf *Sarah/Kareem* wirkt das Gemälde bedrohlich.
5 *Sarah/Kareem* findet, dass der Raum gut zum Titel der Ausstellung passt.

c Wie wirken diese Kunstwerke auf Sie? Sehen Sie sich die Bilder an und lesen Sie die Redemittel auf Seite 145. Schreiben Sie dann mithilfe der Redemittel pro Bild jeweils zwei Sätze.

Fotos von Nesrin Al-Hussein   Gemälde von Felix Karstens   Installation von Marie Stötzer

d Phonetik: flüssig sprechen. Lesen Sie Ihre Sätze aus c dreimal laut und möglichst flüssig.
e Sprechen Sie zu zweit über die Kunstwerke. Benutzen Sie Ihre Sätze aus c.

> Auf mich wirkt das Foto bedrückend. Es erinnert mich an …

> Mir geht es nicht so. Wenn ich mir das Foto ansehe, …

3 Man wünsche sich ein großes Interesse, so der Bürgermeister.

a Welche Überschrift passt? Lesen Sie die Zeitungsnachricht und notieren Sie.

Raum und Zeit in der Malerei – Physik trifft Architektur – Junge Kunst in neuen Räumen

Bernheimer Wochenblatt

Am Sonntag wurde anlässlich der Neueröffnung der städtischen Kunsthalle eine Ausstellung von Kunst-Stipendiatinnen und Stipendiaten eröffnet. Fünf Künstlerinnen und Künstler aus dem deutschsprachigen Raum zeigen ihre neuesten Arbeiten zum Thema Raum und Zeit. Der Titel der Ausstellung „Raum-Zeit" solle – so die Kuratorin Dr. Maryam Bukhari-Stegemann – nicht an physikalische Phänomene erinnern. In der Ausstellung gehe
5 es darum, wie Zeit und Raum im Alltag empfunden werden. Während Sarah Al-Husseins Fotografie sich mit dem Thema Erinnerung beschäftige, untersuche Manuel da Costa die räumliche Wirkung von Objekten.
Die Veranstaltung verzeichnete einen Besucherrekord. Wie der Oberbürgermeister Hans Schnittke in seiner Eröff-nungsrede betonte, wünsche er sich auch für die Zukunft ein so großes Interesse. Er betonte am Ende der Rede, dass er weiterhin auf eine gute Partnerschaft mit der örtlichen Kunsthochschule hoffe.

b Was steht imText? Lesen Sie noch einmal und kreuzen Sie an.

1 ◯ Die Ausstellung verbindet Kunst und Naturwissenschaft.
2 ◯ Es geht in der Ausstellung um alltägliche Wahrnehmungen.
3 ◯ Die Fotografin beschäftigt sich mit der Wirkung von Bildern im Raum.
4 ◯ Das Interesse an der Eröffnungsrede war groß.
5 ◯ Eine weitere Zusammenarbeit mit der Hochschule ist erwünscht.

c Wie steht es im Text? Suchen Sie die Informationen in a und ergänzen Sie die Verben.

> **Indirekte Rede mit dem Konjunktiv I (3. Person Singular)**
>
> Bürgermeister: „Ich wünsche mir ein großes Interesse. Ich hoffe auf eine gute Partnerschaft."
>
> Der Bürgermeister sagt/sagte, er _____ sich ein großes Interesse.
>
> Er betont/betonte, dass er auf eine gute Partnerschaft _____ .
>
> *In der indirekten Rede gibt man wieder, was jemand gesagt hat. In Nachrichten und Pressetexten verwendet man dazu den Konjunktiv I. Der Konjunktiv I ermöglicht es, sich beim Zitieren von einer Aussage zu distanzieren, z. B. wenn man sich nicht sicher ist, ob die Aussage stimmt.*
>
> *Konjunktiv I in der 3. Person Singular: Verbstamm + -e: er/es/sie hab*e*, woll*e*, könn*e*, wünsch*e*, …*
> Ausnahme: er/es/sie sei (sein)
>
> ▶ Grammatik B 2.3.1 und A 1.5

d Was sagt die Kuratorin? Schreiben Sie die Sätze in indirekter Rede mit dem Konjunktiv I.

Die Ausstellung ist ein Erfolg. Ich rechne mit vielen Besuchern! Frau Al-Hussein zeigt fantastische Fotografien und auch die Installation gefällt vielen Besuchern.

*Die Kuratorin weist darauf hin, dass …
Sie sagt, sie …, und betont, dass Frau Al-Hussein …*

e Sprachschatten. Sprechen Sie zu dritt wie im Beispiel.

die Ausstellung besuchen wollen – das Kunstwerk interessant finden – oft in Galerien gehen –
sich für Malerei interessieren – keine Ahnung von Kunst haben – auf den Beginn der Performance warten

Ich will die Ausstellung besuchen.

Tom sagt, er wolle die Ausstellung besuchen.

Ich finde das Kunstwerk interessant.

Leah sagt, sie finde …

4 Reaktionen

a Was sagt der Bildhauer? Lesen Sie und unterstreichen Sie die Verben in der indirekten Rede. Welche Verbform wird hier benutzt? Ergänzen Sie im Grammatikkasten.

> Auch die Künstlerinnen und Künstler zeigten sich erfreut über den Erfolg der Ausstellung. Künstler – so der Bildhauer da Costa – bräuchten die Öffentlichkeit wie der Fisch das Wasser. Nur mit guten Ausstellungen könnten sie das Interesse der Leute wecken. Sie seien also sehr auf die engagierte Arbeit der Veranstalter angewiesen. Da Costa betonte, dass nicht alle Kunsthallen so professionell arbeiten würden wie die Kunsthalle Bernheim.

Indirekte Rede mit Konjunktiv I und Konjunktiv II (3. Person Plural)

Da Costa sagt/sagte, Künstler _____ die Öffentlichkeit wie der Fisch das Wasser.

Da Costa weist/wies darauf hin, sie _____ auf die Veranstalter angewiesen.

Da Costa betont, dass nicht alle Kunsthallen so professionell _____ .

Da der Konjunktiv I in der 3. Person Plural mit dem Indikativ identisch ist (sie brauchen, sie haben usw.), *wird in der indirekten Rede der Konjunktiv II verwendet.* (sie bräuchten, sie hätten)
Nur bei sein *ist der Konjunktiv I möglich:* sie seien.

▶ Grammatik B 2.3.1 und A 1.5

---

b Was sagte der Bildhauer wörtlich? Lesen Sie die Reaktionen in a noch einmal und sprechen Sie zu zweit in direkter Rede.

Künstler brauchen die Öffentlichkeit wie der Fisch das Wasser.

Nur mit guten Ausstellungen …

c Was schreibt die Journalistin über die Ausstellung? Wählen Sie ein passendes Verb und schreiben Sie die Sätze in indirekter Rede wie im Beispiel. Benutzen Sie den Konjunktiv I oder II.

berichten – betonen – sagen – behaupten – meinen – hinweisen auf

1 Die Kuratoren zeigen Kunstwerke von Weltrang.
2 Die neuen Räume der Kunsthalle sehen fantastisch aus.
3 Einige Besucher sind enttäuscht von der Ausstellung.
4 Die Künstler wissen, wie die Besucher zu begeistern sind.

Die Journalistin berichtete, dass die Kuratoren Kunstwerke von Weltrang zeigen würden.

5 Strategietraining: Gesagtes wiedergeben

a Wie kann man Informationen, die man hört oder liest, wiedergeben? Sehen Sie das Strategievideo und machen Sie sich Notizen.

b Sehen Sie das Strategievideo noch einmal und machen Sie Notizen zu den Fragen.

1 Wann/Warum benutzt man den Konjunktiv beim Zitieren?
2 Woran merkt man, ob jemand eine neutrale oder skeptische Haltung zum Gesagten hat?

c Arbeiten Sie zu zweit und wählen Sie eine Aufgabe. Lesen Sie in der App und schreiben Sie Sätze in indirekter Rede. Benutzen Sie verschiedene Varianten aus dem Strategievideo. Die Redemittel auf Seite 145 helfen.

A Wie gefällt den Besucherinnen und Besuchern die Ausstellung? Lesen Sie das Gästebuch. Wählen Sie dann drei bis fünf Personen und geben Sie ihre Eindrücke in indirekter Rede wieder.

B Und Sie? Interessieren Sie sich für Kunst? Lesen Sie die Stichworte, fragen und antworten Sie dann zu zweit und geben Sie in indirekter Rede wieder, was Ihre Partnerin / Ihr Partner gesagt hat.

- über digitale Erzählformen sprechen; über Unterschiede und Gemeinsamkeiten von digitalen Medien bzw. Plattformen sprechen; über die eigene Mediennutzung sprechen
- indirekte Rede in der Vergangenheit

11

Geschichten im Netz

1 Unterhaltung für Augen und Ohren

a Welche speziellen Formen des Erzählens ermöglicht das Internet? Kennen Sie bestimmte Medien und Plattformen, die sich besonders fürs Geschichtenerzählen eignen? Sammeln Sie Ideen im Kurs.

b Welche Medien nutzen Matthijs, Susanne, Murat und Lian? Um welches Thema geht es dabei jeweils? Hören und notieren Sie.

c Was ist richtig? Hören Sie noch einmal und kreuzen Sie an.

1. ◯ Blogs sind heutzutage nicht mehr so beliebt wie in den Nullerjahren.
2. ◯ Matthijs findet es reizvoll, multimedial zu arbeiten.
3. ◯ Auch Radiosender bieten heutzutage Podcasts an.
4. ◯ Susanne veröffentlicht Science-Slams in ihrem Podcast.
5. ◯ Murat zeigt, dass nicht alle Nachrichten auf Fakten beruhen.
6. ◯ Von dem Geld, das Murat verdient, kann er gut leben.
7. ◯ Das Instagram-Format „Stories" wird auch von Journalisten genutzt.
8. ◯ Lian geht es eher um Reichweite als um tiefgründige Analyse.

d Wie zitiert der Moderator seine Gäste? Was sagt er? Hören Sie noch einmal und ergänzen Sie.

Indirekte Rede in der Vergangenheit

Matthijs sagte, er sei schon immer gern gereist.

Susanne berichtete, sie _____ schon immer gern Radio _____.

Murat erzählte, dass ihm bestimmte Schlagzeilen _____.

Lian meinte, ihre Beiträge _____ durch Instagram mehr Aufmerksamkeit _____.

Für Aussagen über die Vergangenheit benutzt man in der indirekten Rede den Konjunktiv I oder II der Vergangenheit.
3. Person Singular: sei/habe + Partizip II (Konjunktiv I der Vergangenheit)
3. Person Plural: seien/hätten + Partizip II (Konjunktiv I oder II der Vergangenheit)

▶ Grammatik B 2.3.1 und A 1.5

---

e Schreiben Sie die Sätze aus dem Grammatikkasten in direkter Rede wie im Beispiel.

Matthijs sagte: „Ich bin schon immer gern gereist."

f Was fragt der Moderator? Schreiben Sie die Fragen in indirekter Rede in der Vergangenheit.

1. „Matthijs, wie bist zum Bloggen gekommen?"
2. „Susanne, warum hast du dich für diese Form des Erzählens entschieden?"
3. „Habe ich das richtig verstanden?"
4. „Lian, wie bist du auf die Idee gekommen, mit Instagram Geschichten zu erzählen?"

1 Der Moderator fragt, wie Matthijs …

2 Erzählen im Zeitalter des Internets

a Was sagen die Personen über ihr Medium? Arbeiten Sie zu viert. Wählen Sie jeweils eine andere Person aus der Radiosendung (A: Matthijs, B: Susanne, C: Murat, D: Lian). Hören Sie in der App und machen Sie Notizen zu den Stichpunkten.

– Zielgruppe   – Merkmale   – Kritik

b Welche Unterschiede und Gemeinsamkeiten gibt es? Stellen Sie Ihre Ergebnisse aus a in der Gruppe vor und vergleichen Sie.

c Welche Medien nutzen Sie am liebsten und warum? Berichten Sie in der Gruppe.

Eine Bildergeschichte

1 Mit Bildern erzählen

a Was für Bildergeschichten gibt es? Lesen Sie die Definitionen und verbinden Sie.

1 der Comic / der Manga
2 der Cartoon / die Karikatur
3 die Graphic Novel
4 der Zeichentrickfilm / die Animation

a ein in Bildern erzählter Roman
b eine Geschichte, die aus mehreren Bildern besteht
c eine Folge von gefilmten Einzelbildern
d eine komische/satirische Geschichte in einem Bild

b Schauen Sie sich gerne Bildergeschichten an? Wenn ja, welche? Und warum? Tauschen Sie sich aus.

2 Eine Spiegelbildgeschichte

a Was ist auf den einzelnen Abbildungen zu sehen? Arbeiten Sie in Gruppen. Sehen Sie sich die Bilder an und tauschen Sie sich aus.

Auf dem ersten Bild sieht man, wie eine junge Frau in den Spiegel schaut.

b Was glauben Sie: Was passiert in der Geschichte? Ergänzen Sie gemeinsam die Texte in den Textfeldern, Sprech- und Denkblasen. Brauchen Sie Hilfe oder sind Sie schon fertig? Dann arbeiten Sie mit der App.

c Kursspaziergang. Gehen Sie durch den Raum und sehen Sie sich die Bildergeschichten der anderen Gruppen an. Welche Geschichte hat Ihnen am besten gefallen? Warum? Sprechen Sie im Kurs.

Fortsetzung folgt

1 Wieder „gebingewatcht"?

a Was stellen Sie sich unter dem Begriff *Serienmarathon* vor? Machen Sie so was? Warum (nicht)? Sehen Sie sich das Bild an und sprechen Sie im Kurs. Die Wörter im Schüttelkasten helfen.

die Staffel – die Folge – die Fortsetzung –
der Cliffhanger – die Handlung – die Serie

 b Worüber sprechen Stella und Martin? Wie geht es Martin? Warum fühlt er sich so? Hören Sie und sprechen Sie im Kurs.

 c Was sagen Stella, Martin und Jasmin? Lesen Sie die Sätze. Hören Sie dann weiter und kreuzen Sie an.

1 ◯ Serienfiguren haben im Unterschied zu Filmcharakteren mehr Entwicklungsmöglichkeiten.
2 ◯ Serien arbeiten mit Cliffhangern, um Zuschauer an sich zu binden.
3 ◯ Leute, die Serien schauen, verlieren oft das Interesse an ihrem sozialen Umfeld.
4 ◯ Bei Serien kann man sich stärker mit den Protagonisten identifizieren.
5 ◯ In Serien können in jeder Folge andere Protagonisten im Vordergrund stehen.
6 ◯ Durch das Überangebot an Serien im Internet sinkt das Interesse der Zuschauer.

 d Was erzählen Stella und Martin über ihre Lieblingsserien? Hören Sie weiter und streichen Sie die falschen Satzteile.

1 Die Serie „Dark" spielt in verschiedenen ~~Gegenden~~ / *Zeiten*.
2 Die Serie erzählt die Geschichte *aus unterschiedlichen Perspektiven / einer Großfamilie*.
3 Am Ende der zweiten Staffel *war die Handlung abgeschlossen / gab es einen Cliffhanger*.
4 Die Serie „4 Blocks" handelt von *einem Gangsterclan in Berlin / einer Kriminalpolizistin*.
5 Stella findet, dass die Figuren *stereotyp sind / komplexe Charaktere haben*.
6 Die Serie wurde international von Kritikern *gelobt / bemängelt*.

2 Ihre Lieblingsserie / Ihr Lieblingsfilm

a Arbeiten Sie in 4er-Gruppen. Schreiben Sie pro Person drei Titel von Filmen oder Serien auf jeweils ein Kärtchen. Machen Sie dann zu einem Kärtchen Notizen zu Handlung und Figuren.

b Legen Sie Ihre drei Kärtchen sichtbar auf den Tisch und beschreiben Sie mithilfe der Redemittel und Ihrer Notizen aus a reihum einen Film bzw. eine Serie, ohne den Titel zu nennen. Die anderen raten: Um welchen Film bzw. welche Serie geht es?

> **über Serien/Filme sprechen**
> Kennen Sie / Kennst du den neuen Film … / die neue Serie …?
> Der Film / Die Serie läuft auf/bei Netflix/ZDF/RTL/…
> Der Film / Die Serie handelt von … / erzählt die Geschichte von …
> Die Rolle der Mutter / des Teenagers / … wird von … gespielt.
> Die dargestellten Figuren sind stereotyp / haben komplexe Charaktere.
> Die Serie / Der Film hat mehrere Preise gewonnen / wurde von Kritikern gelobt, weil …
> Die Serie / Der Film ist absolut sehenswert/unterhaltsam/mitreißend/…
> ▶ Redemittel S. 145

c Würden Sie sich die Filme bzw. Serien der anderen gerne anschauen wollen? Warum (nicht)? Was ist Ihre Lieblingsserie bzw. Ihr Lieblingsfilm? Worum geht es da? Tauschen Sie sich aus.

■ über Vor- und Nachteile von verschiedenen Speichermedien sprechen; einen Zeitungsartikel über die Archivierung von Informationen verstehen

Geschichten für die Nachwelt

1 Das Archiv der Menschheit

a Was denken Sie: Wie kann man das Wissen der Menschheit an spätere Generationen überliefern? Welche Vor- und Nachteile haben diese Speichermedien und -orte? Sehen Sie sich die Mindmap an und sprechen Sie im Kurs.

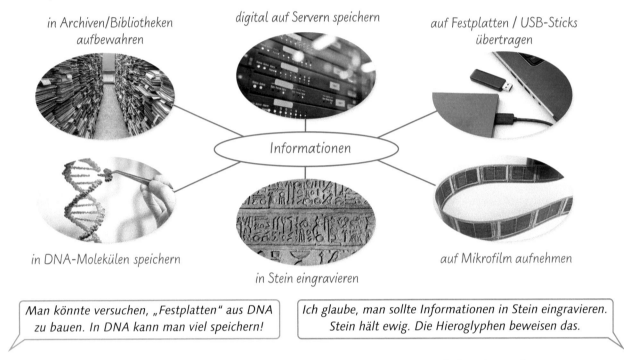

in Archiven/Bibliotheken aufbewahren

digital auf Servern speichern

auf Festplatten / USB-Sticks übertragen

Informationen

in DNA-Molekülen speichern

in Stein eingravieren

auf Mikrofilm aufnehmen

Man könnte versuchen, „Festplatten" aus DNA zu bauen. In DNA kann man viel speichern!

Ich glaube, man sollte Informationen in Stein eingravieren. Stein hält ewig. Die Hieroglyphen beweisen das.

b Welche Speichermethode hat Martin Kunze entwickelt? Lesen Sie den Artikel und sprechen Sie im Kurs.

Archiv der Menschheit

Vieles von dem, was wir über alte Kulturen vor Tausenden von Jahren wissen, verdanken wir gefundenen Gegenständen. Das können Äxte sein, Steingefäße oder auch andere Fundstücke wie kleine Schrifttafeln aus Ton, die uns Informationen aus einer längst vergangenen Welt überliefern. Was aber wird von uns bleiben, wenn unsere Kultur vergangen ist? Wie werden zukünftige Archäologinnen und Archäologen unser Wissen rekonstruieren?

5 Der Keramiker Martin Kunze ist überzeugt, dass unsere Kultur durch die zunehmende Digitalität in Gefahr ist zu verschwinden. Spätere Generationen werden keine Möglichkeit haben herauszufinden, wie wir gelebt haben, welches Wissen wir hatten und welche kulturellen und wissenschaftlichen Leistungen wir hervorgebracht haben. Ob Bilder, Musik oder Texte: Digitale Daten gehen schnell verloren und die Datenträger selbst – CDs, USB-Sticks, Server etc.– haben nur eine geringe Lebensdauer. Und dann ist eine ganze Familiengeschichte oder

10 ein Fotoalbum für immer verloren.

Das will Kunze verhindern. Sein Projekt *Memory of Mankind* – Archiv der Menschheit – soll das Wissen unserer Welt mit analogen Mitteln bewahren. Analog? Richtig, denn wer weiß schon, ob unsere Nachkommen über die-

15

20

Martin Kunze vor den Kisten mit den Tontafeln

selben Technologien verfügen werden wie wir. Dagegen könne man, so Kunze, davon ausgehen, dass Bilder immer verstanden werden und auch Schrift sich entschlüsseln lasse. Kunze benutzt ein Material, mit dem der Mensch schon lange arbeitet: Ton. In Zusammenarbeit mit einem Keramik-Werk hat er eine Technik entwickelt, mit der man Bilder und Schrift winzig klein auf Tontafeln drucken kann, die danach bei über 800 Grad im Ofen gebrannt werden. Die Tafeln sind etwa so groß wie eine Buchseite, können Zehntausende von Jahren überdauern und sind unempfindlich gegen große Hitze und Kälte. Die Drucktechnik ist so präzise, dass zehn Bücher von je 250 Seiten auf eine Tafel passen.

Gelagert werden die Tontafeln in Kisten im Stollen eines Salzbergwerks in Hallstatt in Österreich. Dieser Stollen
25 bildet nicht nur einen guten Schutz gegen Katastrophen wie Asteroideneinschläge, Explosionen oder Vulkan-
ausbrüche, das Salz wächst auch nach: Nach einigen Jahrzehnten wird es die Kisten mit den Tontafeln wie eine
Schutzschicht umschließen.

Man kann das Archiv kostenlos besuchen und wer interessiert
ist, kann für 300 Euro sogar selbst eine Tontafel in Auftrag
30 geben. Doktorarbeiten oder Forschungsberichte sind ebenso
willkommen wie private Tagebücher oder Fotoalben.
Inzwischen umfasst das Archiv bereits etwa 700 Tafeln und
es wächst weiter. Damit zukünftige Generationen wissen,
wo sich das Archiv befindet, hat Martin Kunze eine kleine
35 Keramikmünze entwickelt, auf der der Ort Hallstatt ein-
gezeichnet ist. Jeder, der etwas zum Projekt beiträgt,
bekommt die Münze nach Hause geschickt – Tausende
Spuren, die unsere Nachkommen zum Archiv führen werden.

Diese Münze zeigt die Lage des Archivs

c Was ist richtig? Lesen Sie noch einmal und kreuzen Sie an.

1 Unsere Kultur wird laut Kunze verschwinden, weil …
   a ◯ digitale Daten und Datenträger nicht lange existieren.
   b ◯ wir all unser kulturelles Wissen nicht archivieren können.

2 Kunze will das Verschwinden unserer Kultur verhindern, indem er …
   a ◯ eine uralte Technik verwendet.
   b ◯ mit einem traditionellen Material arbeitet.

3 Kunze verwendet Tontafeln, weil …
   a ◯ er sich mit diesem Material gut auskennt.
   b ◯ sie eine hohe Lebensdauer haben.

4 Das Archiv …
   a ◯ enthält wissenschaftliche und private Dokumente.
   b ◯ soll auf etwa 700 Tafeln anwachsen.

5 Damit unsere Nachkommen das Archiv finden, …
   a ◯ führt ein Keramik-Weg zum Eingang.
   b ◯ werden Keramikmünzen an Spender geschickt.

d Wo steht es im Text? Lesen Sie den Artikel noch einmal und unterstreichen Sie die Sätze im Text in b.

1 Die Tontafeln liegen in einer Art Tunnel eines Bergwerks, in dem früher Salz gewonnen wurde.
2 Was Bilder und Schrift bedeuten, wird man immer herausfinden können.
3 Objekte, die wir finden, erzählen uns etwas über frühere Kulturen.
4 Durch das Salz wird das Archiv auf natürliche Art und Weise geschützt.
5 Unsere Nachkommen werden nicht wissen, was wir kulturell und wirtschaftlich erreicht haben.
6 Die Tontafeln haben eine Lebensdauer von Zehntausenden von Jahren.
7 Wie werden Forscherinnen und Forscher in der Zukunft herausfinden, was wir wussten?

2 Ein persönliches Archiv

a Und Sie? Was würden Sie der Nachwelt hinterlassen wollen? Gestalten Sie Ihre persönliche Tontafel als
   Plakat. Schreiben Sie, zeichnen Sie oder benutzen Sie Fotos.
b Kursspaziergang. Hängen Sie Ihre "Tontafeln" im Raum auf. Was möchten Sie hinterlassen und warum?
   Sprechen Sie im Kurs.

> Ich finde es wichtig, dass unsere Nachfahren wissen, auf welche Art und Weise
> wir Krankheiten bekämpft haben. Dieses Wissen darf nicht verloren gehen …

Kurz berichtet

1 Nachrichten aus aller Welt

a Lesen, hören oder sehen Sie regelmäßig Nachrichten? Warum (nicht)? In welchen Medien? Welche Ressorts oder Themengebiete interessieren Sie am meisten? Sprechen Sie im Kurs.

> *Ich habe eine deutsche Tageszeitung abonniert. Mich interessieren vor allem Politik und Wirtschaft.*

> *Ich lese nur Online-Nachrichten. Die Lokalnachrichten interessieren mich besonders, aber auch die kuriosen und lustigen Meldungen.*

b **Strategietraining: Nachrichten verstehen.** Wie ist eine typische Nachricht aufgebaut? Lesen Sie die Nachrichten und bringen Sie die Punkte in die richtige Reihenfolge.

◻ wichtigste Informationen (wer/was/wo/wann?)　　◻ Fazit (Resultat oder Stand der Dinge)

⬜1 Ressort und Überschrift　　◻ Hintergrundinformationen (wie/warum?)

Politik

Keine Einigung beim Klimagipfel

Kuala Lumpur. Der Klimagipfel in Malaysias Hauptstadt hat am Wochenende ernüchternd geendet. Nachdem in einer dreitägigen Sitzung über die Details des neuen Klimavertrages verhandelt worden war, verhinderten die USA und China durch ihr Veto, dass der Vertrag in Kraft gesetzt werden konnte. Es sei ein schwarzer Tag für den Umweltschutz, so die Vorsitzende der Klimakonferenz, Amari Abebe, der Klimawandel werde so nicht aufzuhalten sein. Mit dem enttäuschenden Ausgang dieser Klimakonferenz rückt das Ziel der internationalen Gemeinschaft, die Erderwärmung auf maximal 2 Grad zu beschränken, erneut in weite Ferne.

Wissen

Energie für die Welt aus der Sahara

Algier. Die Eröffnung des Desertpower-Solarfeldes in der Nähe der algerischen Stadt Ouargla am letzten Sonntag hat für internationales Aufsehen gesorgt. Das zunächst als Versuchsanlage errichtete Solarkraftwerk soll in wenigen Jahren bereits 10 Gigawatt Strom erzeugen, das entspricht dem Strombedarf von fünf Städten von der Größe Berlins. Wie der Vorsitzende des Desertpower-Konsortiums, Nio Khalef, in seiner Eröffnungsrede betonte, könne die nordafrikanische Solarenergiewirtschaft in Zukunft auch die Energieprobleme Europas lösen.

Das Solarfeld bei Ouargla

c Lesen Sie die Nachrichten in b noch einmal und machen Sie Notizen zu den W-Fragen.

3.15 d Hören Sie jetzt zwei weitere Nachrichten und machen Sie ebenfalls Notizen. Tauschen Sie sich aus.

> 1 Wer: *der US-amerikanische Elektroauto-Hersteller „Kesla"*
> Was: ...

e Was finden Sie leichter zu verstehen: geschriebene oder gesprochene Nachrichten? Was hat Ihnen beim Verstehen der Nachrichten geholfen? Sprechen Sie im Kurs.

> *Geschriebene Nachrichten finde ich leichter zu verstehen, denn oft fasst die Überschrift den Inhalt schon zusammen.*

2 Nachrichten heute. Arbeiten Sie in Gruppen. Suchen Sie im Internet eine Nachricht in Ihrer Sprache und geben Sie die wichtigsten Informationen auf Deutsch wieder.

> *Ich habe eine Nachricht aus dem Bereich „Politik" gefunden. Da geht es um ...*

Auf einen Blick

über eine Veranstaltung sprechen

Ich war neulich / letzte Woche / … bei einer Lesebühne / bei einem Konzert / auf einem Festival / …
Die Veranstaltung war ausverkauft / sehr gut besucht.
Die Autorin las/trug eine Kurzgeschichte / eine Passage aus ihrem neuesten Roman /… vor.
Es traten einige Bands auf. / Als Hauptband/Vorband spielte …
Es wurde ein modernes/zeitgenössisches/klassisches Stück aufgeführt.
Die Band bestand aus einem Sänger / einer Gitarristin / einem Schlagzeuger / …
Das Orchester bestand aus Streichinstrumenten/Blasinstrumenten.
Die Stimmung/Atmosphäre war super/angenehm/…
Am Schluss gab die Band eine Zugabe / gab die Künstlerin Autogramme.
Es gab viel Applaus / viele Buh-Rufe/Pfiffe / … / Die Künstlerin / Die Band bekam viel Beifall.
Das Publikum war begeistert/enthusiastisch/enttäuscht/…
Die Zuschauerinnen und Zuschauer johlten/klatschten/… / Der Saal tobte.

Wirkungen und Eindrücke beschreiben

Auf mich wirkt das Bild/Kunstwerke/Gemälde düster/positiv/deprimierend/…
Es erinnert mich an … / Wenn ich es mir ansehe, dann denke ich an …
Mein erster Eindruck ist, dass … / Ich habe den Eindruck / das Gefühl, dass / als ob …
Es scheint, als ob … / Es sieht so aus, als …
Das Bild / Die Skulptur lässt (in mir) ein Gefühl von Freude/Trauer/… entstehen.
Die Farben/Formen wecken/erzeugen in mir ein Gefühl von … / geben mir das Gefühl …
Die Performance / Installation löst in mir Erinnerungen an … aus.
Das Bild ist … Das macht den Eindruck, dass … / Dadurch entsteht der Eindruck, dass …
Das Bild/Motiv regt meine Phantasie/Gedanken an / regt mich zum Nachdenken an.

Gesagtes wiedergeben und jemanden (indirekt) zitieren

Sie/Er sagte/antwortete/betonte/… , dass sie/er sich sehr für Kunst/Malerei/Tanz/… interessiere.
Die Besucherin schreibt/meint/erklärt/…, dass die Ausstellung wunderschön/interessant/… sei.
Sie weist darauf hin, die Künstlerinnen und Künstler wüssten/hätten/bräuchten/…
Sie berichtet, die Veranstaltung sei ein voller Erfolg / eine große Enttäuschung / …
Er sagte, er sei/habe/wolle/kenne/empfehle/…
Die Ausstellung sei super/langweilig/… , so die Besucherin.
Wie die Kuratorin berichtete, sei die Installation/Performance/… einzigartig/…
Nach Ansicht/Meinung der Besucherinnen und Besucher ist die Ausstellung toll/spannend/…
Ihrer/Seiner Meinung nach ist Kunst …
Laut der Besucherin / dem Besucher haben die Künstlerinnen und Künstler …
Nach neuesten Erkenntnissen / Laut der Studie …

über Serien/Filme sprechen

Kennen Sie / Kennst du den neuen Film … / die neue Serie …? / Er/Sie läuft auf/bei Netflix/ZDF/RTL/…
Nächsten Monat kommt die erste/nächste/letzte Staffel raus. / Jede Staffel hat … Folgen.
Die Handlung ist fiktional / beruht auf einer wahren Geschichte / spielt im 19. Jahrhundert.
Der Film / Die Serie handelt von … / erzählt die Geschichte von … / zeigt die Welt aus der Sicht von …
Die Rolle der Mutter / des Teenagers / … wird von … gespielt.
Die dargestellten Figuren sind stereotyp/klischeehaft / haben komplexe Charaktere.
Die Serie / Der Film hat mehrere Preise gewonnen / wurde von Kritikern gelobt/bemängelt/…
Die Serie / Der Film ist absolut sehenswert/unterhaltsam/mitreißend/…

Genussmomente

Yannis bei der Bandprobe
(4/2018)

Kürbisauflauf
Zutatei

Gutschein
Ihr Wohlfühl-Spa
Wellness – Sauna – Massage

Weinverkostung
Einladung für zwei Personen

BOARDING PASS
LOREM IPSUM AIRWAYS

NAME/SURNAME
Helm, Emma
FROM
Frankfurt (FRA)
DESTINAT
Nassau(N

DATE
14.10.20
GATE
D46

TIME
14:20
SEAT
27F

ECONOMY

NAME   Helm, Emma
FROM   FRA
TO   NAS
DATE   14.10.20 TIME 14:20
GATE   D46   SEAT   27F
FLIGHT LH 351
123654

1 Mit allen Sinnen genießen

a Was verbinden Sie mit dem Begriff Genuss?
Sehen Sie sich die Bilder an und notieren
Sie zu zweit Ideen.

– mit einem Glas Wein anstoßen
– sich ein gutes Essen auf der Zunge zergehen lassen

b Was braucht man, um genießen zu können? Wie genießen die Leute? Sehen Sie das Video, machen Sie Notizen und sprechen Sie im Kurs.

c Und Sie? Was bedeutet Genuss für Sie? Was genießen Sie? Was brauchen Sie dafür? Tauschen Sie sich in Gruppen aus. Die Redemittel auf Seite 157 helfen.

2 Mehr Genuss im Alltag

3.16 a Wer sind die Personen? Wo sind sie? Was machen sie? Hören Sie und sprechen Sie im Kurs.

3.17 b Worüber sprechen Emma und Yannis? Hören Sie weiter und nummerieren Sie die Bilder oben.

3.17 c Wer passt: Emma oder Yannis? Hören Sie noch einmal und ergänzen Sie.

1 [d] Emma   konnte im Urlaub <u>Kraft tanken</u>.

2 ⬭   würde sich gern mal wieder <u>eine Auszeit</u> von der Arbeit <u>nehmen</u>.

3 ⬭   findet, dass man auch mit kleinen Dingen <u>den Alltag entschleunigen</u> kann.

4 ⬭   konnte beim Musikmachen <u>auf andere Gedanken kommen</u>.

5 ⬭   hatte Schwierigkeiten, Arbeit und Freizeit <u>unter einen Hut</u> zu <u>bringen</u>.

6 ⬭   würde gern segeln, um <u>runterzukommen</u>.

7 ⬭   erholt sich beim <u>Faulenzen</u> und <u>Rumhängen</u> in der Badewanne.

8 ⬭   schlägt vor, den Samstagabend gemeinsam <u>ausklingen</u> zu <u>lassen</u>.

d Was bedeuten die unterstrichenen Wörter in c? Ordnen Sie in c zu.

a Stress und Hektik reduzieren
b zur Ruhe kommen
c nichts tun / faul sein

d neue Energie bekommen
e etwas in Ruhe beenden
f sich ablenken

g sich eine Pause gönnen
h etwas miteinander
vereinbaren

- eine Video-Umfrage über Genuss verstehen; über Genuss sprechen; Redewendungen und Umgangssprache verstehen; Gefühle ausdrücken; Empfindungswörter benutzen
- Modalpartikeln; Phonetik: Intonation von Empfindungswörtern

12

3 Mach das doch einfach mal!

a Welche Funktion haben die Modalpartikeln? Lesen Sie den Grammatikkasten. Hören Sie dann die Sätze und lesen Sie sie mit. Ergänzen Sie die fehlenden Modalpartikeln im Grammatikkasten.

Modalpartikeln – Gefühle ausdrücken

Vermutung		**Vorschlag**	*doch mal*
nicht-veränderbare Situation	*eh*	**bekannte Information**	*doch /*
		Erlaubnis/Ermutigung	
Überraschung, Mitgefühl	*ja /*	**freundliche/interessierte**	*eigentlich /*
Resignation/Akzeptanz	*einfach /*	**Frage**	

Modalpartikeln zeigen, was man über das Gesagte denkt bzw. wie man es meint. Sie sind meist nur aus dem Kontext erschließbar. Modalpartikeln stehen nie am Satzanfang und sind normalerweise unbetont.

▶ Grammatik A 5.3

- Wie war denn dein Urlaub auf den Bahamas?
- Seit ich den neuen Job habe, fehlt mir einfach die Zeit dafür.
- Oje, das klingt aber nicht so toll!
- Das weiß ich ja. Aber einen Urlaub kann ich mir gerade eh nicht leisten.
- Du hast doch früher in einer Band gespielt.
- Aber zweimal pro Woche proben – das schaffe ich eben zeitlich nicht mehr. Wie machst du das eigentlich? Bei deinen Arbeitszeiten wird das wohl auch nicht leicht sein, oder?
- Das ist ja schlau!
- Super Idee! Mach das doch mal! Aber such dir ruhig auch ein paar kleine Dinge, die dir guttun.

b Was sagen Emma und Yannis? Was drücken sie damit aus? Lesen Sie den Redemittelkasten, hören Sie und ergänzen Sie die Empfindungswörter. Vergleichen Sie dann mit den Redemitteln auf Seite 157.

Au ja! – Ach ja! – Mhm. – Na ja. – ~~Nanu?!~~ – Oje! – Tja. – Wow!

Gefühle mit Empfindungswörtern ausdrücken

	Das tut mir leid. / Das ist ja schade.		Super! Ich bin beeindruckt.
	Das hätte ich fast vergessen.		Ja, das stimmt. / Das glaube ich.
Nanu?!	Das hätte ich nicht erwartet.		Tolle Idee!
	Du hast recht, aber …		So ist das eben.

▶ Redemittel S. 157

---

c Phonetik: Intonation von Empfindungswörtern. Hören Sie und markieren Sie den Wortakzent und den Melodieverlauf (↗ steigend, → gleichbleibend, ↘ fallend) wie im Beispiel.

1 Nanu ↗	2 Ach ja	3 Mhm	4 Oje	5 Na ja	6 Tja
7 Wow	8 Au ja	9 Au	10 Ih	11 Puh	12 Hm

d Hören Sie noch einmal und sprechen Sie die Empfindungswörter nach.

e Kurskette. Sagen Sie einen Satz, die nächste Person reagiert mit einem passenden Empfindungswort.

Ich habe 100 € gefunden.

Wow! Du hast ja Glück. – Ich bin sehr müde.

Oje. Das tut mir leid! …

f Arbeiten Sie zu zweit. Lesen Sie jeweils eine Rolle (A oder B) in der App und schreiben Sie gemeinsam einen Dialog. Benutzen Sie möglichst viele Modalpartikeln und Empfindungswörter. Spielen Sie Ihren Dialog dann im Kurs vor.

12

- über Sprichwörter und Redewendungen sprechen; ein Interview mit einer Genussforscherin verstehen; über Genussverhalten und Wertehaltungen sprechen
- die Position von *nicht* und *auch* im Satz

Genussforschung: Wie genießen wir?

1 Genusstypen

a Welche Vorstellungen von Genuss werden in den Sprichwörtern deutlich? Tauschen Sie sich aus.

Du lebst nur einmal!   **Erst die Arbeit, dann das Vergnügen!**   **Weniger ist mehr!**

b Gibt es ähnliche Redewendungen oder Sprichwörter in Ihrer Sprache? Berichten Sie.

c Welche Frage passt? Lesen Sie das Interview und ordnen Sie die Fragen zu.

Gibt es also z. B. einen deutschsprachigen Genusstyp? – Womit genau beschäftigen Sie sich in Ihrer Forschung? – Gehören alle Menschen zu einem der drei Typen? – Was macht die Schweiz so interessant für Ihre Forschung? – Sie sprachen vorhin verschiedene Genusstypen an. Welche gibt es und wie unterscheiden sie sich?

Genussmomente 04/2021

Wie genießt die Schweiz? – eine Genussforscherin im Gespräch

Frau Professorin Edelmann, Sie sind Dozentin an der Universität Zürich und leiten seit 2017 das dort gegründete Institut für Genussforschung.

Wir wollen herausfinden, was den Menschen Genuss verschafft. Da Genuss ein sehr individuelles Empfinden ist, sind die Antworten auf diese Frage allerdings sehr verschieden. Bei den Fragen „wann", „wie oft" und „unter welchen Bedingungen Menschen genießen" konnten wir allerdings Gemeinsamkeiten erkennen. Nun versuchen wir, das Genussverhalten der Schweizerinnen und Schweizer mithilfe sogenannter Genusstypen zu beschreiben.

In der Schweiz gibt es deutsch-, italienisch-, französisch- und romanischsprachige Bevölkerungsgruppen. Romanisch wird allerdings nur von einem geringen Teil der Bevölkerung gesprochen und ist keine eigene Sprachregion. Wir wollen neben individuellen Faktoren auch regionale Einflüsse untersuchen. Deshalb haben wir uns in unserer Forschung auf die drei großen Sprachregionen konzentriert. Und tatsächlich konnten wir feststellen: Wie man genießt, hängt auch von der Region ab, wo man lebt.

Jein – also ja und nein. Natürlich spiegelt sich die regionale Mentalität im Genussverhalten wider. Aber selbst wenn bestimmte Werte wie beispielsweise ökologisches und soziales Bewusstsein in der Deutschschweiz dominieren, heißt das trotzdem nicht, dass jede Person, die im deutschsprachigen Basel lebt, diese Werte in gleichem Maße teilt. Wie stark das Genussempfinden von kulturellen und gesellschaftlichen Einflüssen bestimmt wird, ist unterschiedlich. Auch individuelle Wertehaltungen haben einen Einfluss auf das Genussempfinden.

Sehr vereinfacht können wir drei Typen beschreiben: Den hedonistischen, den konservativen und den bewussten Genießer. Die hedonistischen Genießer vertreten die Ansicht, dass man so oft und so viel wie möglich genießen sollte. Für sie sind Selbstbestimmung und Freiheit zentrale Werte. Sie möchten sich in ihrem Alltag nicht einschränken lassen und empfinden Genuss sozusagen als ein Grundrecht. Sie möchten sich ausprobieren und selbst verwirklichen können und sind offen gegenüber Neuem. Den konservativen Genießern sind dagegen traditionelle Werte wie Familie, Sicherheit und Arbeitsmoral wichtig. Genuss ist für sie ein Luxus, eine Belohnung für harte Arbeit. Sie sind der Meinung, dass man sich Genuss oder Vergnügen erst verdienen muss. Deshalb leben sie eher sparsam und konsumieren zweckorientiert. Auch die bewussten Genießer genießen „sparsamer". Doch anders als der konservative Genusstyp verzichten sie nicht aus Schuldgefühlen auf Genussmomente, sondern weil ihnen Werte wie Gerechtigkeit und Nachhaltigkeit wichtig sind. Sie lehnen die materialistische und zum Teil auch exzessive Lebensweise der hedonistischen Genießer ab und sind nicht verschwenderisch. Sie konsumieren weniger und achten auf Qualität und ökologische, faire Produktionsbedingungen. Nicht der eigene Konsum verschafft ihnen Genuss, sondern das Gefühl, der Umwelt und anderen Menschen etwas Gutes zu tun.

Nun, unsere Forschung ist noch lange nicht abgeschlossen. Bisher konnten wir drei Typen ermitteln, aber wir vermuten, dass es noch mehr gibt. Wir können auch nicht davon ausgehen, dass sich Individuen immer hundertprozentig einem Typen zuordnen lassen. Es kann immer auch Mischtypen geben.

d Was wird in der Genussforschung untersucht? Wovon wird das Genussempfinden beeinflusst? Welche Genusstypen werden beschrieben? Lesen Sie noch einmal und beantworten Sie die Fragen zu zweit.

e Zu welchem Genusstyp passen die Informationen? Lesen Sie noch einmal in c und ergänzen Sie: der hedonistische Genusstyp (H), der konservative Genusstyp (K) oder der bewusste Genusstyp (B).

1 Diesem Genusstyp ist Unabhängigkeit besonders wichtig. *H*

2 Dieser Genusstyp erlaubt sich Genuss erst, nachdem er etwas geleistet hat.

3 Dieser Genusstyp fühlt sich schuldig, wenn er sich Genuss gönnt.

4 Dieser Genusstyp handelt umweltbewusst und sparsam.

5 Die Werte Fleiß und Pflichtbewusstsein passen zu diesem Genusstyp.

6 Dieser Genusstyp ist eher materialistisch und konsumiert manchmal verschwenderisch.

7 Dieser Genusstyp ist besonders verantwortungsbewusst in seinem Genussverhalten.

f Welches Sprichwort in a passt zu welchem Genusstyp? Warum? Sprechen Sie im Kurs.

2 Auf Genuss möchte ich auch nicht verzichten.

a Auf welche Information bezieht sich das *nicht* oder *auch* im Satz? Lesen Sie die Beispiele und die Regeln im Grammatikkasten und ordnen Sie die Sätze zu. Markieren Sie die Sätze mit *nicht* und *auch* im Interview in 1c. Worauf beziehen sich *nicht* bzw. *auch*? Sprechen Sie zu zweit.

Die Position von *nicht* und *auch* im Satz

1 Die hedonistischen Genießer möchten sich in ihrem Alltag nicht einschränken lassen.
2 Doch sie verzichten nicht aus Schuldgefühlen auf Genussmomente, sondern …
3 Wir wollen neben individuellen Faktoren auch regionale Einflüsse untersuchen.
4 Wie man genießt, hängt auch von der Region ab, wo man lebt.

Wenn sich nicht *bzw.* auch *auf den kompletten Satz bezieht, steht das Wort tendenziell am Satzende. Es steht aber immer vor dem zweiten Verbteil und vor dem* Präpositionalobjekt, *sowie vor einer modalen oder lokalen Angabe. (Satz ____ und ____). Wenn sich* nicht *bzw.* auch *auf einen bestimmten Satzteil bezieht, dann steht es direkt vor diesem Satzteil. (Satz ____ und ____).*

Auch steht normalerweise vor nicht: Wir können auch nicht ausschließen, dass …

▶ Grammatik B 1.4

---

b Schreiben Sie Sätze wie im Beispiel, sodass sich *auch* und *nicht* auf bestimmte Satzteile beziehen.

1 Hedonistische Menschen stehen Genuss skeptisch gegenüber. *(sondern konservative Menschen)*
2 Konservative Genießer verzichten auf Genuss. *(genauso wie bewusste Genießer)*
3 Die bewussten Genießer lehnen Nachhaltigkeit und Gerechtigkeit ab. *(sondern Materialismus)*
4 Die Werte eines Menschen hängen von der kulturellen Prägung ab. *(genauso wie von Erfahrungen)*
5 Für Hedonisten ist Genuss mit Schuldgefühlen verbunden. *(sondern mit Freiheit)*
6 In der französischen Schweiz ist Fleiß ein wichtiger Wert. *(genauso wie in der Deutschschweiz)*

1 Nicht hedonistische Menschen stehen Genuss skeptisch gegenüber, sondern konservative Menschen.
2 Genauso wie bewusste Genießer verzichten auch konservative Genießer auf Genuss.

3 Was für ein Genusstyp sind Sie? Mit welchem Typ können Sie sich gut identifizieren? Machen Sie Notizen zu den Fragen und sprechen Sie dann in Gruppen. Die Redemittel auf Seite 157 helfen.

– Welche Rolle spielt Genuss in Ihrem Leben? Was und wie oft genießen Sie?
– Welche Werte sind Ihnen besonders wichtig? Worauf könnten Sie (nicht) verzichten?
– Welches Sprichwort aus 1a passt am besten zu Ihnen und warum?

12

- ein längeres Gespräch mit Themen- und Sprecherwechsel verstehen; Vermutungen über die Vergangenheit äußern; ein Protokoll führen
- Futur II und Modalverben für Vermutungen über die Vergangenheit

Viele Ideen – ein Projekt!

1 Eine Besprechung im Team

a Was glauben Sie: Wer sind die Personen? Worüber sprechen sie? Sammeln Sie Ideen im Kurs.

3.21 b Was ist das Thema? Was wird besprochen? Hören Sie und vergleichen Sie mit Ihren Ideen aus a.

3.21 c Was muss noch erledigt werden? Hören Sie noch einmal und notieren Sie.

To-do: Catering organisieren, ...

2 Die Flyer werden schon angekommen sein.

3.22 a Was ist richtig? Hören Sie und kreuzen Sie an.

1 Herr Mertens hat die Location ◯ *auf jeden Fall* / ◯ *höchstwahrscheinlich* gebucht.
2 Die Flyer sind ◯ *definitiv* / ◯ *wahrscheinlich* angekommen.
3 Der Kollege hat die Verträge ◯ *vermutlich* / ◯ *mit Sicherheit* fertiggestellt.

3.22 b Was sagen die Personen? Hören Sie noch einmal und ergänzen Sie den Grammatikkasten.

Vermutungen über die Vergangenheit mit Futur II und Modalverben ausdrücken

Herr Mertens _____ die Location bereits _____.

Die Flyer _____ bestimmt schon _____.

Mein Kollege _____ auch schon die Verträge _____.

Vermutungen über die Vergangenheit können mit dem Futur II (werden + Partizip II + haben/sein) oder mit Modalverben (Modalverb + Partizip II + haben/sein) ausgedrückt werden. Das Modalverb (könnte, dürfte, müsste, muss) zeigt an, wie sicher man sich ist.

▶ Grammatik A 1.1.7 und 1.6.2

---

c Was ist wahrscheinlich schon erledigt? Schreiben Sie Sätze mit Futur II oder mit Modalverben.

~~die Einladungen verschicken (Herr Gonka)~~ – zum Getränkemarkt fahren (die Kollegen) – den DJ buchen (Frau Hoos) – die Tische dekorieren (Herr Mertens und Herr Keklik) – den Shuttleservice organisieren (Herr Peterson) – sich um die Eintrittskarten kümmern (die Projektleiterin)

Herr Gonka wird die Einladungen schon verschickt haben. Die Kollegen müssten schon ...

d Fragen und antworten Sie zu zweit mit Ihren Sätzen aus c wie im Beispiel.

> *Was ist eigentlich mit den Einladungen?*

> *Herr Gonka wird die Einladungen schon verschickt haben. Was ist eigentlich mit …?*

3 Entschuldigung, noch mal fürs Protokoll, bitte!

 a Welche Informationen sind falsch? Lesen Sie das Protokoll. Hören Sie dann die Fortsetzung der Teambesprechung und korrigieren Sie die falschen Informationen.

> **Protokoll der Team-Besprechung am 6.7.**
> **Planung Festival „Kulturgenuss"**
> Anwesende: P. Martinez, M. Hoos, T. Gonka, V. Peterson   Protokollant: V. Peterson
>
> 1. Stand der Dinge
> 2. Offene Aufgaben/To-Dos

Was? (Aufgaben)	Wer?	Wann?
Flyer - ~~Plakate~~ abholen	Hr. Gonka	nach dem Meeting (6.7.)
- Flyer an Kooperationspartner schicken	Fr. Martinez	bis 18.7.
- Flyer und Plakate in der Stadt verteilen	Hr. Peterson	bis 16.7.
- Veranstaltungstechnikerin anrufen	Hr. Peterson	nach dem Meeting (6.7.)

b Welche Funktionen haben die Redemittel? Lesen Sie und ordnen Sie die Funktionen zu. Was sagen die Personen in der Teambesprechung? Hören Sie noch einmal und markieren Sie im Redemittelkasten.

---

das Gespräch strukturieren – jemanden unterbrechen – das Thema wechseln / auf ein Thema zurückkommen

---

> **sich an einem längeren Gespräch beteiligen**
>
> Wenn ich kurz unterbrechen darf: … / Entschuldigung! Da muss ich dich/Sie kurz unterbrechen. Moment, bitte nochmal für's Protokoll.
>
> Was mir dazu noch einfällt: … / Apropos … Dazu fällt mir ein, dass … / Übrigens: Ich finde …
> Bevor ich's vergesse, ich wollte auch noch etwas zu … sagen.
> Könnten wir bitte noch mal auf das Thema … zurückkommen? / Nochmal zurück zu…
> Ich würde gerne nochmal das Thema … aufgreifen. / Wir hatten eben über … gesprochen.
>
> Kommen wir zum nächsten Punkt: … / Ich denke, das führt zu weit.
> Könnten wir bitte erstmal bei … bleiben? / Könnten wir das / diese Frage später besprechen?
> Ich fasse das mal zusammen: … / Wir halten also fest, dass …
>
> ▶ Redemittel S. 157

c **Strategietraining: ein Protokoll führen.** In welchen Situationen schreibt man Protokolle? Worauf sollte man dabei achten? Sammeln Sie Ideen.

> *Ich denke, man notiert nur die wichtigsten Ergebnisse.*

> *Wenn ich an der Uni im Seminar protokolliere, dann notiere ich auch den Diskussionsverlauf.*

 d Welche Arten von Protokollen gibt es? Was sind die Unterschiede? Sehen Sie das Strategievideo und machen Sie Notizen. Vergleichen Sie mit Ihren Ideen aus c.

 e Wählen Sie einen Protokolltyp (A: Verlaufsprotokoll, B: Ergebnisprotokoll) und hören Sie in der App. Protokollieren Sie den Gesprächsverlauf (A) bzw. die wichtigsten Ergebnisse (B). Beachten Sie die Hinweise aus dem Strategievideo.

12

■ über Redewendungen und Sprichwörter sprechen; über den eigenen Umgang mit Zeit sprechen; einen Artikel über individuelle und kulturelle Unterschiede im Umgang mit Zeit verstehen; eine Studie beschreiben

Wie die Zeit vergeht!

1 Wir leben nicht alle im gleichen Takt.

a Welches Sprichwort passt zu welchem Bild? Ordnen Sie zu. Was glauben Sie: Was bedeuten die Sprichwörter? Sammeln Sie Ideen im Kurs. Vergleichen Sie dann mit den Erklärungen unten.

Die Zeit vergeht wie im Flug. – Zeit ist Geld. – Die Zeit rennt. – Alles zu seiner Zeit. – Die Zeit steht still.

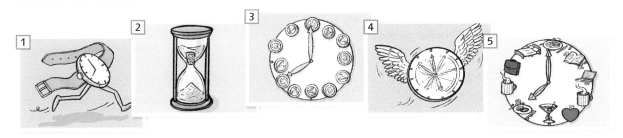

b Welche Redewendungen oder Sprichwörter zum Thema *Zeit* kennen Sie in anderen Sprachen? Tauschen Sie sich aus.

> *Im Tschechischen sagt man, die Zeit rennt wie Wasser. Das bedeutet, sie vergeht sehr schnell.*

c Was trifft im privaten Kontext am ehesten auf Sie zu? Lesen Sie den Test und kreuzen Sie an.

In welchem Takt tickt Ihre innere Uhr? – Unser Test verrät es Ihnen!

– ◯ Sie sehen oft auf die Uhr (**A**). / ◯ Sie vergessen manchmal, welcher Wochentag es ist. (**B**)

– ◯ Sie nehmen sich gern Zeit zum Essen. (**B**) / ◯ Sie essen oft zwischen Tür und Angel. (**A**)

– ◯ Sie stehen oft unter Zeitdruck und hetzen von einem Termin zum anderen. (**A**) /
  ◯ Sie lassen sich von nichts stressen. (**B**)

– ◯ Um Zeit zu sparen, machen Sie mehrere Sachen gleichzeitig. (**A**) /
  ◯ Sie erledigen alles in Ruhe nacheinander. (**B**)

– ◯ Sie planen für Ihre Freizeitaktivitäten im Voraus konkrete Zeitfenster ein. (**A**) /
  ◯ Sie verabreden sich lieber spontan. (**B**)

– Wenn Sie warten müssen ◯ werden Sie schnell nervös. (**A**) / ◯ bleiben Sie entspannt. (**B**)

– ◯ Sie kommen manchmal zu spät. (**B**) /
  ◯ Sie sind immer pünktlich und ärgern sich, wenn andere zu spät kommen. (**A**)

– Wenn Sie nichts tun müssen, ◯ fühlen Sie sich unwohl. (**A**) / ◯ genießen Sie die freie Zeit. (**B**)

A: Ihre innere Uhr tickt sehr schnell. Zeit ist für Sie kostbar und sie versuchen, jede Stunde produktiv zu nutzen. Vergessen Sie nicht, sich auch Pausen zu gönnen.

B: Ihre innere Uhr tickt in einem gemächlichen Takt. Sie lassen sich nicht aus der Ruhe bringen und achten auf Ihre individuellen Bedürfnisse.

d Wie tickt Ihre Uhr? Vergleichen Sie Ihre Testergebnisse in Gruppen. Die Redemittel auf Seite 157 helfen.

2 Eine Landkarte der Zeit

a Lesen Sie den Zeitungsartikel und bringen Sie die Abschnitte in die richtige Reihenfolge.

◯

Dabei hat er herausgefunden, dass das Lebenstempo in individualistischen Gesellschaften besonders hoch ist. Dort werden Ereignisse nach der sogenannten „Echtzeit" terminiert: Von 11 bis 15 Uhr Konferenz, dazwischen exakt 45 Minuten Mittagspause und dann um 15:58 Uhr die Bahn am Hauptbahnhof nehmen. In Ländern, wo man nach der „Echtzeit" lebt, gehen die Uhren deshalb besonders genau. [a]

---

1 *Die Zeit vergeht wie im Flug.* = Es fühlt sich an, als ob die Zeit besonders schnell vergeht, z.B. weil eine Aktivität viel Spaß macht. – 2 *Alles zu seiner Zeit.* = Man sollte Geduld haben und nicht immer alles sofort planen. Manche Dinge lösen sich später von allein bzw. man kann immer noch darüber nachdenken, wenn es soweit ist. – 3 *Die Zeit rennt.* = Man hat wenig Zeit bzw. steht unter Zeitdruck. – 4 *Die Zeit steht still.* = Es fühlt sich unter Zeitdruck. – wenn man auch länger Zeit immer noch so ist, wie früher. Oder, wenn man etwas Besonderes erlebt und die Welt um sich herum nicht wahrnimmt. – würde und auch länger Zeit immer noch so ist, wie früher. Oder, wenn man etwas Besonderes erlebt und die Welt um sich herum nicht wahrnimmt. – 5 *Zeit ist Geld.* = Zeit ist wertvoll und sollte genutzt werden. Je schneller man etwas macht, desto erfolgreicher kann man sein.

Trotz der Studienergebnisse war Levine natürlich bewusst, dass es auch innerhalb der gleichen kulturellen Umgebung große individuelle Unterschiede geben kann. Denn natürlich gibt es überall auf der Welt Menschen, deren innere Uhr so genau tickt wie ein Schweizer Uhrwerk, und andere, die sich im Fluss der Zeit treiben lassen.

b

Anders als in diesen besonders individualistischen Ländern steht in stärker kollektivistisch ausgerichteten Gesellschaften nicht der Leistungsdruck im Vordergrund, sondern die sozialen Beziehungen. Brasilien und Indonesien belegen vor Mexiko auf Levines Landkarte der Zeit die „letzten" drei Plätze. Hier werden Zeitpläne nicht von der Uhr, sondern von der Dauer eines Ereignisses bestimmt. Nicht die „Echtzeit", sondern die „Ereigniszeit" ist entscheidend. Man orientiert sich nicht am Busfahrplan, sondern wartet an der Haltestelle auf den nächsten Bus, der kommt – ganz nach dem Motto „Alles zu seiner Zeit".

c

1

Obwohl alle Uhren auf der Welt gleich schnell ticken, ist unser Umgang mit der Zeit nicht überall gleich. Um herauszufinden, ob und inwiefern dabei auch kulturelle Unterschiede eine Rolle spielen, hat der 2019 verstorbene US-amerikanische Psychologe Robert Levine in den 1990er Jahren eine Studie durchgeführt. Dabei hat er anhand von drei Faktoren – der Gehgeschwindigkeit der Menschen, der Bedienungsdauer in Postämtern und der Genauigkeit öffentlicher Uhren – das Lebenstempo in 31 Ländern „gemessen".

d

Japan – laut Levine eigentlich das Land mit dem höchsten Lebenstempo – landete insgesamt nur auf Platz 4. Grund dafür ist die besondere Höflichkeit der japanischen Postangestellten, die dazu führte, dass es insgesamt länger dauerte, im Postamt eine Briefmarke zu kaufen. So wurde – ohne Aufforderung – eine Quittung ausgestellt und die gekauften Briefmarken wurden hübsch verpackt. Auch in den relativ „schnellen" USA dauerte das Briefmarkenkaufen etwas länger, hier allerdings da die Postangestellten zunächst mit den Kunden darüber diskutierten, ob sie nicht statt eines 5-Dollar-Scheins passendes Kleingeld dabeihätten.

e

So weist die Schweiz – berühmt für die Genauigkeit ihrer Uhren – das schnellste Lebenstempo auf, gefolgt von Irland und Deutschland. In diesen Ländern gilt das Motto „Zeit ist Geld". Dadurch entsteht der Druck, möglichst viel in wenig Zeit zu leisten. Das hohe Lebenstempo spiegelt sich auch in der Gehgeschwindigkeit wider. Nicht selten hetzt man von einem Termin zum nächsten, um nicht zu spät zu kommen, denn Pünktlichkeit gilt als ein Ausdruck von Respekt.

f

Wer nach der „Ereigniszeit" lebt, nimmt sich für eine Verabredung so lange Zeit, wie sie eben dauert. Auch „Pünktlichkeit" spielt eine andere Rolle: In Mexiko gehört es laut Levine zum guten Ton, „zu spät" zu kommen. Nach der sogenannten *hora mexicana* beginnt ein 11-Uhr-Meeting frühestens um 11 Uhr 30 oder sogar um 12 Uhr. Wer „zu früh" kommt, könnte die Gastgeber in Verlegenheit bringen, da diese wahrscheinlich noch Vorbereitungen treffen. In Brasilien gilt Zuspätkommen bei beruflichen Verabredungen als ein Zeichen dafür, dass man erfolgreich und „wichtig" ist. Während Warten in „schnellen Ländern" als Zeitverschwendung empfunden wird, gehören Geduld und Spontaneität in Ländern wie Mexiko oder Brasilien zur Alltagskultur.

g

b   Was ist der Unterschied zwischen der „Echtzeit" und der „Ereigniszeit"? Lesen Sie noch einmal und sprechen Sie im Kurs.

c   Was hat Robert Levine in der Studie untersucht? Wie ist er vorgegangen? Was sind die wichtigsten Ergebnisse? Lesen Sie noch einmal in a und beschreiben Sie die Studie mithilfe der Redemittel auf Seite 133. Brauchen Sie Hilfe oder sind Sie schon fertig? Dann arbeiten Sie mit der App.

d   Wie finden Sie die Studie? Treffen Levines Ergebnisse auch heute noch zu? Welche Erfahrungen haben Sie in Ihrem Heimatland oder in anderen Ländern gemacht? Tauschen Sie sich aus.

Digital ist besser?

1 Feierabend

3.26 **a** Wo sind die Personen? Worüber sprechen sie? Hören Sie und sprechen Sie im Kurs.

3.26 **b** Was ist falsch? Hören Sie noch einmal und kreuzen Sie die falsche Antwort an.

1 Dominique findet das Bestellen und Bezahlen per App gut, weil man …
   a ○ kein Bargeld braucht.
   b ○ nicht mit dem Servicepersonal reden muss.
   c ○ Zeit sparen kann.

2 Alina liest lieber Bücher als E-Books, weil …
   a ○ sie die Seiten anfassen möchte.
   b ○ damit schöne Erinnerungen verbunden sind.
   c ○ sie es mag, wie die Seiten riechen.

3 Julia sagt, dass …
   a ○ auch Bilder in E-Books eine gute Qualität haben.
   b ○ E-Books besser für die Umwelt sind.
   c ○ man mit E-Books Sprachen lernen kann.

4 Mario findet Bücher zum Sprachenlernen besser, …
   a ○ um sich Notizen machen zu können.
   b ○ weil er sich so die Informationen besser merken kann.
   c ○ weil er damit positive Gefühle verbindet.

c Und Sie? Was mögen Sie lieber? E-Books oder Bücher? Warum? Tauschen Sie sich aus.

3.27 **d** Über welche Themen sprechen die Freunde? Hören Sie weiter und zeichnen Sie die Themenwechsel in der Grafik wie im Beispiel ein.

Dating-Apps

per App bestellen
1

E-Books vs. Bücher
2

Brettspiele vs. Online-Spiele

Briefe vs. Textnachrichten

(digitale) Fotoalben

3.27 **e** Welche Vor- oder Nachteile werden im Gespräch genannt? Arbeiten Sie zu viert und wählen Sie jeweils ein anderes Themenpaar (A, B, C, D). Hören Sie dann noch einmal und machen Sie Notizen.

A	B	C	D
Briefe vs. Textnachrichten	analoge vs. digitale Fotoalben	Gesellschaftsspiele vs. Online-Spiele	persönliches Kennenlernen vs. Dating-Apps

f Stellen Sie Ihre Ergebnisse aus e in der Gruppe vor. Welche Vor- und Nachteile sehen Sie persönlich? Bevorzugen Sie eher digitale oder analoge Medien bzw. Kontakte? Tauschen Sie sich aus.

> *Im Gespräch wurde gesagt, dass Textnachrichten …*
> *Ich sehe das anders, ich bin eher der Meinung, dass …*

2 Strategietraining: eine informelle Textnachricht schreiben

a Worüber sprechen die Freunde? Was ist Dominique passiert? Lesen Sie den Chat und sprechen Sie im Kurs.

> Mario: friends, war meeeeeeeega schön gestern. sollten auf jeden fall öfter zusammen rumhängen!!!
>
> Julia: 👍Nächstes WE chillen bei mir? Könnten ja ne Runde netflixen….oder n Spiel spielen 😄 😄
>
> Dominique: Spieleabend bei Julia! 😉
>
> Alina: Safe! wie siehts z.B. mit Fr abend aus? vllt so gegen 19h?
>
> Dominique: klingt gut! hab übrigens nochmal über unsere gespräche nachgedacht und auf dem heimweg mal mein handy in der tasche gelassen. und wisst ihr, was passiert ist???? ich hab tatsächlich jemanden kennengelernt!!!!
>
> Julia: WAAAAS? OMG!!!!! Wow, wie übertrieben cool ist das denn?! @Mario: Biste Freitag am Start?
>
> Mario: @Dominique: krass! Glückwunsch! @Julia: Ne, Freitag gibt's ne Party. Samstag?!
>
> Alina: hahahahahaa!! Habs euch doch gesagt! Analog ist besser! 😉 Muss los, meld mich morgen. lg und gute n8 😴
>
> Mario: @Dominique: Erzähl! Wie wars???????
>
> Dominique: CHILLT DOCH MAL! kann so schnell gar nicht tippen 😉 … Steh also an der Haltestelle und warte auf die Bahn, steige ein und dann …

b Welche Besonderheiten gibt es beim Schreiben digitaler Textnachrichten? Lesen Sie noch einmal den Chat in a und sprechen Sie zu zweit.

c Welche Stilmittel werden benutzt? Suchen Sie Beispiele im Chat in a und vergleichen Sie mit Ihren Ideen aus b. Welche Wirkung wird dadurch erzeugt? Sprechen Sie im Kurs.

Abkürzungen/Zeichen – Emojis – Empfindungswörter/Modalpartikeln – Weglassen des Subjekts „ich"/„wir" – Groß-/Kleinschreibung – Umgangssprache – Verschmelzung von Verben und „es" – Vokalwiederholung – Weglassen des „e" bei Verben in der „ich-Form" – Verschmelzung von Verben und „du" – Anglizismen

---

> *Das „e" bei „ich habe" wird weggelassen.*
> *Das ist umgangssprachlich.*

> *Und man schreibt „habs" statt „habe es"*
> *und „gibt's" statt „gibt es".*

d Welche Abkürzung passt? Lesen Sie den Chat in a noch einmal und ergänzen Sie.

1 Wochenende WE
2 ein/eine
3 zum Beispiel

4 Freitag
5 vielleicht
6 Uhr

7 Oh mein Gott!
8 Liebe Grüße
9 Nacht

e Chat im Kurs. Arbeiten Sie in Gruppen. Schreiben Sie Ihren Namen und eine Nachricht auf ein Papier und geben Sie das Papier nach rechts weiter. Die nächste Person antwortet. Benutzen Sie Stilmittel aus c. Führen Sie den Chat fort, bis Ihr Papier wieder bei Ihnen ist.

> Luca: *Hey! Lange nichts von euch gehört. :-) Wie geht's? Was gibt's Neues?*

f Hängen Sie Ihre Chats im Kursraum auf und lesen Sie sie.

Der Weg ist das Ziel

1 Ein Blick zurück

a Was assoziieren Sie mit diesen Bildern? Was haben die Bilder für Sie mit dem Deutschlernen zu tun? Sehen Sie sich die Collage an und tauschen Sie sich aus.

b Welches Bild aus a passt Ihrer Meinung nach am besten zu welcher Frage? Diskutieren Sie in Gruppen. Schreiben Sie die Fragen auf ein Plakat und zeichnen Sie die Bilder dazu.

- Was haben Sie für sich erreicht? Was können Sie jetzt, was Sie vorher nicht (so gut) konnten?
- Was war Ihr „Aha-Erlebnis"?
- Was hat Ihnen besonders gefallen?
- Was wollen bzw. werden Sie nicht vergessen?
- Was war kompliziert/schwierig?
- Was fiel Ihnen leicht?
- Welche Erwartungen oder Ängste hatten Sie vor dem Kurs?
- Was möchten Sie noch einmal wiederholen?
- Was nehmen Sie sich für die Zukunft vor?

> *Zur zweiten Frage passt die Glühbirne.*

> *Ja, oder aber auch der Knoten: Weil sich ein Knoten löst, wenn man etwas verstanden hat.*

c Beantworten Sie die Fragen aus b zuerst allein. Schreiben Sie Ihre Antworten in Stichwörtern auf Zettel.

d Sprechen Sie in Ihrer Gruppe über Ihre Erfahrungen im Deutschkurs. Kleben Sie Ihre Zettel zu den jeweils passenden Fragen auf das Plakat und berichten Sie.

e Kursspaziergang. Hängen Sie die Plakate im Kursraum auf. Gehen Sie zu zweit oder in Gruppen herum. Lesen Sie die Plakate und tauschen Sie sich aus.

> *Obwohl wir alle im selben Kurs sind, haben wir doch sehr unterschiedliche Erfahrungen gemacht. Das ist sehr interessant.*

2 Ein Blick nach vorn. Was bedeutet es für Sie, am Ende vom B2-Kurs angekommen zu sein? Haben Sie schon neue Ziele? Sprechen Sie im Kurs.

> *Ich möchte in Deutschland studieren. Jetzt kann ich endlich die B2-Prüfung dafür machen.*

> *Ich bin jetzt viel selbstbewusster, wenn ich mich auf Deutsch unterhalte. Das ist schön!*

Auf einen Blick

über Genuss sprechen

Genuss ist für mich, wenn … / Genießen bedeutet für mich, … zu …
Ich nehme mir Zeit für … / Es tut mir gut, … zu … / Wenn ich mir etwas Gutes tun möchte, …
Um genießen zu können, brauche ich … / Damit ich meine Seele baumeln lassen kann, brauche ich …
Ich gönne mir zwischendurch / ab und zu / gern mal ein heißes Bad / einen Kurzurlaub / …

Gefühle mit Empfindungswörtern ausdrücken

Erstaunen	Nanu?!	**Akzeptanz**	Tja.	**Ekel**	Ih! Bäh! Pfui!
Erinnerung	Ach ja!	**Begeisterung**	Wow!	**Erleichterung**	Puh! Uff!
Mitgefühl	Oje!	**Zustimmung**	Au ja!	**Zustimmung**	Mhm.
Einschränkung	Na ja.	**Schmerz**	Au!	**Skepsis**	Hm.

über Werte und Wertehaltungen sprechen

Ich würde mich als hedonistisch/konservativ/progressiv/… bezeichnen.
Finanzielle Sicherheit / Gerechtigkeit / Meine Freiheit / … steht/stehen für mich im Mittelpunkt.
Ich lege großen Wert auf …, vor allem, wenn es darum geht, dass …
… hat für mich einen/keinen hohen/großen Stellenwert, weil …

---

sich an einem längeren Gespräch beteiligen

jemanden unterbrechen

Wenn ich kurz unterbrechen darf: … / Entschuldigung! Da muss ich dich/Sie kurz unterbrechen.
Entschuldigung, dass ich dir/Ihnen ins Wort falle, aber … / Moment, bitte nochmal für's Protokoll.

das Thema wechseln / auf ein Thema zurückkommen

Apropos … Dazu fällt mir ein, dass … / Was mir dazu noch einfällt: … / Übrigens: Ich denke …
Bevor ich's vergesse, ich wollte auch noch etwas zu … sagen.
Wusstest du / Wussten Sie (eigentlich), dass …
Das ist jetzt zwar ein ganz anderes Thema, aber …
Könnten wir bitte noch mal auf das Thema … zurückkommen? / Nochmal zurück zu …
Ich würde gerne nochmal das Thema … aufgreifen. / Bevor wir weitermachen, würde ich gern noch …
Wir hatten eben über … gesprochen. / Sie sagten vorhin, dass … Dazu würde ich gern noch sagen: …

das Gespräch strukturieren

Kommen wir zum nächsten Punkt: … / Ich denke, das führt jetzt zu weit.
Könnten wir bitte erstmal bei … bleiben? / Könnten wir das / diese Frage später besprechen?
Bevor wir zu dieser Frage / diesem Thema kommen, sollten wir zuerst … zu Ende besprechen.
Ich fasse das mal zusammen: … / Wir halten also fest, dass …

über den Umgang mit Zeit sprechen

Ich nehme mir gern / viel / kaum / zu wenig Zeit für …
Ich werde oft/nie/schnell ungeduldig, wenn ich …
In meinem Beruf / In meinem Privatleben ist mir Pünktlichkeit sehr wichtig / nicht so wichtig.
Zeitpläne setzen mich unter Druck / helfen mir, meinen Alltag zu strukturieren.
Unter Zeitdruck kann ich (nicht) gut arbeiten, weil …
Wenn ich nichts zu tun habe, fühle ich mich … / nutze ich die Zeit, um … zu …

Inhalt Grammatik

Grammatik

Grammatik

A Wörter

1 Verben

1.1 Über Vergangenes sprechen

1.1.1 Perfekt

Das Perfekt benutzt man, wenn man über die Vergangenheit spricht oder in persönlichen Texten (E-Mails, Briefen) über Vergangenes schreibt.

| Kim Park | hat | sich auf ihr Leben in der Schweiz | gefreut. |
| Sie | ist | in einen Karnevalsverein | eingetreten. |

Die meisten Verben bilden das Perfekt mit haben*. Folgende Verben bilden das Perfekt mit* sein*:*
- *Verben, die eine Bewegung ausdrücken (gehen, fahren, reisen, springen, fallen …)*
- *Verben, die eine Zustandsveränderung ausdrücken (werden, wachsen, aufwachen …)*
- *andere Verben (sein, bleiben, passieren, geschehen …)*

Partizip II

	regelmäßig (Endung -t)	**unregelmäßig (Endung -en)**
	gekauft	gesehen
trennbare Verben	eingekauft	ferngesehen
untrennbare Verben	verkauft	entschieden
Verben auf -ieren	studiert	

Unregelmäßige Verben haben oft einen Vokalwechsel im Partizip II: entscheiden – entschieden

▶ *siehe auch Liste unregelmäßige Verben S. 186–189 und 1.8 Verben mit Präfixen*

1.1.2 Perfekt: Modalverben   ▶ E6

Hauptsatz			
Wir	haben	die Idee nicht	aufgeben wollen.
Nach der Schule	haben	wir Kinder oft noch	arbeiten müssen.
Ich	habe	oft draußen	spielen können.

| **Nebensatz** |
| Sie war die erste aus ihrer Familie, die an der Uni hat studieren können. |

Das Perfekt der Modalverben bildet man mit haben + Infinitiv + Infinitiv *des Modalverbs.*
Im Nebensatz stehen drei Verben am Satzende. Die Reihenfolge der Verben ist wie im Hauptsatz.

Wenn das Modalverb als Vollverb ohne zweites Verb benutzt wird, bildet man das Perfekt mit haben + Partizip II*.*
Entschuldige, das habe ich nicht gewollt! Er hat es nicht gekonnt.

1.1.3 Perfekt: *lassen, sehen, hören*   ▶ E1

als Vollverb			
Danach	hat	sie mich in Ruhe	gelassen.
Die Leute	haben	mich nur einmal	gesehen.
Ich	habe	schon immer solche Musik	gehört.

als Hilfsverb			
Ich	habe	mir ein neues Piercing	machen lassen.
Der Kollege	hat	mich	hereinkommen sehen.
Er	hat	mich	reden hören.

Wenn die Verben lassen, sehen, hören *als Hilfsverb mit einem zweiten Verb verwendet werden, bildet man das Perfekt mit* haben + Infinitiv + Infinitiv *des Hilfsverbs.*

Bei hören *(und selten bei* sehen*) wird in der gesprochenen Sprache manchmal auch das Partizip II benutzt.*
Er hat *mich* reden gehört.

Im Nebensatz stehen drei Verben hintereinander am Satzende. Die Reihenfolge der Verben ist wie im Hauptsatz: haben + Infinitiv + Infinitiv Modalverb
Als er mich so hat reden hören, *war er sehr überrascht.*

▶ *siehe auch A 1.7 Das Verb* lassen

1.1.4 Präteritum

Das Präteritum benutzt man vor allem, um in Zeitungen, literarischen Texten und Biografien vergangene Ereignisse zu beschreiben. Bei den Verben sein *und* haben, *den Modalverben sowie einigen anderen Verben (z.B.* es gibt, finden, denken, wissen, werden*) benutzt man auch in der gesprochenen Sprache meist bzw. alternativ zum Perfekt das Präteritum.*

	regelmäßig Verbstamm + -t	**unregelmäßig** Verbstamm mit Vokalwechsel				**Modalverben** Verbstamm ohne Umlaut + -t	**Mischverben** Verbstamm mit Vokalwechsel + -t
	machen	**bleiben**	**sein**	**haben**	**werden**	**können**	**kennen***
ich	machte	blieb	war	hatte	wurde	konnte	kannte
du	machtest	bliebst	warst	hattest	wurdest	konntest	kanntest
er/es/sie	machte	blieb	war	hatte	wurde	konnte	kannte
wir	machten	blieben	waren	hatten	wurden	konnten	kannten
ihr	machtet	bliebt	wart	hattet	wurdet	konntet	kanntet
sie/Sie	machten	blieben	waren	hatten	wurden	konnten	kannten

*genauso: bringen (brachte), denken (dachte), mögen (mochte), nennen (nannte), senden (sandte) wissen (wusste)

▶ *siehe auch Liste unregelmäßige Verben S. 186–189*

1.1.5 Plusquamperfekt

Das Plusquamperfekt drückt aus, dass eine Handlung in der Vergangenheit vor einer anderen Handlung in der Vergangenheit passiert ist. Es wird häufig in Nebensätzen mit nachdem *benutzt.*

Plusquamperfekt: hatte/war + Partizip II

> *Nachdem sie von dem Austauschprogramm* erfahren hatte, *hat sie sich sofort beworben.*
> *Sie* war *gerade erst in Chile* angekommen. *Da hat sie schon die ersten Leute kennengelernt.*

1.1.6 Szenisches Präsens / Historisches Präsens   ▶ E11

Man kann das Präsens benutzen, um vergangene Handlungen lebendiger und spannender zu beschreiben (szenisches Präsens) oder um historische Ereignisse zu schildern (historisches Präsens). Das szenische Präsens wird z.B. in Geschichten verwendet, das historische Präsens z.B. in Biografien.

> *Während ich also gestern Abend gemütlich zu Hause* sitze, klingelt *mein Telefon.*
> *Im Jahr 1998* stirbt *sie im Alter von 86 Jahren.*

1.1.7 Futur II für Vermutungen über die Vergangenheit   ▶ E12

Um Vermutungen über die Vergangenheit auszudrücken, kann man – alternativ zum Perfekt – das Futur II benutzen. Modalwörter wie bestimmt, wohl *etc. können, müssen aber nicht, verwendet werden.*

Futur II: werden + Partizip II + haben/sein

> **Perfekt:**
> Herr Mertens hat die Location <u>bestimmt</u> schon gebucht. Die Flyer sind <u>wohl</u> schon angekommen. Ich bin relativ sicher, dass sie sich schon um das Catering gekümmert hat.
>
> **Futur II:**
> Herr Mertens wird die Location (bestimmt) schon gebucht haben. Die Flyer werden (wohl) schon angekommen sein. Ich bin relativ sicher, dass sie sich schon um das Catering gekümmert haben wird.

Das Futur II kann auch benutzt werden, um über Handlungen zu sprechen, die zu einem bestimmten Zeitpunkt in der Zukunft beendet sein werden. Dann braucht man immer eine Zeitangabe.
<u>Bis Ende des Jahres</u> werde ich hoffentlich eine Wohnung gefunden haben und umgezogen sein.

1.2 Über die Zukunft sprechen

Um über Zukünftiges zu sprechen, kann man das Präsens – mit einer Zeitangabe (morgen, später, nächstes Jahr …) – oder das Futur I benutzen. Das Futur I wird seltener benutzt. Wenn der Kontext bekannt ist, kann die Zeitangabe im Präsenssatz entfallen.

> Ich mache in drei Monaten die B2-Prüfung. / Ich werde in drei Monaten die B2-Prüfung machen.

Futur I:

Das Futur I (werden + Infinitiv) verwendet man vor allem für:

– *Pläne*	Wir werden im Sommer umziehen.
– *Versprechen*	Ich werde dir auf jeden Fall helfen!
– *Voraussagen/Prognosen*	Morgen wird die Sonne scheinen.
– *Vermutungen über die Gegenwart**	Er wird sicher noch arbeiten.
– *Vermutungen über die Zukunft**	Ihr werdet bestimmt viel Spaß im Urlaub haben.

*Modalwörter (sicher, sicherlich, bestimmt, (höchst)wahrscheinlich, wohl, vermutlich, vielleicht, eventuell …) betonen den Vermutungscharakter.

1.3 Passiv und Passiversatzformen

Das Passiv benutzt man vor allem, wenn man Vorgänge und Regeln beschreibt oder allgemeingültige Aussagen trifft. In Passivsätzen steht der Vorgang im Vordergrund, der handelnde Akteur ist nicht wichtig.

Aktiv	**Passiv**
Das Unternehmen schickt <u>den Expat</u> in die Schweiz.	<u>Der Expat</u> wird in die Schweiz geschickt.

Das Akkusativobjekt im Aktiv wird zum Subjekt (Nominativ) im Passiv. In Passivsätzen ohne Subjekt muss am Satzanfang eine andere Information oder das Wort es *stehen:*
In Deutschland wird viel gebaut. / Es wurde viel gebaut. / In den letzten Jahren ist viel gebaut worden.

1.3.1 Passiv in verschiedenen Zeitformen

Passiv Präsens	Die Expats	werden	ins Ausland geschickt.
Passiv Präteritum	Die Expats	wurden	ins Ausland geschickt.
Passiv Perfekt	Die Expats	sind	ins Ausland geschickt worden.
Passiv Präsens + Modalverb	Die Expats	können	ins Ausland geschickt werden.
Passiv Präteritum + Modalverb	Die Expats	konnten	ins Ausland geschickt werden.
Passiv Konjunktiv II der Gegenwart	Die Expats	würden	ins Ausland geschickt werden.
Passiv Konjunktiv II der Vergangenheit*	Die Expats	wären	ins Ausland geschickt worden.

Das Passiv bildet man immer mit dem Verb werden *und dem Partizip II des Verbs.*

Das Passiv Perfekt und das Passiv Konjunktiv II der Vergangenheit bildet man immer mit dem Hilfsverb sein. *Das Partizip II des Verbs* werden *ist verkürzt (ohne ge-):* worden.

*▶ siehe auch A 1.4.2 Konjunktiv II der Vergangenheit

1.3.2 Passivsätze mit *von* und *durch* ▶ E6

Um den handelnden Akteur oder die Ursache eines Vorgangs in Passivsätzen zu nennen, benutzt man die Präpositionen von *(+ Dativ) oder* durch *(+ Akkusativ).*

> **von + „Akteur", Person oder Institution (*Wer?*)**
> Neue Informationen werden vom sensorischen Gedächtnis gespeichert.
> (Das sensorische Gedächtnis speichert neue Informationen.)
> Die Funktionsweise des Gedächtnisses wird von Neurologen erforscht.
> (Neurologen erforschen die Funktionsweise des Gedächtnisses.)
>
> **durch + Ursache oder Vorgang (*Wie? Wodurch?*)**
> Durch körperliche Tätigkeit wird das Gehirn besser mit Sauerstoff versorgt.
> (Wenn man körperlich tätig ist, wird das Gehirn besser mit Sauerstoff versorgt.)

1.3.3 Passiversatzformen ▶ E7

Passiversatzformen sind sprachliche Alternativen zum Passiv mit den Modalverben können *und* müssen.

Passiversatzform		Passiv mit *können/müssen*
lassen + sich + *Infinitiv*	Das Problem lässt sich lösen.	… kann gelöst werden.
sein + zu + *Infinitiv**	Das Problem ist zu lösen.	… kann/muss gelöst werden.
sein + *Adjektiv* mit -bar**	Das Problem ist lösbar.	… kann gelöst werden.
sein + *Adjektiv* mit -abel***	Die Lösung ist akzeptabel.	… kann akzeptiert werden.
sein + *Adjektiv* mit -lich****	Der Lärm ist unerträglich.	… kann nicht ertragen werden.

**Ob* sein + zu + *Infinitiv die Bedeutung von* können *oder* müssen *hat, ergibt sich nur aus dem Kontext:*
können: Das Problem ist leicht zu lösen. Ich habe auch schon eine Idee.
müssen: Das Problem ist so schnell wie möglich zu lösen. Sonst ist das ganze Projekt in Gefahr.

*** genauso:* machbar, essbar, trinkbar,
**** genauso:* reparabel, diskutabel, variabel, profitabel
***** genauso:* unerklärlich, (un)verständlich, (un)leserlich, erträglich

Es gibt keine allgemeine Regel, wann welche Endung möglich ist.

▶ *siehe auch A 6.2 Wortbildung: Adjektive*

1.4 Konjunktiv II

Der Konjunktiv II drückt Hypothetisches oder Irreales aus.

1.4.1 Konjunktiv II der Gegenwart

Mit dem Konjunktiv II der Gegenwart kann man Folgendes ausdrücken:

– *Wünsche**	Ich würde gern in einer WG leben. / Ich hätte lieber ein eigenes Haus.
– *höfliche Bitten*	Könnten Sie mir helfen? Wären Sie so freundlich und …?
– *Vorschläge*	Wir könnten doch eine Projektwoche planen. / Wie wäre es, wenn …
– *Tipps/Ratschläge*	Du solltest dich beschweren. / An deiner Stelle würde ich kündigen.
– *Vermutungen***	Sie müsste noch in der Bibliothek sein.
– *irreale Bedingungen****	Wenn man auf Atomenergie verzichten würde, wäre die Welt sicherer.
	Sollte man die Kraftwerke wirklich abschalten, würden viele Menschen ihren Arbeitsplatz verlieren.
– *irreale Wünsche*****	Ach, hätte ich bloß mehr Geld! Wenn ich nur erfolgreicher wäre!
	Würde ich doch nur etwas mehr verdienen!
– *irreale Vergleiche******	Du siehst aus, als ob du müde wärst.
	Es kommt mir vor, als würdest du mir gar nicht zuhören.

**Um Wünsche auszudrücken benutzt man immer den Konjunktiv II +* gern/lieber / am liebsten.

**▶ *siehe auch A 1.6.2 Vermutungen mit Modalverben ausdrücken*
***▶ *siehe auch B 2.2.2 Konditionale Nebensätze (Bedingungssätze)*
****▶ *siehe auch B 2.5 Irreale Wünsche*
*****▶ *siehe auch B 2.6 Irreale Vergleiche*

Konjunktiv II ohne *würde* ► E3

Bei den meisten Verben bildet man den Konjunktiv II mit würde + Infinitiv. Bei den Verben sein und haben, *den Modalverben sowie einigen besonders häufig gebrauchten Verben benutzt man den Konjunktiv II ohne* würde.

	sein	haben	werden	können*	sollen**	gehen	wissen
ich	wäre	hätte	würde	könnte	sollte	ginge	wüsste
du	wärst	hättest	würdest	könntest	solltest	gingest	wüsstest
er/es/sie	wäre	hätte	würde	könnte	sollte	ginge	wüsste
wir	wären	hätten	würden	könnten	sollten	gingen	wüssten
ihr	wärt	hättet	würdet	könntet	solltet	ginget	wüsstet
sie/Sie	wären	hätten	würden	könnten	sollten	gingen	wüssten

Die Formen des Konjunktiv II leiten sich vom Präteritum der Verben ab. Der Konjunktiv II wird gebildet mit dem Verbstamm im Präteritum (oft + Umlaut) + Endung. Die Endungen sind die gleichen Endungen wie bei regelmäßigen Verben im Präteritum. z. B.
finden: ich fand – ich fände; kommen: ich kam – ich käme

* *genauso:* müssen (müsste), dürfen (dürfte)
** *genauso:* wollen (wollte)

1.4.2 Konjunktiv II der Vergangenheit ► E6

Mit dem Konjunktiv II der Vergangenheit drückt man eine Möglichkeit in der Vergangenheit aus, die sich aber nicht erfüllt hat.

> Damals hätten sich meine Eltern fast getrennt. Das wäre schrecklich gewesen.
> Sonst hätten wir das Restaurant wohl nicht eröffnen können.

Den Konjunktiv II der Vergangenheit bildet man: hätte/wäre + Partizip II
Beim Konjunktiv II der Vergangenheit mit Modalverb benutzt man das Modalverb im Perfekt:
hätte + Infinitiv + Infinitiv Modalverb

Mit dem Konjunktiv II der Vergangenheit kann man Folgendes ausdrücken:

- *irreale Bedingungen in der Vergangenheit* ► E6
  Wenn ich in Wien geblieben wäre, hätte ich Siegfried nie kennengelernt.
  Wenn ich Siegfried nicht kennengelernt hätte, hätte ich heute vielleicht keine Kinder.
  Ich hätte nicht studieren können, wenn ich nicht umgezogen wäre.

- *irreale Wünsche (Vergangenheit)* ► E9
  Hätte ich mir bloß mehr Zeit gelassen! Wäre ich doch nur früher auf die Idee gekommen!

- *irreale Vergleiche (Vergangenheit)* ► E9
  Ich fühle mich, als hätte ich 12 Stunden geschlafen.
  Du siehst aus, als ob du gerade erst aufgestanden wärst.

► *siehe auch B 2.2.2 Konditionale Nebensätze (Bedingungssätze)*
► *siehe auch B 2.5 Irreale Wünsche*
► *siehe auch B 2.6 Irreale Vergleiche*

Passiv mit Konjunktiv II der Vergangenheit ► E6

> Die Grenzen wären nicht geöffnet worden, wenn Schabowski sich nicht geirrt hätte.
> Ohne den Mauerfall wäre Angela Merkel wohl nie zur Bundeskanzlerin gewählt worden.

Das Passiv mit Konjunktiv II der Vergangenheit bildet man: wäre + Partizip II + worden

1.5 Konjunktiv I

▶ E11

> Er hat gesagt, dass er leider keine Zeit habe und deshalb nicht helfen könne.
> Sie hat gesagt, gestern sei das Wetter nicht gut gewesen. Es habe den ganzen Tag geregnet.

Den Konjunktiv I benutzt man in der indirekten Rede, um sich vom Gesagten zu distanzieren.
Man benutzt ihn fast nur in der 3. Person Singular. Bei allen anderen Personen benutzt man den Konjunktiv II.
Nur bei sein *ist der Konjunktiv I in allen Personen möglich. Die Formen von* du *und* ihr *werden aber normalerweise durch Konjunktiv II ersetzt.*

Konjunktiv I der Gegenwart:	*Verbstamm + -e*	er/es/sie habe/komme/werde/…
	Ausnahme: sein	ich sei; ~~du sei(e)st~~; er/es/sie sei;
		wir seien; ~~ihr seiet~~; sie/Sie seien
Konjunktiv I der Vergangenheit:	*habe/sei + Partizip II*	er/es/sie habe gelesen
		er/es/sie sei gewesen;
		sie/Sie seien gewesen

▶ *siehe auch B 2.3.1 Indirekte Rede*

1.6 Modalverben

1.6.1 Grundbedeutung der Modalverben

müssen (Notwendigkeit)	Er muss zu Fuß gehen. (Sein Auto ist kaputt.)
	Er muss nicht zu Fuß gehen. (Sein Auto ist repariert.)*
müssen (Pflicht)	Ich muss die Konferenz organisieren. (Das gehört zu meinen Aufgaben.)
können (Fähigkeit)	Sie konnte schon mit fünf Jahren lesen.
können (Möglichkeit)	Ich kann leider nicht mitkommen. (Ich habe keine Zeit.)
wollen (Plan/Wunsch)	Er will in einer WG wohnen.
„möchten" (höflicher Wunsch)**	Ich möchte gern zur Party gehen.
sollen (Aufforderung eines anderen)	Ich sollte früher immer abwaschen. (Das wollte mein Vater.)
	Soll ich das machen? (Möchtest du, dass ich das mache?)
dürfen (Erlaubnis/Verbot)***	Hier darf man rauchen. Hier darf man nicht rauchen.

**Alternativ auch mit* nicht brauchen zu: Er braucht nicht zu Fuß zu gehen.
**Möchten *war der Konjunktiv II von* mögen*, wird inzwischen aber wie ein eigenständiges Verb benutzt.*
*** *Alternativ auch mit* können: Hier kann man (nicht) rauchen.

Im Konjunktiv II verändert sich die Bedeutung der Modalverben.
Du solltest weniger arbeiten. *(Ratschlag)*
Wir könnten ins Kino gehen. *(Vorschlag)*
Ich müsste eigentlich arbeiten. (Ich will aber nicht.)

1.6.2 Vermutungen mit Modalverben ausdrücken

▶ E4

Mit Modalverben lassen sich Vermutungen ausdrücken. Das Modalverb zeigt an, wie sicher man sich bei einer Vermutung ist.

sehr sicher		
↑	Sie muss krank sein.	(Sie ist sicher/bestimmt krank.)
	Sie müsste krank sein.	(Sie ist höchstwahrscheinlich krank.)
	Sie dürfte krank sein.*	(Sie ist wahrscheinlich/vermutlich/wohl krank.)
	Sie könnte/kann krank sein.	(Sie ist vielleicht/eventuell/möglicherweise krank.)
nicht so sicher		

**dürfen wird für Vermutungen immer im Konjunktiv II benutzt.*

In Vermutungen kann man Modalverben und Modalwörter kombinieren:
Sie dürfte <u>wahrscheinlich</u> krank sein. Sie könnte <u>vielleicht</u> auch einfach keine Lust haben.

Vermutungen über die Gegenwart und Zukunft ► E4

Modalverb + Infinitiv: Sie dürfte noch im Büro sein.
(alternativ mit Futur I / Präsens: Sie wird wohl noch im Büro sein.* / Sie ist wohl noch im Büro.)

Vermutungen über die Vergangenheit ► E12

Modalverb + Partizip II + sein/haben: Die Flyer müssen schon angekommen sein.
Er dürfte die Location schon gebucht haben.
(alternativ mit Futur II / Perfekt: Die Flyer werden bestimmt schon angekommen sein.**
Die Flyer sind bestimmt schon angekommen.
Er wird die Location vermutlich schon gebucht haben.**
Er hat die Location vermutlich schon gebucht.)

*► siehe auch 1.2 Futur I
**► siehe auch 1.1.7 Futur II für Vermutungen über die Vergangenheit*

1.7 Das Verb *lassen*

Das Verb lassen *hat verschiedene Bedeutungen. Oft wird es als Hilfsverb mit einem zweiten Verb benutzt.*
– *etwas erlauben oder zulassen*   Lasst ihr eure Tochter abends fernsehen?
– *etwas nicht selbst machen / jemanden beauftragen* Ich lasse mein Auto reparieren.
– *etwas vergessen oder nicht mitnehmen*   Ich habe mein Buch zu Hause gelassen.
– *etwas vorschlagen**   Lasst uns doch ins Kino gehen.

In dieser Bedeutung eines Vorschlags wird immer der Imperativ + uns benutzt:
Lassen Sie uns morgen noch einmal darüber sprechen. Lass uns die Aufgabe zusammen machen.

1.8 Verben mit Präfixen

1.8.1 Trennbare und untrennbare Verben

Mit dem Präfix ändert sich die Bedeutung des Verbs (z.B. absuchen, aussuchen, untersuchen, versuchen, besuchen*). Trennbare Präfixe sind immer betont (*aussuchen: Ich suche mir eine Hose aus.*), untrennbare Präfixe sind nie betont (*besuchen: Ich besuche meinen Bruder.*)*

Die meisten Präfixe sind trennbar. Trennbare Präfixe existieren auch als eigenes Wort, z.B. als Artikel, Präposition oder Adverb:
ein → einkaufen; mit → mitkommen; runter → runterladen

Verben mit den Präfixen be-, emp-, ent-, er-, ge-, miss-, ver-, zer- *sind immer untrennbar.*

1.8.2 Verben mit trennbaren und untrennbaren Präfixen ► E7

Verben mit den Präfixen durch-, über-, um-, unter-, wieder-, wider- *können trennbar oder untrennbar sein.*

trennbar		untrennbar	
durchatmen	Bitte atmen Sie tief durch!	durchsuchen	Die Polizei hat das Haus durchsucht.
überkochen	Die Suppe ist übergekocht.	überlegen	Ich überlege mir eine Lösung.
umsteigen	Steig nach drei Stationen um.	umarmen	Er umarmt seinen Freund.
untergehen	Das Schiff ging unter.	unterhalten	Wir unterhalten uns.
wiederkommen	Ich komme gleich wieder.	wiederholen	Bitte wiederholen Sie die Frage!
widerspiegeln*	Das Bild spiegelt meine Stimmung wider.	widersprechen*	Mein Sohn widerspricht dem Lehrer.

Das Präfix wider- *ist normalerweise untrennbar und nur bei* widerspiegeln *trennbar.*

Einige wenige Verben existieren sowohl mit trennbarem als auch untrennbarem Präfix. Dann ändert sich die Bedeutung, z.B.:
umgehen: Wie gehen wir mit dem Problem um? (Wie lösen wir das Problem?)
umgehen: Wie umgehen wir das Problem? (Wie vermeiden wir das Problem)

genauso: durchschauen, umfahren, übersetzen, umschreiben, wiederholen, übergehen

1.8.3 Verben mit zwei Präfixen

> **1. Präfix trennbar + 2. Präfix untrennbar***
> vorbereiten: Ich bereite die Party vor. Ich habe die Party vorbereitet. Die Party ist vorzubereiten.
> abbestellen: Bestell das Abo ab! Er hat das Abo abbestellt. Er hat vergessen, es abzubestellen.
>
> **1. Präfix untrennbar + 2. Präfix trennbar****
> beaufsichtigen: Er beaufsichtigt die Kinder. Er hat sie beaufsichtigt. Die Kinder sind zu beaufsichtigen.
> verabreden: Wir verabreden uns. Wir haben uns verabredet. Wir haben Lust, uns zu verabreden.
>
> **Aber: 1. Präfix *miss-******
> missverstehen: Er missversteht sie. Er hat sie missverstanden. Er versucht, sie nicht misszuverstehen.

*Das 1. Präfix ist betont. Das Partizip II ist ohne ge-.
Beim Infinitiv mit zu steht zu zwischen den Präfixen: vorzubereiten, abzubestellen
genauso: weiterentwickeln, mitbestimmen, anerkennen

**Das 2. Präfix ist betont. Das Partizip II ist ohne ge-.
Beim Infinitiv mit zu steht zu vor dem Infinitiv: zu beaufsichtigen, zu verabreden
genauso: veranstalten, bemitleiden

***miss- wird betont. Das Partizip II ist ohne ge-.
Beim Infinitiv mit zu steht zu zwischen miss- und dem 2. Präfix: misszuverstehen

2 Adjektive

2.1 Deklination der Adjektive

	Nominativ	**Akkusativ**	**Dativ**	**Genitiv**
m	der neue Job	den neuen Job	dem neuen Job	des neuen Jobs
	(k)ein neuer Job	(k)einen neuen Job	(k)einem neuen Job	(k)eines neuen Jobs
	neuer Job	neuen Job	neuem Job	neuen Jobs
n	das neue Seminar	das neue Seminar	dem neuen Seminar	des neuen Seminars
	(k)ein neues Seminar	(k)ein neues Seminar	(k)einem neuen Seminar	(k)eines neuen Seminars
	neues Seminar	neues Seminar	neuem Seminar	neuen Seminars
f	die neue Uni	die neue Uni	der neuen Uni	der neuen Uni
	(k)eine neue Uni	(k)eine neue Uni	(k)einer neuen Uni	(k)einer neuen Uni
	neue Uni	neue Uni	neuer Uni	neuer Uni
Pl.	die neuen Pläne	die neuen Pläne	den neuen Plänen	der neuen Pläne
	keine neuen Pläne	keine neuen Pläne	keinen neuen Plänen	keiner neuen Pläne
	neue Pläne	neue Pläne	neuen Plänen	neuer Pläne

Je nach Art des Artikels werden die Adjektive unterschiedlich dekliniert. Es gibt drei Artikelgruppen:
– *definiter Artikel; genauso:* dieser, jener, jeder, welcher
  Welchen deutschen Film kannst du mir empfehlen?
– *indefiniter Artikel; genauso: Possessivartikel,* was für (ein/e)
  Mein neuer Job ist ganz toll! – Glückwunsch! Was für gute Nachrichten!
– *Nullartikel; genauso: Zahlwörter*
  Ich habe ihr zwei spannende Bücher geschenkt.

Einige Adjektive verändern sich bei der Deklination.
teuer: das teure Geschenk; hoch: die hohen Mieten; dunkel: ein dunkles Zimmer

Adjektive, die auf -a enden, sowie das Adjektiv super werden nicht dekliniert.
Die rosa Taschen kosten nur 15 Euro. Das ist ein super Angebot! – Cool, ich kaufe mir eine rosa Tasche.

Auch nominalisierte Adjektive werden dekliniert.
Die Ehrenamtlichen leisten wichtige Arbeit. Unser Vorgesetzter hat Streit mit einer Angestellten.

2.2 Komparation der Adjektive (und Adverbien)

2.2.1 Komparativ und Superlativ

	Positiv	**Komparativ**	**Superlativ**
		Positiv + er	*am* + *Positiv* + (e)sten
regelmäßig	schnell	schneller	am schnellsten
mit Umlaut	groß	größer	am größten
unregelmäßig	hoch	höher	am höchsten
	teuer	teurer	am teuersten
	nah	näher	am nächsten
	viel	mehr	am meisten
	gut	besser	am besten
	gern	lieber	am liebsten

Kurze (meist einsilbige) Adjektive mit a, o, u bekommen oft einen Umlaut im Komparativ und Superlativ.
alt – älter – am ältesten; jung – jünger – am jüngsten; gesund – gesünder – am gesündesten

*Alle Adjektive, die auf einen Vokal oder auf -z, -t, -sch, -d sowie einige Adjektive, die auf -ß enden,
bilden den Superlativ mit -esten.*
neu – am neuesten; kurz – am kürzesten; laut – am lautesten; hübsch – am hübschesten; gesund –
am gesündesten; heiß – am heißesten

Deklination: Komparativ und Superlativ ▶ E4

> Facebook wird am häufigsten benutzt. Die Nutzerzahl von XING ist kleiner.
> Über die Hälfte nutzt die „Gefällt-mir"-Funktion. Ein kleinerer Anteil schreibt Nachrichten.
> WhatsApp ist der beliebteste Nachrichtendienst.

*Wenn der Komparativ oder Superlativ unabhängig vom Nomen steht, wird er nicht dekliniert. Vor einem
Nomen müssen Komparativ und Superlativ wie alle Adjektive dekliniert werden.*

deklinierter Komparativ: Positiv + er + Adjektivendung
Ein kleinerer Anteil schreibt Nachrichten. Dieses Start-Up produziert günstigere Apps als das andere.

deklinierter Superlativ: Positiv + (e)st + Adjektivendung
WhatsApp ist der beliebteste Nachrichtendienst. Unter den neuesten Smartphones ist dieses das beste.

*Bei Partizipien, die als Adjektive verwendet werden, ist die Bildung des Komparativs und Superlativs nicht
möglich. Hier kann ein vorangestelltes Adverb im Komparativ oder Superlativ benutzt werden.*
der schön gestaltete Flyer → der schöner gestaltete Flyer → der am schönsten gestaltete Flyer

> ▶ *siehe auch A 2.3 Partizip I und II als Adjektive*

2.2.2 Vergleichssätze

Komparativ + als: Die Mieten in Wien sind höher als in Berlin.
(genau)so + *Positiv* + wie*   Die Lebenshaltungskosten sind genauso hoch wie in Deutschland.

*genauso mit: nicht so; doppelt so; halb so …
Ich finde Deutsch nicht so schwer wie Französisch. Sie verdient doppelt so viel wie ihr Mann.

Vergleichssätze mit Nebensatz und *als/wie* ▶ E1

Hauptsatz	**Nebensatz**	
Die Menschen sind freundlicher,	als viele	glauben.
Die Natur und die Landschaft sind genauso schön,	wie ich	dachte.
Das ist nicht so gefährlich,	wie ich	erwartet habe.

Die Wörter als *und* wie *stehen nach dem Komma am Anfang des Nebensatzes. Der Nebensatz mit* als *und*
wie *steht immer nach dem Hauptsatz.*

> ▶ *siehe auch B 2.2.9 Vergleichssätze*

2.3 Partizip I und II als Adjektive ▶ E8

> Er kauft sich ein selbstfahrendes Auto mit integrierter Internetverbindung.
> Er kauft sich ein Auto, das selbst fährt, mit einer Internetverbindung, die integriert ist/wurde.

Aus Verben gebildete Partizipien können als Adjektive verwendet werden. Wenn sie vor einem Nomen stehen, müssen sie dekliniert werden. Partizipien können als Relativsätze umformuliert werden.

Das Partizip I (Infinitiv + d) ist normalerweise auf die Gegenwart bezogen. Im Relativsatz benutzt man das Verb im Aktiv.
Das Partizip II bezieht sich oft auf die Vergangenheit. Im Relativsatz benutzt man meist ein Zustands- oder Vorgangspassiv. Bei Verben, die das Perfekt mit haben *bilden, hat das Partizip II eine passive Bedeutung. Bei Verben, die das Perfekt mit* sein *bilden, hat das Partizip II eine aktive Bedeutung.*
Eine gegossene Blume ist eine Blume, die gegossen wurde. (gießen: ich habe gegossen)
Eine gewachsene Blume ist eine Blume, die gewachsen ist. (wachsen: die Blume ist gewachsen)

Als Adjektiv verwendete Partizipien können beliebig erweitert werden:
ein installierter Browser – ein schon vorher installierter Browser – ein schon vorher auf dem Tablet installierter Browser – ein schon vorher auf dem Tablet von den Entwicklern installierter Browser

3 Präpositionen

3.1 Präpositionen mit Akkusativ, Dativ, Genitiv
Um etwas für meine Gesundheit zu tun, mache ich seit drei Wochen während der Mittagspause regelmäßig Yoga. Einmal kam eine Kollegin ins Büro, als ich im Büro auf dem Boden Übungen machte.

mit Akkusativ	mit Dativ	mit Genitiv	Wechselpräpositionen *(Wohin? Akkusativ Wo? Dativ)*
bis*, durch, für, gegen, ohne, um	ab, aus, außer, bei, gegenüber (von), mit, nach, seit, von, zu	aufgrund, außerhalb, dank, entlang, innerhalb, mithilfe, während, wegen**, trotz	an, auf, hinter, in, neben, über, unter, vor, zwischen

*Die Präposition bis *wird oft in Kombination mit* zu *(+ Dativ) verwendet:*
Bis nächstes Mal! Bis zum nächsten Mal!
** Die Präposition wegen *wird in der gesprochenen Umgangssprache auch mit Dativ verwendet:*
Wegen dem Regen bleibe ich heute zu Hause.

3.2 Nachgestellte Präpositionen: *entlang, gegenüber*
Die Präpositionen entlang *und* gegenüber *können vor oder nach dem Nomen stehen.*

> Entlang des Ufers gibt es einen großen Park.
> Gehen Sie den Weg entlang und biegen Sie an der Kreuzung rechts ab.
> In der der Besprechung hat er gegenüber seiner Chefin / seiner Chefin gegenüber gesessen.
> Er hat ihr gegenüber gesessen.

Bei entlang *verändert sich die Bedeutung:*
entlang *(vorangestellt + Genitiv): Position;* entlang *(nachgestellt + Akkusativ): Richtung*

Die Präposition gegenüber *ist bei einem Pronomen immer nachgestellt.*

3.3 Zweiteilige Präpositionen
Bei zweiteiligen Präpositionen steht das Nomen/Pronomen zwischen den Präpositionen.

an ... *(+ Dativ)* **entlang**	Die Straße führt am Ufer entlang.
an ... *(+ Dativ)* **vorbei**	Kommst du auf dem Weg an einem Supermarkt vorbei?
von ... *(+ Dativ)* **an**	Von nächster Woche an arbeite ich in Teilzeit.
von ... *(+ Dativ)* **aus**	Von meinem Fenster aus kann ich das Meer sehen.
von ... *(+ Dativ)* **bis ...** *(+ Akkusativ)*	Von 12 bis 13 Uhr mache ich Pause.
um ... *(+ Akkusativ)* **herum**	Um das Zentrum herum sind die Mieten höher.

Von … bis … *wird oft mit Zahlwörtern (z.B. Uhrzeiten) verwendet. In anderen Fällen benutzt man meist* von … bis zu … *(+ Dativ)*
Unser Urlaub war vom ersten bis zum letzten Tag sehr entspannend.

3.4 Bedeutung der Präpositionen

lokal (Wo? Wohin? Woher?)	ab, an, an … entlang, an … vorbei, auf, aus, außerhalb, bei, bis (zu), durch, entlang, gegen, gegenüber, hinter, in, innerhalb, neben, über, um, unter, von, von … aus, um … herum, vor, zwischen
temporal (Wann? Wie lange?)	ab, an, auf, außerhalb, bei, bis (zu), gegen, in, innerhalb, nach, seit, von … an, von … bis …, um, vor, während, zwischen
kausal (Warum?)	aufgrund, aus, dank, vor, wegen
konzessiv	trotz
modal (Wie?)	durch, mithilfe (von)

Die temporale Präposition *bei* (+ Dativ)   ► E5
Bei *drückt aus, dass etwas gleichzeitig passiert. Alternativ kann man einen Nebensatz mit* wenn *oder* als *benutzen.*

> Beim Spazierengehen wird mein Kopf frei. (Wenn ich spazieren gehe, wird mein Kopf frei.)
> Beim Applaus des Publikums fällt die Nervosität von mir ab. (Wenn das Publikum applaudiert, …)
> Bei meiner Ankunft habe ich mich sofort wie zu Hause gefühlt. (Als ich angekommen bin, …)

Bei *kann auch eine konditionale Bedeutung haben.*
Bei Feuer müssen Sie das Gebäude sofort verlassen. (Wenn/Falls es ein Feuer gibt, müssen Sie …)

Die modale Präposition *mithilfe* (+ Genitiv) bzw. *mithilfe von* (+ Dativ)   ► E5
Mithilfe *beschreibt ein Instrument.*

> Mithilfe der App kann man Pausen besser einhalten.
> Mithilfe einfacher Methoden / Mithilfe von einfachen Methoden kann man schnell entspannen.
> Mithilfe von Hobbys kann man sich gut von der Arbeit ablenken.

Bei Nomen ohne Artikel benutzt man mithilfe von *(+ Dativ). Wenn vor dem Nomen ein Adjektiv steht, kann man* mithilfe *(+ Genitiv) oder* mithilfe von *(+ Dativ) benutzen.**

*genauso bei: außerhalb (von) / innerhalb (von)
Ich habe innerhalb kurzer Zeit Meditation gelernt. Jetzt kann ich innerhalb von wenigen Minuten entspannen.

Die kausalen Präpositionen *aufgrund*, *wegen* und *dank* (+ Genitiv) sowie *aus* und *vor* (+ Dativ)   ► E10
Die Präpositionen wegen *und* aufgrund *beschreiben einen „neutralen" Grund. Die Präposition* dank *benutzt man nur, wenn die Folge des Grundes positiv und wünschenswert ist.*

> Wegen/Aufgrund meiner Erkältung kann ich nicht arbeiten und bleibe ich zu Hause.
> Dank meiner Krankenversicherung bekomme ich trotzdem meinen Lohn bezahlt.

Aus *beschreibt einen „emotionalen Grund" für eine kontrollierte Handlung.* Vor *beschreibt einen „emotionalen Grund", auf den eine unkontrollierte – meist körperliche (und vielleicht unerwünschte) – Reaktion folgt.*

> Sie schweigt aus Angst. Sie haben aus Liebe geheiratet. Aus lauter Frust hat er gekündigt.
> Er zittert vor Angst. Vor lauter Liebe kann sie nicht mehr klar denken. Sie weint vor Frust.

Nach aus *und* vor *folgt normalerweise ein Nomen, dass eine Emotion beschreibt, z.B.* Angst, Stress, Unruhe, Freude, Begeisterung *usw. Normalerweise steht das Nomen ohne Artikel. Oft steht vor dem Nomen das Adjektiv* lauter *(= nichts anderes, als).*

4 Verben, Nomen und Adjektive mit Präpositionen

4.1 Verben, Nomen und Adjektive mit Präpositionen

Viele Verben sowie einige Nomen und Adjektive haben ein Objekt mit Präposition. Die Präposition bestimmt den Kasus des Objektes.

▶ *siehe auch Listen Verben, Nomen, Adjektive mit Präpositionen S. 190–196*

> Die Professorin ärgert sich sehr über die Unpünktlichkeit der Studierenden.
> Als Abteilungsleiter ist er für viele Projekte verantwortlich. Trotzdem hat er ein Recht auf Elternzeit.

Manche Verben, Nomen oder Adjektive haben mehrere Präpositionen.
Er hat sich bei ihr für seine Verspätung entschuldigt.
Der Betriebsrat engagiert sich für gleiche Löhne und gegen schlechte Arbeitsbedingungen.

Manchmal verändert die Präposition die Bedeutung des Verbs.
Sie leidet unter der schlechten Arbeitsatmosphäre. (leiden unter: *Person, Situation*)
Sie leidet an einer Krankheit. (leiden an: *Krankheit*)

Die meisten Präpositionen brauchen immer den gleichen Kasus. Bei wenigen Präpositionen ist je nach Verb Akkusativ oder Dativ notwendig.

Verb + Präposition + Akkusativ:	für, gegen, über, um
Verb + Präposition + Dativ:	aus, bei, mit, nach, unter, von, vor, zu
Verb + Präposition + Akkusativ/Dativ:	an, auf, in

Ich möchte an <u>diesem Seminar</u> teilnehmen. – Hast du auch schon an <u>die Anmeldung</u> gedacht?
Sie ist auf <u>ihren Job</u> angewiesen. Sie besteht auf <u>einem fairen Gehalt</u>.
Ich bin in zwei <u>verschiedene Menschen</u> verliebt. Die beiden unterscheiden sich sehr in <u>ihrem Charakter</u>.

Verben, Nomen und Adjektive mit der gleichen Bedeutung haben oft, aber nicht immer, die gleiche Präposition:
sich ärgern über – der Ärger über – verärgert (sein) über
aber: sich interessieren für – das Interesse an – interessiert (sein) an

4.2 Präpositionaladverbien als Fragewörter und Pronomen

Je nachdem, ob das Objekt nach einer Präposition eine Person oder eine Sache beschreibt, gibt es unterschiedliche Fragewörter und Pronomen.

bei Personen	bei Sachen / abstrakten Dingen
Über wen ärgerst du dich?	Worüber ärgerst du dich?
Ich ärgere mich über unseren Vorgesetzten.	Ich ärgere mich über die Arbeitsbedingungen.
Ja, über ihn habe ich mich auch schon oft geärgert.	Ja, darüber ärgere ich mich auch sehr.

Bei Sachen und abstrakten Dingen benutzt man Präpositionaladverbien (wofür/dafür, worüber/darüber, …) als Fragewort bzw. Pronomen.

Fragewort bei Sachen:	wo + (r) + Präposition
Pronomen bei Sachen:	da + (r) + Präposition

Wenn die Präposition mit einem Vokal beginnt (an, auf, über, um, unter), fügt man ein r ein.

Auch wenn nicht bekannt ist, ob das Objekt eine Person oder eine Sache ist, benutzt man als Fragewort das Präpositionaladverb mit wo-.
Du siehst wütend aus. Worüber hast du dich denn geärgert? – Über meinen Kollegen. Er ist so unhöflich.

4.3 Präpositionaladverbien mit einem Nebensatz/Infinitivsatz　　　　　　　▶ E2

Das Präpositionaladverb kann auch auf einen Nebensatz oder Infinitivsatz verweisen.

> Ich bin darauf angewiesen, meine Stelle zu behalten.
> Ich habe Angst davor, dass es Stress gibt.
> Ich bin nicht einverstanden damit, wie meine Kommilitonen diskutieren.
> Ich habe darüber nachgedacht, mit dem Betriebsrat zu sprechen.

Das Präpositionaladverb steht normalerweise am Satzende des Hauptsatzes. Bei zweiteiligen Verben (Perfekt, Futur I, …) steht es vor dem zweiten Verb am Satzende. Der Hauptsatz steht immer vor dem Nebensatz.

In der gesprochenen Umgangssprache kann das Präpositionaladverb manchmal auch entfallen:
Ich habe Angst, dass es Stress gibt. / Ich habe Lust, dich zu sehen.

▶ *siehe auch B 2.1 Infinitivsätze*

5 Andere Wörter und Wortverbindungen

5.1 Negationswörter

nicht (mehr)	*negiert einen Satz oder Satzteil; negiert Possessivartikel und definite Artikel*	Ich kann nicht (mehr) weiterfahren. Das ist nicht meine Schuld.
kein (mehr)	*negiert indefinite Artikel und Nomen ohne Artikel; muss dekliniert werden*	Ich mache keinen Deutschkurs (mehr). Ich habe keine Zeit (mehr).
nichts	*Gegenteil von alles/viel*	Für diesen Kurs muss man nichts bezahlen.
niemand	*Gegenteil von jeder; kann (muss aber nicht) dekliniert werden*	Ich kenne hier noch niemand/niemanden.
nie(mals)	*Gegenteil von immer*	Ich war noch nie(mals) in Australien.
nirgends/ nirgendwo	*Gegenteil von überall*	Nirgends/Nirgendwo sind die Mieten so günstig wie hier.

5.2 Das Wort *es*　　　　　　　▶ E3

Das Wort es hat verschiedene Funktionen. Je nach Funktion kann es im Satz entfallen.

> **es muss benutzt werden**
>
> **es als Pronomen**
> | | |
> |---|---|
> | *für das Subjekt* | Das Smartphone ist ein wichtiges Medium. Es ist ein wichtiges Medium. |
> | *für das Objekt** | Ich benutze das Smartphone jeden Tag. Ich benutze es jeden Tag. |
> | *für ein Adjektiv** | Das Smartphone ist sehr praktisch. – Ja, das ist es. |
> | *für den ganzen Satz** | Viele können auf ihr Smartphone nicht verzichten. Ich kann es auch nicht. |
>
> **es als grammatisches inhaltsloses Subjekt oder Objekt**
> | | |
> |---|---|
> | *Befinden* | Mir geht es gut. Wie geht es dir? |
> | *Wetter* | Es regnet. |
> | *Sinneswahrnehmungen* | Es klingelt. / Es riecht nach Kaffee. |
> | *Thema* | Es geht um … / Es gibt … / Es kommt darauf an, … / Davon hängt es ab. |
> | *feste Ausdrücke** | Sie hat es eilig. / Er meint es gut. |

Als Pronomen oder grammatisches Subjekt oder Objekt bleibt es auch bei Umstellung des Satzes erhalten.
Gibt es heute Vorlesungen? – Es gibt heute keine Vorlesungen. / Vorlesungen gibt es heute nicht.
Worum geht es in dem Buch? – Es geht um … in dem Buch. / In dem Buch geht es um …

*In diesen Fällen steht es niemals auf Position 1.

es fällt bei Umstellung des Satzes weg

es bezieht sich auf einen Nebensatz

Nebensatz mit dass	Es nervt mich, dass man im Internet so viel Werbung sieht.
	Dass man so viel Werbung im Internet sieht, nervt mich.
Infinitivsatz	Ich finde es praktisch, alles mit dem Smartphone zu organisieren.
	Alles mit dem Smartphone zu organisieren, finde ich praktisch.
indirekte Frage	Es ist nicht sicher, welche Suchergebnisse man bekommt.
	Welche Suchergebnisse man bekommt, ist nicht sicher.
Relativsatz	Ich finde es toll, was man mit dem Smartphone alles machen kann.
	Was man mit dem Smartphone alles machen kann, finde ich toll.

es ist Platzhalter auf Position 1

Es sind viele Gäste gekommen. Es wurde den ganzen Abend getanzt.
Viele Gäste sind gekommen. Den ganzen Abend wurde getanzt.

Wenn es auf einen Nebensatz verweist oder als Platzhalter dient, entfällt es bei Umstellung des Satzes.

5.3 Modalpartikeln

▶ E12

Modalpartikeln sind schwer übersetzbar. Sie drücken Gefühle aus und haben oft mehrere Bedeutungen.
Modalpartikeln stehen immer im Mittelfeld des Satzes und sind immer fast immer unbetont.

Frage: Reaktion auf bekannte Information	Kim ist nicht da. – Wo ist sie denn?
Frage: Interesse	Warum lernst du eigentlich Deutsch?
Ausruf: Überraschung	Sie können aber/ja toll Deutsch sprechen!
Ausruf: Widerspruch/Vorwurf	Das habe ich doch/ja gesagt!
Ausruf: Mitgefühl	Das tut mir aber leid! Das tut mir ja so leid!
Ausruf: Erlaubnis/Ermutigung	Nimm dir ruhig noch ein Stück Kuchen!
Ausruf: freundliche Aufforderung	Mach mal das Fenster auf, bitte!
Ausruf: Vorschlag	Nimm dir doch frei! Mach doch mal Urlaub!
Ausruf: irrealer Wunsch:	Hätte ich doch nur mehr Zeit!*
	Wenn ich bloß nicht so viel arbeiten müsste!*
Aussage: Vermutung	Sie ist wohl noch zu Hause.
Aussage: nicht-veränderbare Situation	Du musst dich nicht beeilen. Wir kommen eh zu spät.
Aussage: Resignation/Akzeptanz	Ich habe einfach keine Zeit. Es ist eben so viel zu tun.
Aussage: Verweis auf bekannte Information	Du hast doch früher in einer Band gespielt.
	Ich habe einen neuen Job. Aber das weißt du ja schon.

* Die Modalpartikeln bloß, doch *und* nur *werden in irrealen Wunschsätzen betont.*

5.4 Das Wort *eigentlich*

▶ E1

Als Adverb hat eigentlich *in Aussagesätzen eine einschränkende Bedeutung. Es folgt oft ein Satz mit* aber.
Ich wollte eigentlich nach Wien gehen. Aber das hat nicht geklappt.

In Fragesätzen ist eigentlich *eine Modalpartikel und drückt freundliches Interesse aus.*
Warum sind Sie eigentlich in die Schweiz eingewandert?

5.5 Nomen-Verb-Verbindungen

▶ E3

Eine Nomen-Verb-Verbindung ist eine Kombination aus einem Nomen und einem bestimmten Verb mit einer festen Bedeutung.

Die Bewerber stehen im Assessment-Center unter großem Druck.
Sie müssen Probleme lösen und Entscheidungen treffen.

Manche Nomen-Verb-Verbindungen kann man alternativ mit einem einfachen Verb ausdrücken.
Kritik üben = kritisieren; eine Entscheidung treffen = entscheiden

▶ *siehe auch Liste Nomen-Verb-Verbindungen S. 197–198*

6 Wortbildung

6.1 Nomen

Nominalisierung: Verb → Nomen

Infinitiv	das Essen (essen), das Leben (leben), das Arbeiten (arbeiten)
Verbstamm	der Schlaf (schlafen), der Wunsch (wünschen), der Unterschied (unterscheiden)
Verbstamm +er/erin	der Fahrer / die Fahrerin (fahren), der Fernseher (fernsehen)
andere Formen	die Suche (suchen), die Fahrt (fahren)

Nominalisierte Verben haben fast immer einen bestimmten Artikel:
Infinitiv: das; *Verbstamm:* der; *Verbstamm* + er: der / *Verbstamm* + erin: die

Der nominalisierte Infinitiv wird oft mit den Präpositionen bei *und* zu *benutzt.*
Wollen wir uns zum Kochen treffen?   *(beschreibt einen Zweck:* Wozu?*)*
Beim Kochen kann ich gut entspannen.   *(beschreibt einen Zeitpunkt:* Wann?/Wobei?*)*

Nominalisierung: Adjektiv → Nomen

Partizip I oder II	die/der Angestellte (angestellt), die Studierenden (studierend)
Adjektiv	ein Ehrenamtlicher / eine Ehrenamtliche / die Ehrenamtlichen (ehrenamtlich)

Von Adjektiven abgeleitete Nomen beschreiben normalerweise Personen und sind je nachdem maskulin oder feminin. Nominalisierte Adjektive müssen – wie Adjektive auch – dekliniert werden.

Ableitung
Man kann Nomen aus anderen Wörtern bilden, indem man Suffixe anhängt.

Verbstamm +ung	die Beratung (beraten)
Nomen +heit	die Kindheit (das Kind)
Adjektiv +keit	die Persönlichkeit (persönlich)

Nomen mit -ung, -heit *und* -keit *sind immer feminin.*

6.2 Adjektive

Negation
Mithilfe der Präfixe un-, des- *und* in- *kann man Adjektive negieren.*
unehrlich; desinteressiert; inkompetent

Nomen, die aus Adjektiven abgeleitet werden, können auch mit diesen Präfixen negiert werden.
die Unehrlichkeit; das Desinteresse; die Inkompetenz

Ableitung
Man kann Adjektive aus anderen Wörtern ableiten, indem man ein Suffix anhängt.

Verbstamm +bar*	machbar	(Man kann es machen.)
Nomen +los	erfolglos, arbeitslos	(ohne Erfolg, ohne Arbeit)
Nomen +reich	erfolgreich	(mit viel Erfolg)
Nomen +voll	humorvoll	(mit viel Humor)

* *Auch Adjektive mit* -abel *und* -lich *können die Bedeutung „man kann …" haben:*
Verbstamm ohne -ieren + abel: akzeptabel, profitabel, diskutabel, variabel, reparabel
(veränderter) Verbstamm + lich: verständlich, erträglich, löslich

Aber:
Nicht alle Verben auf -ieren *können Adjektive mit* -abel *bilden.*
Nur wenige Adjektive mit -lich *haben diese Bedeutung.*

B Sätze

1 Hauptsätze

1.1 Satzklammer

	Position II		Satzende
Sie	möchte	für ein Jahr nach Chile	gehen.
In der Schweiz	habe	ich viele nette Leute	kennengelernt.
Die Atomkraftwerke	müssen		abgeschaltet werden.

In Hauptsätzen steht das konjugierte Verb immer auf Position II. Bei zweiteiligen Verben (trennbare Verben, Perfekt, Passiv, Futur I, Konjunktiv II, ...) steht der zweite Verbteil am Satzende.

1.2 Dativ- und Akkusativobjekte im Mittelfeld ▶ E1

Die Firma bietet den Expats ein Freizeitprogramm an.	*(Dativ: Nomen; Akkusativ: Nomen)*
Die Firma bietet ihnen ein Freizeitprogramm an.	*(Dativ: Pronomen; Akkusativ: Nomen)*
Die Firma bietet es den Expats an.	*(Akkusativ: Pronomen; Dativ: Nomen)*
Die Firma bietet es ihnen an.	*(Akkusativ: Pronomen; Dativ: Pronomen)*

Das Dativobjekt steht normalerweise vor dem Akkusativobjekt. Wenn das Akkusativobjekt ein Pronomen ist, steht der Akkusativ vor dem Dativ.

1.3 Reihenfolge der Angaben im Hauptsatz (Te-Ka-Mo-Lo) ▶ E5

		temporal	kausal		modal	lokal	
Ich	gehe	morgens	wegen der vielen Arbeit		ungern	ins Büro.	
Die Arbeit	ist	in der letzten Zeit	trotz der digitalen Medien		stressiger		geworden.

In einem Aussagesatz stehen die Angaben im Mittelfeld oft in der Te-Ka-Mo-Lo-Reihenfolge.

temporal	*Wann? Wie lange? Wie oft?*	*modal*	*Wie? Womit? Wodurch?*
kausal	*Warum?*	*lokal*	*Wo? Woher? Wohin?*

Die temporale Angabe steht oft auch auf Position 1. Die anderen Angaben können auch auf Position 1 stehen, wenn man sie besonders betonen möchte.
Während der Arbeit **liegt das Handy gut sichtbar auf dem Schreibtisch.**
Wegen des Zeitdrucks **machen viele Arbeitnehmer regelmäßig fast selbstverständlich Überstunden.**

Bei mehreren temporalen Angaben in einem Satz ist die Reihenfolge normalerweise von groß nach klein.
Wir sind vor einem Jahr an einem Wochenende um Mitternacht **in Wien angekommen.**
Bei mehreren lokalen Angaben in einem Satz ist die Reihenfolge normalerweise von klein nach groß.
In den Ferien fahre ich zu meiner Oma in ihr Ferienhaus auf Mallorca.

1.4 Die Position von *nicht* und *auch* im Hauptsatz ▶ E12

Mit Bezug zum ganzen Satz

> 1 Ich besuche dieses Seminar nicht/auch.
> 2 Sie fährt am Wochenende auch nach Berlin. Aber sie fährt nicht mit dem Zug.
> 3 Ich möchte mich in meinem Alltag nicht einschränken lassen.
> 4 Die kulturellen Werte hängen nicht/auch von der Herkunftsregion ab.

Wenn sich nicht *bzw.* auch *auf das Verb oder den ganzen Satz beziehen, dann steht* nicht *bzw.* auch
- *am Ende des Satzes (1) oder*
- *am Ende des Satzes, aber vor der lokalen oder modalen Angabe (2) oder*
- *am Ende des Satzes, aber innerhalb der Satzklammer, also vor dem 2. Verbteil (3) oder*
- *am Ende des Satzes aber vor dem Präpositionalobjekt (4).*

Mit Bezug zu einem bestimmten Satzteil

1a Sie besucht das Seminar nicht.	**2a** Sie besucht das Seminar auch.
1b Nicht sie besucht das Seminar, sondern er.	**2b** Auch sie besucht das Seminar. (So wie er.)
1c Sie besucht nicht das Seminar, sondern die Vorlesung.	**2c** Sie besucht auch das Seminar. (Neben der Vorlesung.)

Wenn sich nicht *bzw.* auch *nicht auf den ganzen Satz (1a und 2a), sondern auf eine bestimmte Information im Satz beziehen, dann steht* nicht *bzw.* auch *direkt vor dieser Satzinformation (1b+c und 2b+c). Ein Satz mit* nicht (nur) …, sondern (auch) … *weist immer auf eine Satzteilnegation hin (1b+c).*

Bei sehr kurzen Sätzen mit wenigen Satzteilen ist es oft nicht eindeutig erkennbar, ob sich nicht *bzw.* auch *auf den kompletten Satz oder eine bestimmte Satzinformationen beziehen.*

1.5 Hauptsätze verbinden

1.5.1 Die Konjunktionen *aber, denn, oder, sondern, und*

Hauptsatz	Hauptsatz			
Ich möchte Geld sparen,	aber	(ich)	(möchte)	auch eine Weltreise machen.
Ich möchte Geld sparen,	denn	ich	möchte	eine Weltreise machen.
Ich möchte Geld sparen	oder	(ich)	(möchte)	eine Weltreise machen.
Ich möchte kein Geld sparen,	sondern	(ich)	(möchte)	eine Weltreise machen.
Ich möchte Geld sparen	und	(ich)	(möchte)	eine Weltreise machen.

Bei den Konjunktionen aber, oder, sondern, und *werden die Satzteile, die sich im zweiten Hauptsatz wiederholen, meist weggelassen.*
Bei aber, denn, sondern *steht ein Komma zwischen den Hauptsätzen.*
Bei sondern *steht im ersten Hauptsatz immer eine Negation mit* nicht *oder* kein.

1.5.2 Die Adverbien *deshalb, trotzdem, dagegen …*

Hauptsatz	Hauptsatz	
Sie möchte an der Kunsthochschule studieren,	deshalb	bereitet sie ihr Portfolio vor.
Er hat noch keine Deutschkenntnisse.	Er	möchte trotzdem gern in Deutschland studieren.
Mariam will auf Fleisch nicht verzichten.	Dagegen	ernährt sich Philipp komplett vegetarisch.

Adverbien wie deshalb *(genauso:* darum, daher, deswegen*),* trotzdem *(genauso:* dennoch*) und* dagegen *(genauso:* im Vergleich / Gegensatz dazu*) können Hauptsätze verbinden. Sie stehen immer im zweiten Hauptsatz auf Position 1 oder im Mittelfeld.*

1.5.3 Doppelkonjunktionen

Mit dem Smartphone kann man sowohl telefonieren als auch Nachrichten schreiben.
Viele recherchieren nicht nur in Büchern, sondern (sie recherchieren) auch online.
Entweder rufst du mich an oder (du) schreibst mir eine Nachricht.
Ich mag weder Fernsehen noch (mag ich) Kino.
Die sozialen Medien sind zwar interessant, aber (sie) kosten auch viel Zeit.

sowohl … als auch …	*Aufzählung: beides (+ +)*
nicht nur …, sondern auch …	*Aufzählung: beides; das letzte betont (+ +)*
entweder … oder …	*Alternative: eins von beidem (+ - oder - +)*
weder … noch …	*beides nicht (- -)*
zwar …, aber …	*Einschränkung: das erste positiv; das letzte negativ (☺ ☹)*
je …, desto/umso …*	*Abhängigkeit (↗↗ oder ↘↘)*

▶ zu je …, desto *siehe auch B 2.2.9 Vergleichssätze*

Doppelkonjunktionen können Satzteile oder ganze Hauptsätze verbinden. Sie stehen normalerweise direkt vor den Satzteilen, auf die sie sich beziehen.
Ich mag weder Fernsehen noch Kino. / Ich sehe weder gern fern, noch gehe ich gern ins Kino.
Satzteile, die sich wiederholen, können im zweiten Hauptsatz weggelassen werden.

2 Nebensätze

2.1 Infinitivsätze

2.1.1 Infinitiv mit *zu*

▶ E2

> Ich habe keine Lust, in einem spießigen Reihenhaus zu leben.
> Ich habe vor, irgendwann umzuziehen. Es ist toll, wenig arbeiten zu müssen.

Ein Infinitivsatz folgt nach bestimmten Nomen, Verben und Formulierungen im Hauptsatz. Diese drücken oft Meinungen, Gefühle, Wünsche oder Pläne aus.

– *abstrakte Nomen (+ haben)**	Wir hatten die Absicht, eine Familie zu gründen.
– *es ist + Adjektiv*	Es ist doch blöd, sich so oft zu streiten.
– *ich finde es + Adjektiv*	Ich fand es schön, deine Mitbewohner kennenzulernen.
– *es + Verb + Objekt***	Es stresst mich, so viele Dinge zu besitzen.
– *bestimmte Verben****	Alle haben sich bemüht, höflich zu sein.
– *nach Nomen, Verben, Adjektiven mit Präposition*	Ich freue mich darauf umzuziehen. / In einer WG sind alle dafür verantwortlich aufzuräumen.

*genauso: Angst/Zeit/Spaß / den Plan / die Hoffnung / die Möglichkeit haben
Auch ohne haben *folgt nach abstrakten Nomen ein Infinitiv mit* zu.
Unser Plan, ins Ausland zu gehen, hat leider nicht geklappt. Es macht Spaß, in einer WG zu wohnen.

**genauso: es gefällt mir; es ärgert/freut/stört/wundert mich
Oft drücken diese Verben Meinungen oder Gefühle aus.

***Dazu gehören vor allem Verben aus folgenden Bereichen: Gefühle/Gedanken (sich freuen, sich ärgern, sich vorstellen …); Pläne/Wünsche (planen, vorhaben, versuchen, hoffen); Ratschläge (vorschlagen, raten, empfehlen); Anfang/Ende (beginnen, anfangen, aufhören); Verbot/Erlaubnis (erlauben, verbieten)

Anders als bei Nebensätzen ist es nicht immer nötig, zwischen dem Hauptsatz und dem Infinitivsatz mit zu *ein Komma zu setzen. Man kann das Komma aber setzen, um die Satzteile deutlicher zu machen.*

Infinitiv mit *zu* oder Nebensatz mit *dass*

▶ E2

Ein Infinitivsatz mit zu ist nur möglich,

– *wenn die Subjekte im Hauptsatz und* dass-*Satz identisch sind:*
  Ich habe entschieden, zu kündigen. (Ich habe entschieden, dass ich kündige.)
– *das Objekt im Hauptsatz identisch mit dem Subjekt im* dass-*Satz ist:*
  Es stresst mich, so viel zu arbeiten. (Es stresst mich, dass ich so viel arbeite.)
– *das Subjekt im Hauptsatz* es *und das Subjekt im* dass-*Satz* man *ist:*
  Es ist schön, nicht so viel arbeiten zu müssen. (Es ist schön, dass man nicht so viel arbeiten muss.)

In allen anderen Fällen und wenn im Hauptsatz ein Modalverb oder ein bestimmtes Verb wie z. B. wissen, sagen, antworten steht, ist nur ein Nebensatz und kein Infinitivsatz möglich.
Ich weiß, dass ich mich auf meine Nachbarn verlassen kann.
Ich will, dass meine Mitbewohner öfter aufräumen.

2.1.2 Infinitivsätze in der Gegenwart und Vergangenheit

▶ E2

Infinitivsatz in der Gegenwart

Es gefällt mir, Briefe zu schreiben.	*(beides heute)*
Es hat mir immer gefallen, Briefe zu schreiben.	*(beides früher)*

Die Handlungen im Hauptsatz und Infinitivsatz passieren gleichzeitig: In der Gegenwart, wenn das Verb im einleitenden Hauptsatz im Präsens steht (Es gefällt mir, … zu …) oder in der Vergangenheit, wenn es im Perfekt oder Präteritum steht (Es hat mir gefallen, … zu …).

Infinitivsatz in der Vergangenheit

> Ich bin froh, früher viele Briefe geschrieben zu haben.
> Ich bin froh, ohne Internet aufgewachsen zu sein.

Infinitivsätze in der Vergangenheit drücken meist eine rückblickende Bewertung einer vergangenen Handlung aus. Die Handlung im Infinitivsatz ist vor der Handlung im Hauptsatz passiert.
Man benutzt den Infinitiv Perfekt (Partizip II + zu + haben/sein).

2.1.3 Infinitiv mit *um ... zu, ohne ... zu, (an)statt ... zu*   ▶ E4

um ... zu	*drückt ein Ziel / einen Zweck aus*
ohne ... zu	*drückt aus, dass etwas ohne Konsequenz bleibt*
(an)statt ... zu	*drückt eine Alternative aus, die man nicht wählt*

> Wir benutzen Gesten, um Gefühle auszudrücken.
> Beim Sprechen bewegen wir unsere Hände, ohne es zu merken.
> Bei einer Präsentation sollte man ruhig stehen, anstatt nervös herumzulaufen.

Das Subjekt im Hauptsatz und das (gedachte) Subjekt im Infinitivsatz ist identisch. Wenn die Subjekte nicht identisch sind, benutzt man Nebensätze mit damit *bzw.* ohne ... dass *oder* (an)statt ... dass.

▶ *siehe auch B 2.2.4 und B 2.2.8*

2.2 Nebensätze

Hauptsatz	**Nebensatz**
Ich kann alles um mich herum vergessen,	wenn ich Musik höre.
Nebensatz	**Hauptsatz**
Wenn ich im Wald spazieren gehe,	kann ich so richtig gut abschalten.

Wenn der Nebensatz vor dem Hauptsatz steht, dann beginnt der Hauptsatz mit dem konjugierten Verb.

2.2.1 Temporale Nebensätze

Gleichzeitige Handlungen

wenn	*regelmäßige, sich wiederholende Ereignisse in der Gegenwart oder Vergangenheit*
als	*einmalige Ereignisse in der Vergangenheit*
während	*parallel stattfindende Ereignisse*
(seit)dem	*Das Ereignis im Nebensatz hat in der Vergangenheit begonnen und dauert bis heute an.*

> Wenn ich im Urlaub bin, lese ich viel. / Ich habe immer viel gelesen, wenn ich im Urlaub war.
> Als ich im Urlaub war, habe ich viel gelesen.
> Während wir uns unterhalten haben, hat das Telefon geklingelt.
> Seit(dem) ich regelmäßig meditiere, bin ich viel ausgeglichener.

Nicht-gleichzeitige Handlungen

bevor	*Das Ereignis im Hauptsatz passiert vor dem Ereignis im Nebensatz.*
nachdem	*Das Ereignis im Hauptsatz passiert nach dem Ereignis im Nebensatz.*
sobald	*Das Ereignis im Hauptsatz passiert sehr schnell nach dem Ereignis im Nebensatz.*
bis	*Das Ereignis im Hauptsatz dauert bis zum Beginn des Ereignisses im Nebensatz.*

> Bevor sie ihr Visum beantragen konnte, musste sie ihren Pass verlängern.
> Nachdem sie die Zusage bekommen hatte, hat sie sich einen Reiseführer besorgt.
> Ruf mich an, sobald du ankommst. / Sobald er in Polen war, hat er angefangen, Polnisch zu lernen.
> Ich warte auf dich, bis du wiederkommst.

In Sätzen mit nachdem *steht der Nebensatz immer in einer früheren Zeitform als der Hauptsatz.*
Hauptsatz: Präsens → Nebensatz: Perfekt/Präteritum
Hauptsatz: Perfekt/Präteritum → Nebensatz: Plusquamperfekt

2.2.2 Konditionale Nebensätze (Bedingungssätze)   ▶ E5

Konditionale Nebensätze drücken eine Bedingung aus.

> Der Atommüll wird ein unlösbares Problem, wenn/falls die Atomkraftwerke weiterarbeiten.
> Wenn/Falls die Atomkraftwerke abgeschaltet werden, droht ein globaler Stromausfall.
> Wenn man auf Atomkraft verzichten würde, wäre die Welt viel sicherer.
> Wenn man schon früher auf nachhaltige Energien umgestiegen wäre, gäbe es heute weniger Probleme.

Reale Bedingungssätze beschreiben, dass die Bedingung im Nebensatz und die Konsequenz im Hauptsatz möglich sind. Falls *drückt eine geringere Möglichkeit/Wahrscheinlichkeit als* wenn *aus.*

Irreale Bedingungssätze beschreiben, dass die Erfüllung der Bedingung (und damit auch die Konsequenz) sehr unwahrscheinlich ist. In irrealen Bedingungssätzen benutzt man normalerweise wenn *und die Verben stehen im Konjunktiv II. Wenn man das Verb im Konjunktiv II der Vergangenheit verwendet, macht man deutlich, dass die Bedingung nicht mehr erfüllt werden kann.*

> ▶ *siehe auch A 1.4.1 Konjunktiv II der Gegenwart und A 1.4.2 Konjunktiv II der Vergangenheit*

Uneingeleitete Bedingungssätze   ▶ E5

Nebensatz		Hauptsatz	
Würde man alle Atomkraftwerke	schließen,	würden viele Arbeitsplätze	verloren gehen.
Sollte die Umweltpolitik nicht bald reagieren,	kann	der Klimawandel nicht	aufgehalten werden.

In uneingeleiteten Bedingungssätzen entfällt wenn *oder* falls. *Das konjugierte Verb steht auf Position 1. Der Nebensatz steht immer vor dem Hauptsatz. In formelleren geschriebenen Texten beginnt der Nebensatz oft mit* sollte.

2.2.3 Kausale Nebensätze mit *weil/da* und konzessive Nebensätze mit *obwohl*

Kausale Nebensätze drücken Gründe aus. Konzessive Nebensätze drücken einen Widerspruch/Gegensatz zum Hauptsatz aus. Gründe und Gegensätze kann man alternativ mit den Präpositionen wegen *bzw.* trotz *(▶ siehe A 3.4) oder den Adverbien* deshalb *bzw.* trotzdem *(▶ siehe B 1.5.2) ausdrücken.*

> Die Kollegin ärgert sich, weil/da sie weniger als ihre männlichen Kollegen verdient.
> Obwohl sie die Gehaltsunterschiede ärgern, arbeitet sie gern in der Firma.

Der Konnektor da *wird vor allem in formellerer Sprache benutzt.*

2.2.4 Modale Nebensätze mit *ohne dass* und adversative Nebensätze mit *(an)statt dass*   ▶ E4

Modale Nebensätze mit ohne dass *drücken aus, dass die Handlung im Nebensatz nicht passiert. Adversative Nebensätze mit* (an)statt dass *beschreiben eine Alternative, die man nicht wählt.*

> Körpersprache findet oft unbewusst statt, ohne dass man darüber nachdenkt.
> In Bulgarien wird Zustimmung mit einem Kopfschütteln ausgedrückt, (an)statt dass man nickt.

Wenn die Subjekte im Haupt- und Nebensatz gleich sind, kann man alternativ ohne ... zu *(+ Infinitiv) bzw.* (an)statt ... zu *(+ Infinitiv) benutzen (▶ siehe B 2.1.3). Infinitivsätze klingen stilistisch meist besser.*
> Wir benutzen oft Körpersprache, ohne darüber nachzudenken.
> In Bulgarien schüttelt man den Kopf, anstatt zu nicken.

2.2.5 Adversative Nebensätze mit *während*   ▶ E8

Adversative Nebensätze mit während *drücken einen Gegensatz aus. Alternativ kann man auch einen Hauptsatz mit* dagegen *verwenden (▶ siehe B 1.5.2).*

> Während sich der ökologische Rucksack sich auf ein Produkt bezieht, beschreibt der ökologische Fußabdruck das Konsumverhalten der Menschen.

Der Nebensatz mit während *steht meist vor dem Hauptsatz.*

2.2.6 Modale Nebensätze mit *indem* und *dadurch dass*   ► E10

Modale Nebensätze mit indem *und* dadurch dass *antworten auf die Frage* Wie … ? *oder* Wodurch …?
und beschreiben ein Mittel bzw. eine Methode, wie etwas erreicht wird.

> Man kann einer traurigen Person helfen, indem man sie tröstet und in den Arm nimmt.
> Dadurch dass man sieht, wie sich jemand wehtut, wird das eigene Schmerzzentrum aktiviert.

Nebensätze mit dadurch dass *stehen meist vor dem Hauptsatz.* Dadurch dass *kann auch getrennt werden.
Dann steht* dadurch *im Hauptsatz vor dem Ergebnis und wird betont. Der Nebensatz beginnt mit* dass.
Man kann eine Sprache dadurch lernen, dass man sie oft hört.
Man kann dadurch eine Sprache lernen, dass man sie oft hört.

Dadurch dass kann manchmal auch eine kausale Bedeutung haben und durch *weil* oder *da* ersetzt werden.
Dadurch dass / Weil / Da sie die Mimik der Eltern nachahmen, lernen Babys Gefühle verstehen.

2.2.7 Konsekutive Nebensätze mit *sodass* und *so …, dass*   ► E10

Konsekutive Nebensätze mit sodass *und* so …, *dass drücken eine (meist unbeabsichtigte) Konsequenz aus.
Der Nebensatz mit* sodass *steht immer nach dem Hauptsatz, der die Ursache beschreibt.*

> Die Neuronen spiegeln die Gefühle anderer Menschen, sodass man mit ihnen mitfühlt.
> Das funktioniert so gut, dass es sogar reicht, nur davon zu lesen oder hören.

In Sätzen mit so + Adjektiv/Adverb + dass *wird das Adjektiv/Adverb als Ursache für die Konsequenz
hervorgehoben. Das* so *wird beim Sprechen betont. Der Nebensatz beginnt mit* dass.

2.2.8 Finale Nebensätze mit *damit*

Finale Nebensätze drücken ein Ziel bzw. einen Zweck aus.

> Man braucht bis zu 80 Wiederholungen, damit das Gehirn neue Informationen dauerhaft speichert.

Ein Ziel oder einen Zweck kann man alternativ mit um … zu (+ Infinitiv) (► *siehe auch B 2.1.3) oder der
Präposition* zu (+ Nomen im Dativ) *oder* für (+ Nomen im Akkusativ) *ausdrücken.*
Man braucht bis zu 80 Wiederholungen, um sich neue Informationen dauerhaft zu merken.
Zur dauerhaften Speicherung / für die dauerhafte Speicherung von Informationen braucht das Gehirn
bis zu 80 Wiederholungen.

2.2.9 Vergleichssätze
> ► *siehe auch Komparation der Adjektive A 2.2*

Vergleichssätze mit Nebensatz und *als/wie*   ► E1
Vergleichssätze mit als *und* wie *vergleichen eine Situation mit den Erwartungen.*

> Die Menschen sind freundlicher, als viele glauben. / Es war anders, als ich es erwartet hatte.
> Die Landschaft sind genauso schön, wie ich dachte. / Es ist nicht so teuer, wie ich gedacht hätte.

Vergleichssätze mit *je …, desto / je …, umso*
Vergleichssätze mit je …, desto *oder* je …, umso *beschreiben eine Abhängigkeit.*

Nebensatz		Hauptsatz			
Je entspannter man bei der Arbeit	ist,	desto besser	kann	man sich	konzentrieren.
Je besser die Arbeitsbedingungen	sind,	umso zufriedener	sind	die Mitarbeiter.	

Der Nebensatz mit je *steht immer am Anfang. Nach* je *und* desto/umso *steht immer der Komparativ.*

2.3 Indirekte Rede und indirekte Fragen
*Mit indirekter Rede und indirekten Fragen gibt man wieder, was eine andere Person gesagt oder gefragt
hat. Indirekte Fragen dienen auch dazu, eigene Fragen höflicher zu formulieren.*

2.3.1 Indirekte Rede ▶ E11

> **1** Er hat gesagt, dass er leider keine Zeit hat und deshalb nicht helfen kann.
> **2** Er hat gesagt, dass er leider keine Zeit habe und deshalb nicht helfen könne.
> **3** Sie haben erzählt, sie kommen am Wochenende nach Köln und helfen uns beim Umzug.
> **4** Sie haben erzählt, sie kämen am Wochenende nach Köln und würden uns beim Umzug helfen.

Bei der indirekten Rede steht nach einem einleitenden Hauptsatz entweder ein Nebensatz mit dass oder ein zweiter Hauptsatz, in dem das Gesagte wiedergegeben wird. Das Gesagte kann im Indikativ (Satz 1+3), im Konjunktiv I (Satz 2) oder im Konjunktiv II (Satz 4) stehen.

Beim Wechsel von direkter zu indirekter Rede ändern sich Personal- und Possessivpronomen und je nach Kontext manchmal lokale oder temporale Angaben.

Durch die Wahl des redeeinleitenden Verbs kann man die Intention der Sprecherin / des Sprechers deutlich machen und/oder zeigen, wie man selbst zu der Aussage steht.
Sie betont, dass der Termin wichtig sei. (Sie will nochmal darauf aufmerksam machen.)
Er jammerte darüber, dass er kein Geld habe. (Er wirkte sehr unglücklich.)
Sie behaupteten, dass sie die Prüfung bestanden haben. (Ich bin nicht sicher, ob das stimmt.)

Indirekte Rede mit Konjunktiv I und Konjunktiv II

> Der Minister sagte: „Ich hoffe auf eine gute Partnerschaft. Ich bin sehr optimistisch."
> Der Minister sagte, er hoffe auf eine gute Partnerschaft. Er betonte auch, dass er sehr optimistisch sei.

Vor allem in Nachrichten und Pressetexten wird in der indirekten Rede der Konjunktiv I verwendet. Der Konjunktiv I macht deutlich, dass man sich beim Zitieren von der Aussage distanziert, z.B. weil man nicht weiß, ob die Information stimmt oder weil man sie selbst anzweifelt.
Er behauptete, er sei reich. (Ich bin nicht sicher, ob er wirklich reich ist. / Ich weiß, dass er arm ist.)

> Die Minister sagten: „Wir senken die Steuern! Über diese Entscheidung sind wir sehr froh. Die Bürger können uns vertrauen."
> Die Minister sagten, sie würden die Steuern senken und seien über diese Entscheidung sie sehr froh.
> Sie versicherten, dass die Bürger ihnen vertrauen könnten.

In der 3. Person Plural ist der Konjunktiv I nur bei sein möglich. Bei allen anderen Verben ist der Konjunktiv I mit dem Indikativ identisch. Daher benutzt man hier den Konjunktiv II. Wenn der Konjunktiv II die gleiche Form wie das Präteritum hat, benutzt man normalerweise den Konjunktiv II mit würde.*

Indikativ	Konjunktiv I	Konjunktiv II	Konjunktiv II mit *würde*
sie sind	sie seien	*nicht nötig*	*nicht nötig*
sie können	sie können	sie könnten	*nicht nötig*
sie senken	sie senken	sie senkten	sie würden senken

* Ausnahmen: unregelmäßige Verben, bei denen der Konjunktiv II ohne würde gebräuchlich ist, wie z.B. gingen, liefen, sollten.

▶ *siehe auch A 1.4. Konjunktiv II und A 1.5 Konjunktiv I*

Wenn die direkte Rede bereits eine Konjunktivform enthält, wird diese in der indirekten Rede übernommen.
Sie: „Ich hätte gern Urlaub und würde gern ans Meer fahren."
Sie sagte, dass sie gern Urlaub hätte und ans Meer fahren würde.

Ein Imperativ wird in der indirekten Rede mit dem Modalverb sollen oder mögen oder als Infinitivsatz mit zu wiedergegeben. Im Hauptsatz steht ein Verb des Bittens oder Forderns.
Er: „Mach bitte mal das Fenster auf."
Er bat sie, dass sie das Fenster aufmachen möge. Er bat sie, das Fenster aufzumachen.
Sie: „Lass mich in Ruhe."
Sie forderte ihn auf, dass er sie in Ruhe lassen solle. Sie forderte ihn auf, sie in Ruhe zu lassen.

Indirekte Rede (Vergangenheit)

> Sie hat gesagt: „Heute ist das Wetter super. Die Sonne scheint."
> Sie hat gesagt, dass das Wetter heute super sei und dass die Sonne scheine.
> Er hat geantwortet: „Gestern war es nicht gut. Es hat den ganzen Tag geregnet."
> Er hat geantwortet, gestern sei es nicht gut gewesen. Es habe den ganzen Tag geregnet.
>
> Sie hat erzählt: „Die Balkonpflanzen haben sich über den Regen gefreut. Sie sind gewachsen."
> Sie hat erzählt, dass die Balkonpflanzen sich über den Regen gefreut hätten und gewachsen seien."

Für Aussagen über die Vergangenheit benutzt man in der indirekten Rede den Konjunktiv I oder II der Vergangenheit.

3. Person Singular:	*sei/habe + Partizip II*	*(Konjunktiv I der Vergangenheit)*
3. Person Plural:	*seien/hätten + Partizip II*	*(Konjunktiv I/II der Vergangenheit)*

In welcher Zeitform der redeeinleitende Hauptsatz steht, spielt für die Wahl der Zeitform in der indirekten Rede keine Rolle.
Sie sagt / hat gesagt / wird sagen: „Es geht mir gut. Es gab schon schlechtere Tage."
Sie sagt / hat gesagt / wird sagen, dass es ihr gut ginge und es schon schlechtere Tage gegeben habe.

2.3.2 Indirekte Fragen

> Kannst du mir mal sagen, warum du immer mit mir streitest? (Warum streitest du immer mit mir?)
> Mich würde interessieren, ob er schon aus dem Urlaub zurück ist. (Ist er schon aus dem Urlaub zurück?)
> Die Ministerin fragte nach, wie die Verhandlungen gelaufen seien und ob es schon ein Ergebnis gebe.
> (Wie sind die Verhandlungen gelaufen? Gibt es schon ein Ergebnis?)

2.4 Relativsätze

> Ich fahre in das Dorf, wo ich aufgewachsen bin. Meine Mutter, die noch dort lebt, hat Geburtstag.

Relativsätze sind Nebensätze und geben zusätzliche Informationen zu einem Nomen (dem Bezugswort) im Hauptsatz. Sie stehen meist direkt hinter dem Bezugswort und können deshalb auch in den Hauptsatz eingeschoben werden.
Die Relativpronomen leiten sich von den definiten Artikeln ab.

Relativpronomen

	Nominativ	Akkusativ	Dativ	Genitiv
m	der	den	dem	dessen
n	das	das	dem	dessen
f	die	die	der	deren
Pl.	die	die	denen	deren

2.4.1 Relativsätze im Nominativ, Akkusativ und Dativ

> Angela Merkel, die später Bundeskanzlerin wurde, hatte in der DDR Physik studiert.
>
> Der 9. November 1989 war der Tag, der heute als Tag des Mauerfalls bekannt ist.
>
> Albert Hofmann hat das LSD, das man heute als Droge kennt, bei einem Experiment entdeckt.
>
> Günter Schabowski, dem wir den Mauerfall verdanken, war Pressesprecher der DDR-Regierung.

Das Bezugswort im Hauptsatz bestimmt Genus bzw. Numerus (maskulin, feminin, neutral, Plural) des Relativpronomens, das Verb im Relativsatz bestimmt den Kasus des Relativpronomens.

2.4.2 Relativsätze im Genitiv

► E8

> Ich habe mir ein Smartphone gekauft, dessen Marke ich noch nicht kannte.
>
> Meine Freundin, deren Mann in dem Geschäft arbeitet, kann dort günstiger einkaufen.

Die Relativpronomen im Genitiv drücken eine possessive Relation (Besitz oder Zugehörigkeit) zum Bezugs-wort aus. Das Bezugswort bestimmt das Genus des Relativpronomens.

... ein Smartphone ..., dessen Marke ...: die Marke des Smartphones / seine Marke ...
Meine Freundin, deren Mann ...: der Mann der Freundin / ihr Mann ...

2.4.3 Relativsätze mit Präposition

> Der Mauerfall ist ein Ereignis, an das sich viele Ost- und Westberliner noch heute erinnern.
>
> Der Tag, an dem Deutschland wiedervereinigt wurde, ist der deutsche Nationalfeiertag.

Die Präposition bestimmt den Kasus des Relativpronomens. Sie steht vor dem Relativpronomen am Anfang des Relativsatzes.

In Relativsätzen im Genitiv hat die Präposition keinen Einfluss auf den Kasus des Relativpronomens:

Das Produkt, auf das ich nicht geachtet habe, war von guter Qualität. *(Relativpron. im Akk.)*

Das Produkt, auf dessen Preis ich nicht geachtet habe, war von guter Qualität. *(Relativpron. im Gen.)*

2.4.4 Relativsätze mit *was*

> Wie stolz ich an meinem ersten Schultag war! Das ist etwas, was ich nie vergessen werde!
>
> Es gibt nichts, was ich heute anders machen würde.
>
> Ich mache meistens nur das, was mir Spaß macht.
>
> Die Geburt unserer Kinder war das Schönste, was ich je erlebt habe.
>
> Deine Oma musste die Sachen von ihrem älteren Bruder anziehen, was sie gehasst hat.

Nach Indefinitpronomen (etwas, nichts, alles, vieles, manches ...), nach das sowie nach einem Superlativ als Nomen (das Schönste, das Schlimmste, das Beste ...) benutzt man das Relativpronomen was. Relativsätze mit was können sich auch auf die komplette Aussage des Hauptsatzes beziehen.

2.4.5 Relativsätze mit *wo*, *wohin*, *woher*

> Das ist der Kirschbaum, wo wir immer stundenlang zusammensaßen.
>
> In Wien, wohin deine Oma zum Studieren gegangen ist, hat sie vier Jahre gelebt.
>
> Das Dorf, woher ich komme, hat nur 200 Einwohner.

Das Relativpronomen wo (genauso: woher, wohin) bezieht sich auf eine lokale Angabe im Hauptsatz. Vor allem bei konkreten Ortsangaben benutzt man besser eine Präposition mit Relativpronomen. Das ist der Kirschbaum, unter/auf dem wir immer stundenlang zusammensaßen. In der Stadt, in die deine Oma zum Studieren gegangen ist, hat sie vier Jahre gelebt.

2.4.6 Relativsätze mit *wer*, *wem*, *wen* ▸ E7

Relativsatz	Hauptsatz
Wer ehrenamtlich tätig ist,	(der) kommt oft aus der Mittelschicht.
Wem das Ehrenamt gefällt,	der ist bereit, sich längerfristig zu engagieren.
Wen man aus dem Verein kennt,	mit dem würde man sich sicher auch privat treffen.
Für wen Umweltschutz wichtig ist,	den trifft man vielleicht auf einer Fridays-for-Future-Demo.

Relativsätze mit wer, wem, wen *treffen allgemeine Aussagen über (nicht näher bestimmte) Personen. Der Relativsatz steht immer vor dem Hauptsatz. Der Hauptsatz beginnt normalerweise mit einem Demonstrativpronomen (der, dem, den). Der Kasus der Relativpronomen und der Demonstrativpronomen wird durch das Verb bzw. eine Präposition bestimmt.*

Wenn der Kasus des Relativpronomens und des Demonstrativpronomens im Hauptsatz gleich ist, kann man das Demonstrativpronomen weglassen.
Wer ehrenamtlich tätig ist, kommt oft aus der Mittelschicht.

2.5 Irreale Wünsche ▸ E9
Irreale Wünsche beziehen sich auf einen Wunsch, der im Moment des Sprechens nicht realistisch erscheint.

Irreale Wünsche (Gegenwart)

Wenn ich nur etwas glücklicher wäre! Wenn ich bloß etwas mehr Zeit für mich hätte!
Ach, wenn ich doch nur weniger arbeiten müsste! Wenn ich doch bloß öfter verreisen würde!
Ach, wäre ich doch nur etwas glücklicher! Hätte ich doch nur mehr Zeit!
Müsste ich doch nur weniger arbeiten! Ach, würde ich doch öfter verreisen!

Irreale Wunschsätze haben die Struktur eines Nebensatzes, der allein – ohne Hauptsatz – steht. Sie können durch wenn *eingeleitet werden oder sie beginnen mit dem konjugierten Verb.*

Irreale Wunschsätze enthalten immer eine (oder mehrere) Modalpartikel(n) (doch, nur, bloß), die beim Sprechen betont werden.

Irreale Wünsche (Vergangenheit)

Wenn ich mir bloß mehr Zeit gelassen hätte! Wäre ich nur ein bisschen früher auf die Idee gekommen!

Irreale Wünsche mit dem Konjunktiv II der Vergangenheit drücken ein Bedauern darüber aus, dass etwas in der Vergangenheit nicht passiert ist.

2.6 Irreale Vergleiche mit *als ob*, *als wenn* und *als* ▸ E9

1 Er klingt so, als ob er wütend wäre. Sie wirkt auf mich, als wenn sie viel Stress hätte.
2 Du siehst aus, als ob du viel zu spät ins Bett gegangen wärst und kaum geschlafen hättest.
3 Sie tut so, als würde sie alles besser wissen. Ich fühle mich, als hätte ich mich erkältet

In irrealen Vergleichssätzen vergleicht man etwas mit einer Situation, die nicht der Wirklichkeit entspricht.
Er klingt so, als ob er wütend wäre. (Aber vielleicht ist er nicht wütend, sondern nur gestresst.)
Sie tut so, als würde sie alles besser wissen. (Aber sie weiß natürlich auch nicht alles.)

Im Hauptsatz steht immer ein Verb der Wahrnehmung (Du siehst aus, … / Es klingt so, … / Das hört sich an … / Das schmeckt …), des persönlichen Befindens (Ich fühle mich, …) oder subjektiven Eindrucks (Es kommt mir vor, … / Sie wirkt auf mich, … / Es scheint, … / Er macht den Eindruck, … / Sie tut so, …).

Der Nebensatz beginnt mit als ob, als wenn *oder* als*. Das Verb steht im Konjunktiv II der Gegenwart (Satz 1) oder der Vergangenheit (Satz 2). Im Nebensatz mit* als *steht das konjugierte Verb auf Position 2 (Satz 3).*

3 Umformung von Sätzen

3.1 Nominalgruppen
► E10

> Obwohl viele junge Menschen verantwortungsbewusst handeln, bin ich dagegen, das Wahlalter auf 16 Jahre zu senken.
> Trotz des verantwortungsbewussten Handelns junger Menschen bin ich gegen die Senkung des Wahlalters auf 16 Jahre.

Mithilfe von Nominalgruppen kann man Informationen aus Neben- oder Infinitivsätzen ausdrücken. Eine Nominalgruppe besteht oft aus einer Präposition und einem Nomen bzw. nominalisiertem Verb und einem Genitivattribut. Das Subjekt oder Akkusativobjekt im Neben- bzw. Infinitivsatz wird zum Genitivattribut in der Nominalgruppe.

	Verbalgruppe				**Nominalgruppe**	
	Subjekt	*Verb*			*Nomen*	*Genitivattribut*
	junge Menschen	handeln	→		das Handeln	junger Menschen
obwohl	junge Menschen	handeln	→	trotz	des Handelns	junger Menschen
	das Wahlalter	senken	→		die Senkung	des Wahlalters
dagegen,	das Wahlalter	zu senken	→	gegen	die Senkung	des Wahlalters

Da Nominalgruppen – anders als Verbalgruppen – kein Verb enthalten, bilden sie keinen eigenständigen Satz, sondern sind Teil des Satzes. Mithilfe von Nominalgruppen können mehr Informationen in einem Satz kombiniert und verdichtet werden. Nominalgruppen sind typisch für formelle Texte, z.B. Zeitungstexte, wissenschaftliche oder bürokratische Texte.

3.2 Satzumformung: Präposition – Nebensatzkonnektor – Verbindungsadverb
► E10

Die gleiche Information kann auf unterschiedliche Arten ausgedrückt werden. Je nachdem ändert sich die Reihenfolge im Satz.

Nominalgruppe:	Vor der Arbeit gehe ich joggen.
Nebensatz:	Bevor ich arbeite, gehe ich joggen.
Hauptsatz:	Ich arbeite. Vorher gehe ich joggen.

	Präposition **(Nominalgruppe)**	**Nebensatzkonnektor** **(Hauptsatz + Nebensatz)**	**Verbindungsadverb** **(Hauptsatz + Hauptsatz)**
temporal	vor *(+ Dat.)*	bevor	vorher/davor
	nach *(+ Dat.)*	nachdem	nachher/danach
	während *(+ Gen.)*	während	währenddessen
	bei *(+ Dat.)*	wenn/als	da/dabei
	seit *(+ Dat.)*	seit(dem)	seitdem
konditional	bei *(+ Dat.)*	wenn/falls	---
kausal	wegen/aufgrund *(+ Gen.)*	weil/da	nämlich*
konzessiv	trotz *(+ Gen.)*	obwohl	trotzdem/dennoch/allerdings
konsekutiv	infolge *(+ Gen.)*	sodass	deshalb/deswegen/daher/darum
modal	ohne *(+ Akk.)*	ohne dass / ohne … zu	---
	mithilfe *(+ Gen.)*	indem / dadurch dass	so / auf diese Weise / dadurch
	durch *(+ Akk.)*	indem / dadurch dass	so / auf diese Weise / dadurch
adversativ	(an)statt *(+ Gen.)*	(an)statt dass / (an)statt … zu	stattdessen
	im Gegensatz zu *(+ Dat.)*	während	dagegen / im Gegensatz dazu
final	zu *(+ Dat.)*** / für *(+ Akk.)*	damit / um … zu	dazu/dafür

** nämlich: *nie auf Position 1*. Ich kann leider nicht kommen. Ich muss nämlich arbeiten.

*** zum/zur: *immer mit einem Nomen, das von einem Verb abgeleitet ist (nominalisiertes Verb)*
zur Verbesserung meiner Sprachkenntnisse; zum Erwerb eines Sprachzeugnisses

Unregelmäßige Verben

In der Liste der unregelmäßigen Verben sind nur die Grundverben erfasst. Trennbare Verben, die sich von einem Grundverb aus dieser Liste ableiten (z.B. *losgehen, weggehen, untergehen*), sind nicht einzeln erfasst. Sie haben die gleiche Konjugation wie das Grundverb (z.B. *geht los, ging weg, ist untergegangen*).

Infinitiv	3. Person Sg. Präsens	3. Person Sg. Präteritum	3. Person Sg. Perfekt
abbiegen	sie/er biegt ab	sie/er bog ab	sie/er ist abgebogen
abweichen	sie/er weicht ab	sie/er wich ab	sie/er ist abgewichen
anerkennen	sie/er erkennt an	sie/er erkannte an	sie/er hat anerkannt
anpreisen	sie/er preist an	sie/er pries an	sie/er hat angepriesen
aufweisen	sie/er weist auf	sie/er wies auf	sie/er hat aufgewiesen
backen	sie/er bäckt/backt	sie/er buk/backte[1]	sie/er hat gebacken
bedenken	sie/er bedenkt	sie/er bedachte	sie/er hat bedacht
sich befinden	sie/er befindet sich	sie/er befand sich	sie/er hat sich befunden
beginnen	sie/er beginnt	sie/er begann	sie/er hat begonnen
behalten	sie/er behält	sie/er behielt	sie/er hat behalten
beißen	sie/er beißt	sie/er biss	sie/er hat gebissen
benennen	sie/er benennt	sie/er benannte	sie/er hat benannt
beschließen	sie/er beschließt	sie/er beschloss	sie/er hat beschlossen
besitzen	sie/er besitzt	sie/er besaß	sie/er hat besessen
besprechen	sie/er bespricht	sie/er besprach	sie/er hat besprochen
betragen	es beträgt	es betrug	es hat betragen
betreffen	es betrifft	es betraf	es hat betroffen
betreiben	sie/er betreibt	sie/er betrieb	sie/er hat betrieben
betreten	sie/er betritt	sie/er betrat	sie/er hat betreten
betrügen	sie/er betrügt	sie/er betrog	sie/er hat betrogen
beweisen	sie/er beweist	sie/er bewies	sie/er hat bewiesen
(sich) bewerben	sie/er bewirbt (sich)	sie/er bewarb (sich)	sie/er hat (sich) beworben
(sich) beziehen	sie/er bezieht (sich)	sie/er bezog (sich)	sie/er hat (sich) bezogen
bieten	sie/er bietet	sie/er bot	sie/er hat geboten
binden	sie/er bindet	sie/er band	sie/er hat gebunden
bitten	sie/er bittet	sie/er bat	sie/er hat gebeten
bleiben	sie/er bleibt	sie/er blieb	sie/er ist geblieben
braten	sie/er brät	sie/er briet	sie/er hat gebraten
brechen	sie/er bricht	sie/er brach	sie/er hat gebrochen
brennen	es brennt	es brannte	es hat gebrannt
bringen	sie/er bringt	sie/er brachte	sie/er hat gebracht
denken	sie/er denkt	sie/er dachte	sie/er hat gedacht
durchlaufen	sie/er durchläuft	sie/er durchlief	sie/er hat durchlaufen
durchziehen	sie/er durchzieht	sie/er durchzog	sie/er hat durchzogen
eindringen	sie/er dringt ein	sie/er drang ein	sie/er ist eingedrungen
einfallen (+ Dat.)	es fällt (ihr/ihm) ein	es fiel (ihr/ihm) ein	es ist (ihr/ihm) eingefallen
empfangen	sie/er empfängt	sie/er empfing	sie/er hat empfangen
empfehlen	sie/er empfiehlt	sie/er empfahl	sie/er hat empfohlen
empfinden	sie/er empfindet	sie/er empfand	sie/er hat empfunden
entfallen	sie/er entfällt	sie/er entfiel	sie/er ist entfallen
enthalten	sie/er enthält	sie/er enthielt	sie/er hat enthalten
entlassen	sie/er entlässt	sie/er entließ	sie/er hat entlassen
(sich) entscheiden	sie/er entscheidet (sich)	sie/er entschied (sich)	sie/er hat (sich) entschieden
sich entschließen	sie/er entschließt sich	sie/er entschloss sich	sie/er hat sich entschlossen
entsprechen	es entspricht	es entsprach	es hat entsprochen
entstehen	sie/er entsteht	sie/er entstand	sie/er ist entstanden
erbringen	sie/er erbringt	sie/er erbrachte	sie/er hat erbracht
(sich) ergeben[2]	es ergibt (sich)	es ergab (sich)	es hat (sich) ergeben
erfahren	sie/er erfährt	sie/er erfuhr	sie/er hat erfahren

[1] *buk*: veraltete Form – [2] nicht reflexiv in der Bedeutung von: *Eins plus eins ergibt zwei.*; reflexiv in diesen Bedeutungen: *Er ergibt sich vor seinem Gegner. / Es hat sich so ergeben, dass ich morgen frei habe*

erfinden	sie/er erfindet	sie/er erfand	sie/er hat erfunden
erhalten	sie/er erhält	sie/er erhielt	sie/er hat erhalten
erkennen	sie/er erkennt	sie/er erkannte	sie/er hat erkannt
ernennen	sie/er ernennt	sie/er ernannte	sie/er hat ernannt
erscheinen	sie/er erscheint	sie/er erschien	sie/er ist erschienen
(sich) erschließen	sie/er erschließt (sich)	sie/er erschloss (sich)	sie/er hat (sich) erschlossen
erschrecken[3]	sie/er erschrickt	sie/er erschrak	sie/er ist erschrocken
(sich) erschrecken[3]	sie/er erschreckt (sich)	sie/er erschreckte (sich)	sie/er hat (sich) erschreckt/erschrocken
erwerben	sie/er erwirbt	sie/er erwarb	sie/er hat erworben
erziehen	sie/er erzieht	sie/er erzog	sie/er hat erzogen
essen	sie/er isst	sie/er aß	sie/er hat gegessen
fahren	sie/er fährt	sie/er fuhr	sie/er ist gefahren
fallen	sie/er fällt	sie/er fiel	sie/er ist gefallen
fangen	sie/er fängt	sie/er fing	sie/er hat gefangen
finden	sie/er findet	sie/er fand	sie/er hat gefunden
fliegen	sie/er fliegt	sie/er flog	sie/er ist geflogen
fliehen	sie/er flieht	sie/er floh	sie/er ist geflohen
fließen	sie/er fließt	sie/er floss	sie/er ist geflossen
freigeben	sie/er gibt frei	sie/er gab frei	sie/er hat freigegeben
fressen	sie/er frisst	sie/er fraß	sie/er hat gefressen
frieren	sie/er friert	sie/er fror	sie/er hat gefroren
geben	sie/er gibt	sie/er gab	sie/er hat gegeben
gefallen (+ Dat.)	es gefällt (ihr/ihm)	es gefiel (ihr/ihm)	es hat (ihr/ihm) gefallen
gehen	sie/er geht	sie/er ging	sie/er ist gegangen
gelingen (+ Dat.)	es gelingt (ihr/ihm)	es gelang (ihr/ihm)	es ist (ihr/ihm) gelungen
gelten	sie/er gilt	sie/er galt	sie/er hat gegolten
genießen	sie/er genießt	sie/er genoss	sie/er hat genossen
geschehen	es geschieht	es geschah	es ist geschehen
gestehen	sie/er gesteht	sie/er gestand	sie/er hat gestanden
gießen	sie/er gießt	sie/er goss	sie/er hat gegossen
gleiten	sie/er gleitet	sie/er glitt	sie/er ist geglitten
greifen	sie/er greift	sie/er griff	sie/er hat gegriffen
guttun (+ Dat.)	es tut (ihr/ihm) gut	es tat (ihr/ihm) gut	es hat (ihr/ihm) gutgetan
halten	sie/er hält	sie/er hielt	sie/er hat gehalten
hängen[4]	sie/er hängt	sie/er hing	sie/er hat gehangen[5]
heben	sie/er hebt	sie/er hob	sie/er hat gehoben
heißen	sie/er heißt	sie/er hieß	sie/er hat geheißen
helfen	sie/er hilft	sie/er half	sie/er hat geholfen
hinterlassen	sie/er hinterlässt	sie/er hinterließ	sie/er hat hinterlassen
hinweisen	sie/er weist hin	sie/er wies hin	sie/er hat hingewiesen
kennen	sie/er kennt	sie/er kannte	sie/er hat gekannt
klingen	sie/er klingt	sie/er klang	sie/er hat geklungen
kommen	sie/er kommt	sie/er kam	sie/er ist gekommen
kriechen	sie/er kriecht	sie/er kroch	sie/er ist gekrochen
laden	sie/er lädt	sie/er lud	sie/er hat geladen
lassen	sie/er lässt	sie/er ließ	sie/er hat gelassen[6]
laufen	sie/er läuft	sie/er lief	sie/er ist gelaufen
leichtfallen (+ Dat.)	es fällt (ihr/ihm) leicht	es fiel (ihr/ihm) leicht	es ist (ihr/ihm) leichtgefallen
leiden	sie/er leidet	sie/er litt	sie/er hat gelitten
leidtun (+ Dat.)	es tut (ihr/ihm) leid	es tat (ihr/ihm) leid	es hat (ihr/ihm) leidgetan
leihen	sie/er leiht	sie/er lieh	sie/er hat geliehen
lesen	sie/er liest	sie/er las	sie/er hat gelesen
liegen	sie/er liegt	sie/er lag	sie/er hat gelegen[7]
lügen	sie/er lügt	sie/er log	sie/er hat gelogen

[3] *(sich) erschrecken* in reflexiver Bedeutung: *Er erschreckte sich / erschrak bei dem lauten Geräusch.*; jemanden erschrecken: *Ich erschreckte ihn mit meiner Frage.* – [4] unregelmäßige Konjugation in der Bedeutung *hängen*: *Die Jacke hing im Schrank.*; regelmäßige Konjugation in der Bedeutung *etwas hängen*: *Er hängte die Jacke in den Schrank.* – [5] D: *hat gehangen*; süddt. + A + CH: *ist gehangen* – [6] Perfekt von *lassen* als Hilfsverb mit Infinitiv: *Sie hat sich die Haare schneiden lassen.* – [7] D: *hat gelegen*; süddt. + A + CH: *ist gelegen*

messen	sie/er misst	sie/er maß	sie/er hat gemessen
mitbekommen	sie/er bekommt mit	sie/er bekam mit	sie/er hat mitbekommen
missverstehen	sie/er missversteht	sie/er missverstand	sie/er hat missverstanden
nachvollziehen	sie/er vollzieht nach	sie/er vollzog nach	sie/er hat nachvollzogen
nehmen	sie/er nimmt	sie/er nahm	sie/er hat genommen
nennen	sie/er nennt	sie/er nannte	sie/er hat genannt
raten	sie/er rät	sie/er riet	sie/er hat geraten
reißen	sie/er reißt	sie/er riss	sie/er hat gerissen
reiten	sie/er reitet	sie/er ritt	sie/er ist geritten
rennen	sie/er rennt	sie/er rannte	sie/er ist gerannt
riechen	sie/er riecht	sie/er roch	sie/er hat gerochen
rufen	sie/er ruft	sie/er rief	sie/er hat gerufen
schaffen[8]	sie/er schafft	sie/er schuf/schaffte	sie/er hat geschaffen/geschafft
scheinen	sie/er scheint	sie/er schien	sie/er hat geschienen
schieben	sie/er schiebt	sie/er schob	sie/er hat geschoben
schießen	sie/er schießt	sie/er schoss	sie/er hat geschossen
schlafen	sie/er schläft	sie/er schlief	sie/er hat geschlafen
schlagen	sie/er schlägt	sie/er schlug	sie/er hat geschlagen
schießen	sie/er schießt	sie/er schoss	sie/er hat geschossen
schmeißen	sie/er schmeißt	sie/er schmiss	sie/er hat geschmissen
schneiden	sie/er schneidet	sie/er schnitt	sie/er hat geschnitten
schreiben	sie/er schreibt	sie/er schrieb	sie/er hat geschrieben
schreien	sie/er schreit	sie/er schrie	sie/er hat geschrien
schweigen	sie/er schweigt	sie/er schwieg	sie/er hat geschwiegen
schwerfallen (+ Dat.)	es fällt (ihr/ihm) schwer	es fiel (ihr/ihm) schwer	es ist (ihr/ihm) schwergefallen
schwimmen	sie/er schwimmt	sie/er schwamm	sie/er ist geschwommen
sehen	sie/er sieht	sie/er sah	sie/er hat gesehen
sein	sie/er ist	sie/er war	sie/er ist gewesen
senden[9]	sie/er sendet	sie/er sandte/sendete	sie/er hat gesandt/gesendet
singen	sie/er singt	sie/er sang	sie/er hat gesungen
sinken	sie/er sinkt	sie/er sank	sie/er ist gesunken
sitzen	sie/er sitzt	sie/er saß	sie/er hat gesessen[10]
sprechen	sie/er spricht	sie/er sprach	sie/er hat gesprochen
springen	sie/er springt	sie/er sprang	sie/er ist gesprungen
stechen	sie/er sticht	sie/er stach	sie/er hat gestochen
stehen	sie/er steht	sie/er stand	sie/er hat gestanden[11]
stehlen	sie/er stiehlt	sie/er stahl	sie/er hat gestohlen
steigen	sie/er steigt	sie/er stieg	sie/er ist gestiegen
sterben	sie/er stirbt	sie/er starb	sie/er ist gestorben
stinken	sie/er stinkt	sie/er stank	sie/er hat gestunken
(sich) stoßen	sie/er stößt (sich)	sie/er stieß (sich)	sie/er hat (sich) gestoßen
streichen	sie/er streicht	sie/er strich	sie/er hat gestrichen
(sich) streiten	sie/er streitet (sich)	sie/er stritt (sich)	sie/er hat (sich) gestritten
tragen	sie/er trägt	sie/er trug	sie/er hat getragen
(sich) treffen	sie/er trifft (sich)	sie/er traf (sich)	sie/er hat (sich) getroffen
treiben	sie/er treibt	sie/er trieb	sie/er hat getrieben
treten	sie/er tritt	sie/er trat	sie/er hat/ist getreten[12]
trinken	sie/er trinkt	sie/er trank	sie/er hat getrunken
tun	sie/er tut	sie/er tat	sie/er hat getan
überdenken	sie/er überdenkt	sie/er überdachte	sie/er hat überdacht
übergehen/**über**gehen	sie/er übergeht / geht über	sie/er überging / ging über	sie/er hat übergangen / ist übergegangen
überfahren	sie/er überfährt	sie/er überfuhr	sie/er hat überfahren

[8] unregelmäßige Konjugation in der Bedeutung von *etwas erschaffen/kreieren*: *Sie hat ein Kunstwerk geschaffen.*; regelmäßige Konjugation in der Bedeutung von *gelingen*: *Er hat die Prüfung geschafft.* – [9] In der Bedeutung von *schicken* ist die unregelmäßige Konjugation üblicher: *Sie hat ihm einen Brief gesandt.* In der Bedeutung von *übertragen*, v.a. im Bereich Technik wird nur die regelmäßige Konjugation benutzt: *Die Information wurde im Radio gesendet.* – [10] D: *hat gesessen*; süddt. + A + CH: *ist gesessen* – [11] D: *hat gestanden*; süddt. + A + CH: *ist gestanden* – [12] Perfekt mit *haben* in der Bedeutung von *(gegen) etwas/jemanden treten*: *Sie hat (gegen) die Tür getreten.*; Perfekt mit *sein* in der Bedeutung von *in etwas treten*: *Er ist in den Raum getreten.*

überfliegen	sie/er überfliegt	sie/er überflog	sie/er hat überflogen
überlassen	sie/er überlässt	sie/er überließ	sie/er hat überlassen
übernehmen	sie/er übernimmt	sie/er übernahm	sie/er hat übernommen
überschreiten	sie/er überschreitet	sie/er überschritt	sie/er hat überschritten
übersehen	sie/er übersieht	sie/er übersah	sie/er hat übersehen
übertreiben	sie/er übertreibt	sie/er übertrieb	sie/er hat übertrieben
überwinden	sie/er überwindet	sie/er überwand	sie/er hat überwunden
umgeben	sie/er umgibt	sie/er umgab	sie/er hat umgeben
umgehen/**um**gehen	sie/er umgeht / geht um	sie/er umging / ging um	sie/er hat umgangen / ist umgegangen
umschließen	sie/er umschließt	sie/er umschloss	sie/er hat umschlossen
umschreiben/ **um**schreiben	sie/er umschreibt / schreibt um	sie/er umschrieb / schrieb um	sie/er hat umschrieben/ hat umge- schrieben
unterbrechen	sie/er unterbricht	sie/er unterbrach	sie/er hat unterbrochen
unterlassen	sie/er unterlässt	sie/er unterließ	sie/er hat unterlassen
unterscheiden	sie/er unterscheidet	sie/er unterschied	sie/er hat unterschieden
unterstreichen	sie/er unterstreicht	sie/er unterstrich	sie/er hat unterstrichen
verbieten	sie/er verbietet	sie/er verbot	sie/er hat verboten
verbinden	sie/er verbindet	sie/er verband	sie/er hat verbunden
verbleiben	sie/er verbleibt	sie/er verblieb	sie/er ist verblieben
(sich) verbrennen	sie/er verbrennt (sich)	sie/er verbrannte (sich)	sie/er hat (sich) verbrannt[13]
verbringen	sie/er verbringt	sie/er verbrachte	sie/er hat verbracht
verderben	sie/er verdirbt	sie/er verdarb	sie/er hat/ist verdorben[14]
vergehen	sie/er vergeht	sie/er verging	sie/er ist vergangen
vergessen	sie/er vergisst	sie/er vergaß	sie/er hat vergessen
sich verhalten	sie/er verhält sich	sie/er verhielt sich	sie/er hat sich verhalten
verhelfen	sie/er verhilft	sie/er verhalf	sie/er hat verholfen
(sich) verlassen	sie/er verlässt (sich)	sie/er verließ (sich)	sie/er hat (sich) verlassen
(sich) verlaufen	sie/er verläuft (sich)	sie/er verlief (sich)	sie/er hat (sich) verlaufen
verleihen	sie/er verleiht	sie/er verlieh	sie/er hat verliehen
verlieren	sie/er verliert	sie/er verlor	sie/er hat verloren
vermeiden	sie/er vermeidet	sie/er vermied	sie/er hat vermieden
verraten	sie/er verrät	sie/er verriet	sie/er hat verraten
verschließen	sie/er verschließt	sie/er verschloss	sie/er hat verschlossen
(sich) verschreiben	sie/er verschreibt (sich)	sie/er verschrieb (sich)	sie/er hat (sich) verschrieben
verschwimmen	es verschwimmt	es verschwamm	es ist verschwommen
verschwinden	sie/er verschwindet	sie/er verschwand	sie/er ist verschwunden
(sich) versprechen	sie/er verspricht (sich)	sie/er versprach (sich)	sie/er hat (sich) versprochen
vertreten	sie/er vertritt	sie/er vertrat	sie/er hat vertreten
verzeihen	sie/er verzeiht	sie/er verzieh	sie/er hat verziehen
wachsen	sie/er wächst	sie/er wuchs	sie/er ist gewachsen
waschen	sie/er wäscht	sie/er wusch	sie/er hat gewaschen
(sich) wenden[15]	sie/er wendet (sich)	sie/er wandte (sich) / wendete	sie/er hat (sich) gewandt / hat gewendet
werben	sie/er wirbt	sie/er warb	sie/er hat geworben
werfen	sie/er wirft	sie/er warf	sie/er hat geworfen
widersprechen	sie/er widerspricht	sie/er widersprach	sie/er hat widersprochen
wiegen	sie/er wiegt	sie/er wog	sie/er hat gewogen
wissen	sie/er weiß	sie/er wusste	sie/er hat gewusst
ziehen	sie/er zieht	sie/er zog	sie/er hat/ist gezogen[16]
zugutekommen (+ Dat.)	es kommt (ihr/ihm) zugute	es kam (ihr/ihm) zugute	es ist (ihr/ihm) zugutegekommen
zwingen	sie/er zwingt	sie/er zwang	sie/er hat gezwungen

[13] auch Perfekt mit *sein* möglich in der Bedeutung von *etwas verbrennt (= wird durch Feuer zerstört): Das Holz ist verbrannt.* – [14] Perfekt mit *haben* in der Bedeutung von *etwas/jemanden verderben: Er hat mir den Spaß verdorben.*; Perfekt mit *sein* in der Bedeutung von *schlecht werden: Das Gemüse ist verdorben.* – [15] In der Bedeutung von *(mit dem Auto) umdrehen / die Richtung wechseln* wird immer die regelmäßige Konjugation benutzt: *Sie hat (mit dem Auto) gewendet.* In allen anderen Fällen ist die unregelmäßige Konjugation üblicher: *Sie wandte sich zu ihm. Er hat sich mit der Frage an seinen Kollegen gewandt.* – [16] Perfekt mit *haben* in der Bedeutung von *an etwas/jemandem ziehen: Er hat an der Tür gezogen.*; Perfekt mit *sein* in der Bedeutung von *umziehen: Sie ist nach Wien gezogen.*

Verben mit Präpositionen

Infinitiv	Präposition	Beispielsatz
sich **ab**grenzen	von (Dat.)	Es fällt ihr schwer, sich von den Problemen anderer abzugrenzen.
abhängen	von (Dat.)	Unsere Urlaubspläne hängen vom Wetter ab.
abstimmen	über (Akk.)	Wir stimmen über dieses Thema nächste Woche ab.
achten	auf (Akk.)	Achte bitte kurz auf deinen Bruder.
sich amüsieren	über (Akk.)	Sie haben sich über das Theaterstück sehr amüsiert.
anfangen	mit (Dat.)	Du kannst gleich mit dieser Aufgabe anfangen.
angeben	in (Dat.)	Die Zahlen in der Grafik sind in Prozent angegeben.
ankommen	auf (Akk.)	Wenn man Kritik äußert, kommt es auf den richtigen Ton an.
(sich) **an**melden	für (Akk.)	Sie hat sich für einen Spanischkurs angemeldet.
(sich) **an**passen	an (Akk.)	Wir passen unser Angebot gern an Ihre Bedürfnisse an.
anrufen	bei (Dat.)	Ruf doch beim Kundenservice an.
antworten	auf (Akk.)	Meine Chefin hat auf meine E-Mail noch nicht geantwortet.
arbeiten	als (Nom.) / an/bei/mit (Dat.)	Sie arbeitet als Managerin bei einem Pharmaunternehmen. Er arbeitet mit seinen Kolleginnen an einem neuen Projekt.
sich ärgern	über (Akk.)	Die Passagiere ärgern sich über die Zugverspätung.
assoziieren	mit (Dat.)	Was assoziieren Sie mit dem Wort *Zuhause*?
aufhören	mit (Dat.)	Wann willst du endlich mit dem Rauchen aufhören?
aufpassen	auf (Akk.)	Ich muss auf meinen kleinen Bruder aufpassen.
sich **auf**regen	über (Akk.)	Ich habe mich wieder sehr über meinen Kollegen aufgeregt.
aufteilen	in (Akk.)	Um Komposita zu verstehen, sollte man sie in Einzelwörter aufteilen.
ausgeben	für (Akk.)	Mein Mann gibt sein Geld am liebsten für Kosmetik aus.
ausgehen	von (Dat.)	Ich bin von falschen Informationen ausgegangen.
sich **aus**kennen	mit (Dat.)	Als Informatikerin kennt sie sich gut mit Algorithmen aus.
sich **aus**tauschen	mit (Dat.) / über (Akk.)	In der Teambesprechung kann man sich mit den anderen Kolleg*innen über die aktuellen Projekte austauschen.
auswählen	aus (Dat.)	Im Assessment-Center werden die besten Bewerber*innen aus den Gruppen ausgewählt.
sich **aus**wirken	auf (Akk.)	Gesundheit wirkt sich positiv auf das Glücksempfinden aus.
basieren	auf (Dat.)	Personalisierte Werbung basiert auf den Daten der Internetnutzer*innen.
sich bedanken	bei (Dat.) / für (Akk.)	Ich bedanke mich bei Ihnen für die gute Zusammenarbeit.
sich beeilen	mit (Dat.)	Beeile dich bitte mit dem Anziehen!
beeindrucken	mit (Dat.)	Ich konnte meine Chefin mit meinen Sprachkenntnissen beeindrucken.
beginnen	mit (Dat.)	Sie hat heute mit ihrer Ausbildung zur Friseurin begonnen.
beitragen	zu (Dat.)	Mit Ihrer Arbeit haben Sie sehr zum Erfolg dieses Projektes beigetragen.
belohnen	für (Akk.) / mit (Dat.)	Er wurde für seine Arbeit mit einer Beförderung belohnt.
sich bemühen	um (Akk.)	Ich bemühe mich seit Wochen um einen Termin beim Arzt.
beneiden	um (Akk.)	Die Kolleg*innen beneiden ihn um seine Gehaltserhöhung.
berichten	über (Akk.) / von (Dat.)	In den Nachrichten wurde über den Unfall berichtet. Die Journalist*innen berichteten von der Öffnung der Mauer.
sich beschäftigen	mit (Dat.)	In meiner Masterarbeit beschäftige ich mich mit dem Thema Stress.
sich beschweren	bei (Dat.) / über (Akk.)	Mein Nachbar hat sich bei mir über die laute Musik beschwert.
bestehen	aus (Dat.)	Die Prüfung besteht aus drei Teilen: Hören, Lesen, Schreiben.
bestehen	auf (Dat.)	Ich bestehe auf einem höheren Gehalt.
sich beteiligen	an (Dat.)	Möchtest du dich an dem Geschenk für Kim beteiligen?
sich bewerben	um (Akk.)	Sie bewirbt sich um eine Stelle als Pflegeanleiterin.
bezeichnen	als (Akk.)	Ich würde ihn als guten Freund bezeichnen.
sich beziehen	auf (Akk.)	Meine Frage bezieht sich auf den letzten Punkt Ihres Vortrags.
binden	an (Akk.)	Mit Cliffhangern versucht man, das Publikum an die Serie zu binden.
bitten	um (Akk.)	Mein Freund hat mich um meine Hilfe beim Umzug gebeten.
danken	für (Akk.)	Ich danke dir für deine Hilfe und Unterstützung.
demonstrieren	für/gegen (Akk.)	Die Menschen in der DDR demonstrierten gegen die Mauer und für ihre Freiheit.
denken	an (Akk.)	Ich denke noch oft an meinen Opa.
diskutieren	mit (Dat.) / über (Akk.)	Mein Bruder diskutiert mit unserem Vater über sein Studium.
sich distanzieren	von (Dat.)	Man benutzt den Konjunktiv I, um sich von einer Aussage zu distanzieren.

dolmetschen	aus (Dat.) / in (Akk.)	Sie dolmetscht aus dem Italienischen ins Deutsche.
sich drehen	um (Akk.)	Seit sie ein Baby hat, dreht sich alles nur noch um ihr Kind.
sich eignen	für (Akk.)	Diese Schuhe eignen sich auch für schlechtes Wetter.
sich einigen	auf (Akk.) / mit (Dat.)	Sie hat sich mit den anderen Bewerber*innen auf ein Projekt geeinigt.
einladen	zu (Dat.) / *auch:* auf (Akk.)	Zu meiner Geburtstagsfeier habe ich 50 Personen eingeladen. Kann ich dich auf einen Kaffee einladen?
(sich) **ein**setzen	für/gegen (Akk.)	Der Betriebsrat setzt sich für bessere Löhne und gegen Gehaltsunterschiede ein.
sich ekeln	vor (Dat.)	Mein Vater ekelt sich vor Spinnen.
sich engagieren	für (Akk.)	Sie engagiert sich auch für soziale Projekte.
sich entscheiden	für/gegen (Akk.)	Er hat sich für eine Ausbildung und gegen ein Studium entschieden.
sich entschließen	zu (Dat.)	Sie hat sich kurzfristig zu einer Weltreise entschlossen.
sich entschuldigen	bei (Dat.) /für (Akk.)	Ich möchte mich bei Ihnen für meine Verspätung entschuldigen.
entstehen	aus (Dat.)	Aus recyceltem Material können neue Dinge entstehen.
erfahren	über (Akk.) / von (Dat.)	Ich würde gern mehr über die deutsche Geschichte erfahren. Ich habe von deinem Unfall erst heute erfahren.
sich ergeben	aus (Dat.)	Daraus ergibt sich die Frage, wie sicher Online-Shopping ist.
sich erholen	von (Dat.)	Im Urlaub haben wir uns von der Arbeit gut erholt.
(sich) erinnern	an (Akk.)	Darf ich Sie an unseren Termin erinnern? Ich erinnere mich noch gut an meinen ersten Schultag.
erkennen	an (Dat.)	Ich habe ihn sofort an seinen langen Haaren erkannt.
sich erkundigen	bei/nach (Dat.)	Ich habe mich bei meiner Kollegin nach den Terminen erkundigt.
sich ernähren	von (Dat.)	Er ernährt sich nur von Süßigkeiten.
erschrecken	vor (Dat.)	Meine Mutter ist sehr ängstlich, sie erschrickt vor jedem lauten Geräusch.
sich erstrecken	über (Akk.)	Deutschland erstreckt sich über eine Fläche von ca. 350.00 km^2.
erwarten	von (Dat.)	Meine Chefin erwartet von mir, dass ich regelmäßig Überstunden mache.
erzählen	von (Dat.) / *auch:* über (Akk.)	Du hast mir noch nie von deiner Familie erzählt. Erzähl doch mal etwas über sie.
fehlen	an (Dat.)	Bei dem Projekt fehlt es uns an guten Ideen.
fliehen	vor (Dat.)	Meine Nachbarn sind vor dem Bürgerkrieg geflohen.
fordern	von (Dat.)	Meine Kollegin fordert von unserem Chef eine Gehaltserhöhung.
fragen	nach (Dat.)	Hast du sie schon nach ihrer Telefonnummer gefragt?
sich freuen	auf (Akk.)	Ich freue mich schon sehr auf meinen Urlaub.
sich freuen	über (Akk.)	Ich freue mich sehr über meine Gehaltserhöhung.
sich fürchten	vor (Dat.)	Mein Bruder fürchtet sich vor großen Hunden.
es geht	um (Akk.)	In der Serie geht es um das Leben einer Familie.
gehören	zu (Dat.)	Zu meinen Aufgaben gehört die Betreuung der Kund*innen.
gelten	als (Nom.)	Sie gilt als wichtigste Künstlerin ihrer Epoche.
(sich) gewöhnen	an (Akk.)	Ich habe mich schnell an den schweizerischen Dialekt gewöhnt.
glauben	an (Akk.)	Du schaffst das schon! Ich glaube an dich.
(sich) gliedern	in (Akk.)	Der Vortrag ist in drei Teile gegliedert.
gratulieren	zu (Dat.)	Ich gratuliere dir zum bestandenen Examen.
grenzen	an (Akk.)	Deutschland grenzt im Süden an Österreich und die Schweiz.
halten	für (Akk.)	Ich halte ihn für einen sehr zuverlässigen Mitarbeiter.
halten	von (Dat.)	Von dieser Idee halte ich nichts. Was hältst du davon?
handeln	mit (Dat.)	Es ist verboten, mit Drogen zu handeln.
handeln	von (Dat.)	Das Buch handelt von einem Stromausfall in ganz Europa.
sich handeln	um (Akk.)	Bei Origami handelt es sich um eine Falttechnik.
helfen	bei/mit (Dat.)	Könnten Sie mir bitte bei/mit dieser Aufgabe helfen?
hindeuten	auf (Akk.)	Die Ergebnisse des Experiments deuten auf ein neues Problem hin.
sich **hinein**versetzen	in (Dat.)	Es fällt ihm schwer, sich in andere Menschen hineinzuversetzen.
hinweisen	auf (Akk.)	Stress weist oft auf Überforderung bei der Arbeit hin.
hoffen	auf (Akk.)	Ich hoffe auf schönes Wetter am Wochenende.
hören	von (Dat.)	Ich habe schon seit zwei Wochen nichts von meiner Oma gehört.
(sich) identifizieren	mit (Dat.)	Ich kann mich sehr gut mit ihr identifizieren, weil ich die gleichen Probleme habe.
impfen	gegen (Akk.)	Vor meiner Reise will ich mich noch gegen Malaria impfen lassen.
(sich) informieren	bei (Dat.) / über (Akk.)	Über die Preise kann man sich beim Kundenservice informieren.
(sich) interessieren	für (Akk.)	Er interessiert sich für deutsche Geschichte und Politik.
investieren	in (Akk.)	Sie investieren viel Zeit und Geld in ihr neues Start-up.

kämpfen	für/gegen/um (Akk.) / mit (Dat.)	Der Verein kämpft für die Gleichberechtigung und gegen die Unterdrückung von Frauen. Die Sportler*innen kämpfen um die Medaillen. Die Firma kämpft mit finanziellen Problemen.
klagen	über (Akk.)	Sie klagt immer über starke Rückenschmerzen.
kommunizieren	mit (Dat.) / über (Akk.)	Durch die digitalen Medien kann man heute mit Menschen auf der ganzen Welt kommunizieren. Viele kommunizieren nur noch über die sozialen Medien.
sich konzentrieren	auf (Akk.)	Ich muss mich auf mein Studium konzentrieren.
sich kümmern	um (Akk.)	Er ist in Elternzeit und kümmert sich um seine kleine Tochter.
lachen	über (Akk.)	Ich habe über deinen Witz sehr gelacht.
leiden	an (Dat.)	Sie leidet schon lange an dieser Krankheit.
leiden	unter (Dat.)	Er leidet unter den schlechten Arbeitsbedingungen und unter seiner Chefin.
mitfühlen	mit (Dat.)	Wer empathisch ist, kann gut mit anderen Menschen mitfühlen.
mitmachen	bei (Dat.)	Hast du schon mal bei einem Assessment-Center mitgemacht?
(sich) motivieren	zu (Dat.)	Als Altenpflegerin motiviere ich ältere Menschen zu mehr Bewegung.
nachdenken	über (Akk.)	Über diese Frage muss ich erstmal nachdenken.
sich orientieren	an (Dat.)	Beim Online-Shopping orientiert sie sich gern an den Produktbewertungen.
passen	zu (Dat.)	Die Bluse passt sehr gut zu deinem neuen Rock.
profitieren	von (Dat.)	Die Studierenden profitieren von der günstigen Miete.
protestieren	gegen (Akk.)	Die Anwohner*innen protestieren gegen den Bau des Atomkraftwerks.
reagieren	auf (Akk.)	Mein Vermieter hat noch nicht auf meine Beschwerde reagiert.
rechnen	mit (Dat.)	Ich rechne fest mit deiner Hilfe.
reden	mit (Dat.) / über (Akk.) / von (Dat.)	Ich rede nicht so gern mit meinen Freunden über meine Arbeit. Seit Wochen redet sie über das gleiche / von dem gleichen Thema.
(sich) richten	an (Akk.)	Sie können Ihre Beschwerde an die Geschäftsführung richten.
riechen	nach (Dat.)	Hier riecht es nach frischem Kaffee.
sich schämen	für (Akk.)	Er schämt sich für seinen Fehler.
schicken	an (Akk.)	An wen willst du das Paket schicken?
schimpfen	auf/über (Akk.) / mit (Dat.)	Meine Kollegin schimpft ständig auf/über die Arbeit. Meine Mutter hat nie mit uns geschimpft.
schmecken	nach (Dat.)	Die Suppe schmeckt nach Fisch.
schreiben	an (Akk.)	Ich habe eine E-Mail an meine Chefin geschrieben.
(sich) schützen	gegen (Akk.) / vor (Dat.)	Der Anorak schützt gut gegen die / vor der Kälte.
sich sehnen	nach (Dat.)	Ich sehne mich nach dir.
siegen	über (Akk.)	Die Mannschaft hat über die Gegenmannschaft gesiegt.
sorgen	für (Akk.)	Mein Mann sorgt für die Kinder, wenn ich arbeite.
sich sorgen	um (Akk.)	Du sorgst dich zu viel um deine Kinder.
spielen	mit (Dat.) / um (Akk.)	Ich spiele gern mit meiner Familie Brettspiele. Manchmal spielen wir auch um Geld.
sprechen	mit (Dat.) / über (Akk.) / auch: von (Dat.)	Hast du schon mit ihm über deine Pläne gesprochen? Er spricht selten über seine / von seiner Arbeit.
sterben	an (Dat.)	Mein Großvater ist an einer Krankheit gestorben.
stimmen	für/gegen (Akk.)	Das Parlament hat für ein neues Gesetz gestimmt. Die Vereinsmitglieder haben gegen den Vorschlag des Vorsitzenden gestimmt.
stinken	nach (Dat.)	Ich rauche nur draußen, damit es in der Wohnung nicht nach Rauch stinkt.
streben	nach (Dat.)	Manche Menschen streben nach Perfektion.
(sich) streiten	mit (Dat.) / über/um (Akk.)	Sie streitet mit ihrem Freund über den Namen ihres Babys. Unsere Kinder streiten sich ständig um das Spielzeug.
suchen	nach (Dat.)	Wir suchen seit langem nach einer Lösung für das Problem.
teilhaben	an (Dat.)	Auf dem Firmencampus kann man am Privatleben der Kolleg*innen teilhaben.
teilnehmen	an (Dat.)	Hast du schon an vielen Deutschkursen teilgenommen?
träumen	von (Dat.)	Ich habe von einem schwarzen Hund geträumt.
sich treffen	mit (Dat.)	Ich habe mich mit zwei alten Freunden getroffen.
(sich) trennen	von (Dat.)	Ihre Freundin hat sich gestern von ihr getrennt.
übergehen	zu (Dat.)	Damit gehen wir zum nächsten Thema auf der Tagesordnung über.
überreden	zu (Dat.)	Mein Freund hat mich zu diesem Ausflug überredet. Eigentlich habe ich keine Lust.
übersetzen	aus (Dat.) / in (Akk.)	Hamed übersetzt Bücher aus dem Englischen ins Arabische.
überzeugen	von (Dat.)	Es ist mir nicht gelungen, ihn vom Gegenteil zu überzeugen.
umgehen	mit (Dat.)	Wie gehen wir mit den neuen Regeln um?
umwandeln	in (Akk.)	Der Windgenerator wandelt Wind in Strom um.
sich unterhalten	mit (Dat.) / über (Akk.)	Sich mit anderen Leuten über das Wetter zu unterhalten, finde ich sehr langweilig.

sich unterscheiden	von/in (Dat.) / durch (Akk.)	Berlin unterscheidet sich von meiner Heimatstadt vor allem durch das große kulturelle Angebot. In diesem Punkt unterscheiden sich unsere Meinungen nicht.
unterscheiden	zwischen (Dat.)	Ich kann zwischen den Zwillingen nicht unterscheiden.
unterstützen	bei (Dat.)	Könnten Sie mich bitte bei dieser Aufgabe unterstützen?
(sich) verabreden	mit (Dat.)	Ich habe mich mit ihr zum Mittagessen verabredet.
(sich) verabschieden	von (Dat.)	Warte kurz, ich will mich noch von meinen Kollegen verabschieden.
verfügen	über (Akk.)	Über welche Technologien wird man wohl in 100 Jahren verfügen?
vergleichen	mit (Dat.)	Meine Mutter vergleicht mich immer mit meinem Bruder. Das nervt!
verhelfen	zu (Dat.)	Hans Rosling wollte den Menschen zu einem positiveren Weltbild verhelfen.
verlangen	von (Dat.)	Meine Schwester verlangt ständig Hilfe von mir.
(sich) verlassen	auf (Akk.)	Auf meine Freunde kann ich mich immer verlassen.
sich verlieben	in (Akk.)	Er hat sich in seinen Kollegen verliebt.
(sich) verpflichten	zu (Dat.)	Ärztinnen und Ärzte sind zum Schweigen verpflichtet.
verstehen	von (Dat.)	Ich verstehe nichts von dem, was du hier erzählst.
sich (gut) verstehen	mit (Dat.)	Mit meinen Kollegen und Kolleginnen verstehe ich mich sehr gut.
(sich) verteidigen	gegen (Akk.)	Ich will mich nicht immer gegen deine Vorwürfe verteidigen.
verwandeln	in (Akk.)	Die Künstlerin verwandelt den Raum in einen Ort der Erinnerung.
verzichten	auf (Akk.)	Auf mein Handy könnte ich niemals verzichten.
verzweifeln	an (Akk.)	Er verzweifelt fast an der schweren Aufgabe.
(sich) **vor**bereiten	auf (Akk.)	Er hat sich gut auf das Bewerbungsgespräch vorbereitet.
wählen	zu (Dat.)	Angela Merkel wurde 2005 zur Bundeskanzlerin gewählt.
warnen	vor (Dat.)	Ich habe dich vor ihr gewarnt. Sie ist wirklich unsympathisch!
warten	auf (Akk.) / mit (Dat.)	Entschuldigung, dass Sie auf mich warten mussten. Wir müssen mit der Entscheidung leider noch warten.
sich wenden	an (Akk.)	Wenden Sie sich mit Ihrer Frage bitte an unseren Kundenservice.
werben	für/um (Akk.) / mit (Dat.)	Das Unternehmen wirbt mit besonders günstigen Preisen für seine Produkte um die Kund*innen.
wetten	um (Akk.)	Wir haben um eine Flasche Wein gewettet. Ich habe gewonnen.
widerspiegeln	in (Dat.)	Die Sozialisation spiegelt sich in den Werten eines Menschen wider.
wirken	auf (Akk.)	Er wirkt heute irgendwie traurig auf mich. Ob etwas passiert ist?
wissen	von (Dat.) / über (Akk.)	Ich weiß von der E-Mail leider nichts. Weißt du etwas über die neue Kollegin?
sich wundern	über (Akk.)	Ich habe mich über sein Verhalten sehr gewundert.
zugehen	auf (Akk.)	Am Ende der Straße sehe ich meinen Freund. Ich gehe auf ihn zu.
zurechtkommen	mit (Dat.)	Wie kommst du mit deinem neuen Chef zurecht?
zurückkommen	auf (Akk.)	Wir kommen später nochmal auf dieses Thema zurück.
zutreffen	auf (Akk.)	Die Beschreibung „Bio" trifft auf diese Marke nicht zu.
zweifeln	an (Dat.)	In letzter Zeit zweifle ich manchmal an mir selbst.

Nomen mit Präpositionen

Nomen	Präposition	Beispielsatz
die Abhängigkeit	von (Dat.)	Die Abhängigkeit von Kohle ist für die Umwelt ein großes Problem.
die Abstimmung	über (Akk.)	Die Abstimmung über das Gesetz findet morgen im Parlament statt.
Anforderungen	an (Akk.)	Der Projektleiter stellt hohe Anforderungen an seine Kolleg*innen.
die Angst	um (Akk.) / vor (Dat.)	Sie hat Angst um ihren Job. Sie hat Angst vor einer Kündigung.
der Anreiz	für (Akk.)	Steuersenkungen schaffen Anreize für die Wirtschaft.
der Anruf	bei (Dat.)	Der Anruf beim Kundenservice war leider erfolglos.
die Antwort	auf (Akk.)	Hast du schon eine Antwort auf deine E-Mail bekommen?
die Arbeit	an/bei (Dat.)	Die Arbeit beim Verlag / an diesem Projekt ist sehr anstrengend.
der Ärger	über (Akk.) / mit (Dat.)	Auf dem Wagenplatz gab es Ärger über den Müll. Bei der Konferenz gab es Ärger mit dem Cateringservice.
die Aufregung	über (Akk.)	Es gab viel Aufregung über die neue Studienordnung.
die Auswirkung(en)	auf (Akk.)	Die Auswirkungen des CO_2 auf das Klima sind längst bewiesen.
der Bedarf	an (Dat.)	Der Bedarf an nachhaltiger Kleidung steigt mehr und mehr.
die Beförderung	zu (Dat.)	Die Beförderung zur Abteilungsleiterin hat sie sehr gefreut.
der Beitrag	zu (Dat.)	Jeder sollte einen Beitrag zum Klimaschutz leisten.
die Beschwerde	bei (Dat.) / über (Akk.)	Ich habe beim Management eine Beschwerde über meine Vorgesetzte eingereicht.
die Bewerbung	um (Akk.) / bei (Dat.)	Ich schicke meine Bewerbung um die Stelle bei Siemens heute ab.
die Bitte	um (Akk.)	Ich schreibe Ihnen mit der Bitte um eine schnelle Antwort.
die Chance(n)	auf (Akk.)	Wie stehen ihre Chancen auf eine Beförderung?
der Dank	für (Akk.)	Mein großer Dank für die gute Zusammenarbeit geht an meine Kollegin.
die Demonstration	für/gegen (Akk.)	Die Demonstration für/gegen die neuen Gesetze findet morgen statt.
das Desinteresse	an (Dat.)	In der Bevölkerung wächst das Desinteresse an der Politik.
die Diskussion	mit (Dat.) / über (Akk.)	Die Diskussion mit meinem Professor über meine Masterarbeit war interessant.
die Eifersucht	auf (Akk.)	Seine Eifersucht auf ihren Ex-Freund ist völlig übertrieben.
der Einfluss	auf (Akk.)	Durch die Wahlen haben die Bürger*innen Einfluss auf die Politik.
die Einigung	mit (Dat.) / auf (Akk.)	Leider konnte mit der Geschäftsführung keine Einigung auf eine Gehaltserhöhung erreicht werden.
die Einladung	zu (Dat.)	Haben Sie schon die Einladungen zum Jubiläum verschickt?
der Einwand	gegen (Akk.)	Der Betriebsrat hatte Einwände gegen die Kündigung von Frau Groß.
das Engagement	für (Akk.)	Das Engagement für Klimaschutz ist sehr wichtig.
die Entscheidung	für/gegen (Akk.)	Die Entscheidung für/gegen den Umzug fiel mir schwer.
der Entschluss	zu (Dat.)	Der Entschluss zur Trennung fiel ihr nicht leicht.
die Entschuldigung	bei (Dat.) / für (Akk.)	Die Entschuldigung bei meiner Chefin für mein Verhalten kam gut an.
die Erinnerung	an (Akk.)	Die Erinnerung an meinen Hund macht mich sehr traurig.
die Erwartung	an (Akk.)	Die Chefin hat hohe Erwartungen an ihre Mitarbeiter*innen.
die Flucht	vor (Dat.)	Nach ihrer Flucht vor dem Krieg kamen sie nach Italien.
die Forderung	nach (Dat.)	Die Forderung nach einer Frauenquote ist weit verbreitet.
die Frage	nach (Dat.)	Die Frage nach einer Gehaltserhöhung ließ mein Chef unbeantwortet.
die Freude	auf (Akk.)	Man sah ihr die Freude auf den neuen Job deutlich an.
die Freude[1]	über (Akk.)	Man sah die Freude über das Geschenk in seinem Gesicht.
die Freundschaft	mit (Dat.)	Denkst du, dass eine Freundschaft mit deiner Ex möglich ist?
das Gespräch	über (Akk.) / mit (Dat.)	Wie war dein Gespräch mit deinem Chef über das Projekt?
der Glaube	an (Akk.)	Ich habe den Glauben an eine Verbesserung der Situation leider verloren.
der Glückwunsch	zu (Dat.)	Herzlichen Glückwunsch zum Geburtstag!
die Hoffnung	auf (Akk.)	Manche verlassen ihre Heimat in der Hoffnung auf ein besseres Leben.
das Interesse	an (Dat.)	Ich habe sehr großes Interesse an diesem Seminar.
die Kampagne	für/gegen (Akk.)	Der Verein hat eine Kampagne für die Aufnahme der Geflüchteten und gegen die aktuelle Politik gestartet.
der Kampf	für/gegen/um (Akk.) / mit (Dat.)	Im Kampf für oder gegen Atomkraft gibt es unterschiedliche Meinungen. Im Kampf mit der Geschäftsführung um meinen Arbeitsplatz hat mich der Betriebsrat unterstützt.
die Kritik	an (Dat.)	Die Kollegin äußerte Kritik an ihrem Kollegen.
die Lust	auf (Akk.)	Ich habe keine Lust auf die Arbeit.
das Mitleid	mit (Dat.)	Er hat großes Mitleid mit Menschen in Not.

[1] genauso: *die Erleichterung / die Begeisterung / das Erstaunen über*

das Mitleid	mit (Dat.)	Er hat großes Mitleid mit Menschen in Not.
der Neid	auf (Akk.)	Ich verspüre manchmal Neid auf die Leute, die mehr verdienen als ich.
die Neugier	auf (Akk.)	Die Rezension hat meine Neugier auf das Buch geweckt.
die Petition	für/gegen (Akk.)	Es gibt eine Petition für Fahrradstraßen und gegen Autobahnen.
der Protest	gegen (Akk.)	Es gibt immer mehr Protest gegen staatliche Kontrolle.
die Reaktion	auf (Akk.)	Die Reaktion meines Chefs auf meine Frage war leider nicht so gut.
das Recht	auf (Akk.)	Nach dem Gesetz haben Väter ein Recht auf Elternzeit.
die Rede	über (Akk.) / *auch*: von (Dat.)	Die Rede des Betriebsrats über die neuen Arbeitszeitregeln war sehr interessant. Es war sogar von Gleitzeit die Rede.
die Schuld	an (Dat.)	Er gibt sich immer die Schuld an allem.
der Schutz	vor (Dat.)	Sonnencremes bieten Schutz vor einem Sonnenbrand.
die Sehnsucht	nach (Dat.)	Seit meinem Urlaub habe ich große Sehnsucht nach dem Meer.
die Sorge	für (Akk.)	Die Sorge für ihre kranken Eltern kostet sie viel Energie.
die Sorge	um (Akk.)	Die ständige Sorge um die eigene Gesundheit kann auch krank machen.
der Spaß	an (Dat.)	Ich habe viel Spaß an meiner Arbeit.
das Spiel	mit (Dat.) / um (Akk.)	Das Spiel mit dem Feuer kann gefährlich sein. An den Spielen um den Vereinspokal nehmen elf Mannschaften teil.
die Stimme	für (Akk.)	Bei der Betriebsratswahl gab es die meisten Stimmen für Frau Le.
der Streit	mit (Dat.) / um / über (Akk.)	Der ständige Streit mit meinem Mann über die Hausarbeit nervt mich. Jeden Abend gibt es Streit um die Fernbedienung.
die Suche	nach (Dat.)	Die Suche nach einer neuen Wohnung kann sehr anstrengend sein.
die Teilnahme	an (Dat.)	Die Teilnahme an den Vorlesungen ist Pflicht.
das Telefonat	mit (Dat.)	Das Telefonat mit der Kollegin hat nicht lange gedauert.
die Trauer	über (Akk.) / um (Akk.)	Die Trauer um ein verstorbenes Haustier kann einen Menschen sehr treffen. Die Trauer über den Tod seines Hundes traf ihn besonders hart.
der Traum	von (Dat.)	Wir konnten unseren Traum von einem eigenen Haus verwirklichen.
der Umgang	mit (Dat.)	Der Umgang mit digitalen Medien ist heutzutage selbstverständlich.
die Unterhaltung	mit (Dat.) / über (Akk.)	Die Unterhaltung mit meiner Professorin über das Thema Stress war sehr hilfreich.
die Übersetzung	aus (Dat.) / in (Akk.)	Sie macht Übersetzungen aus dem Deutschen ins Arabische.
die Ursache	für (Akk.)	Der Sturm war die Ursache für seinen Unfall.
die Verantwortung	für (Akk.)	Ich trage die Verantwortung für dieses Projekt.
das Vertrauen	in (Akk.)	Die Menschen verlieren Vertrauen in die Politik.
die Verwunderung	über (Akk.)	Es gab große Verwunderung über seine Entscheidung.
der Verzicht	auf (Akk.)	Der Verzicht auf Atomenergie ist gut für die Umwelt.
die Vorbereitung	auf (Akk.)	Eine gute Vorbereitung auf ein Bewerbungsgespräch ist sehr wichtig.
die Wahl	zu (Dat.)	Er hat die Wahl zum Bürgermeister klar gewonnen.
die Warnung	vor (Dat.)	Es gibt heute eine Warnung vor starken Gewittern.
die Wette	mit (Dat.) / um (Akk.)	Die Wette mit meiner Schwester um einen Schokoriegel habe ich verloren.
die Wirkung	auf (Akk.)	Die Wirkung von Drogen auf das Gehirn sollte man nicht unterschätzen.
die Wut	auf/über (Akk.)	Seine Wut auf seinen Chef / über die Kündigung war groß.
die Zusage	für (Akk.)	Heute habe ich die Zusage für die Wohnung bekommen.
der Zweifel	an (Dat.)	Negatives Feedback verstärkt die Zweifel an der eigenen Kompetenz.

Adjektive mit Präpositionen

Adjektiv	Präposition	Beispielsatz
(un)abhängig	von (Dat.)	Leonie möchte lieber unabhängig von der Gruppe arbeiten.
allergisch	gegen (Akk.)	Sie ist allergisch gegen Erdbeeren.
angewiesen	auf (Akk.)	Ich bin auf meine Stelle angewiesen.
ärgerlich	auf/über (Akk.)	Ich bin sehr ärgerlich auf ihn / über sein Verhalten.
beeindruckt	von (Dat.)	Ich bin von ihren Sprachkenntnissen sehr beeindruckt.
befreundet	mit (Dat.)	Mit meinem besten Freund bin ich seit der Schulzeit befreundet.
begeistert	von (Dat.)	Er ist von seinem neuen Job begeistert.
bekannt	als (Nom.)	Er ist weltweit als Schauspieler und Drehbuchautor bekannt.
beliebt	bei (Dat.)	Die Chefin ist bei ihren Mitarbeiter*innen sehr beliebt.
eifersüchtig	auf (Akk.)	Lena ist auf die Ex-Freundin ihres neuen Freundes sehr eifersüchtig.
einverstanden	mit (Dat.)	Mit der Arbeitsweise ihres Kommilitonen ist Leonie nicht einverstanden.
empört	über (Akk.)	Er war empört über die Unhöflichkeit seines Chefs.
entsetzt	über (Akk.)	Ich war entsetzt über die unhöfliche E-Mail meines Kollegen.
enttäuscht	von (Dat.)	Von der Antwort des Betriebsrats war sie sehr enttäuscht.
erfreut	über (Akk.)	Ich bin sehr erfreut über deinen Besuch.
erkrankt	an (Dat.)	Im Winter waren viele Kolleg*innen an Grippe erkrankt.
froh	über (Akk.)	Ich bin sehr froh über dein Angebot, bei dir zu wohnen.
geeignet	zu (Dat.)	Ein Hausboot ist zum Fahren eigentlich nicht geeignet.
gespannt	auf (Akk.)	Ich bin schon sehr gespannt auf die Ergebnisse der Umfrage.
glücklich	über (Akk.)	Ich bin glücklich über die Entscheidung, ausgewandert zu sein.
identisch	mit (Dat.)	Die Kopie ist identisch mit dem Original.
interessiert	an (Dat.)	Der Chef war an fairen Gehältern nicht interessiert.
müde	von (Dat.)	Er war müde von der stressigen Woche auf der Arbeit.
neidisch	auf (Akk.)	Er ist neidisch auf die Kolleg*innen, die mehr verdienen als er.
neugierig	auf (Akk.)	Ich bin neugierig auf die neuen Entwicklungen im digitalen Bereich.
skeptisch	gegenüber (Dat.)	Viele Deutsche sind skeptisch gegenüber Elektroautos.
stolz	auf (Akk.)	Meine Großmutter war stolz darauf, dass sie studiert hat.
süchtig	nach (Dat.)	Viele Teenager sind süchtig nach Likes in den sozialen Medien.
traurig	über (Akk.)	Über die Absage war ich sehr traurig.
umgeben	von (Dat.)	Der Platz ist von vielen Bäumen umgeben.
verantwortlich	für (Akk.)	Als Abteilungsleiter ist er für viele Projekte verantwortlich.
verrückt	nach (Dat.)	Timon ist verrückt nach Schokolade. Er isst jeden Tag zwei Tafeln.
wütend	auf (Akk.)	Lukas ist wütend auf seine Freundin, weil sie wenig im Haushalt macht.
(un)zufrieden	mit (Dat.)	Professor Hering ist unzufrieden mit der Diskussionskultur an der Uni.

Nomen-Verb-Verbindungen

Nomen-Verb-Verbindung	Beispielsatz
Anforderungen stellen	In ihren Job werden hohe Anforderungen an sie gestellt.
Anforderungen erfüllen	Ich erfülle die Anforderungen aus der Stellenanzeige.
etwas zum **Anlass** für etwas nehmen	Der Geschäftsführer nimmt die Betriebsfeier zum Anlass, um sich bei seinen Angestellten zu bedanken.
für etwas **Anreize** schaffen	Durch die Steuersenkungen werden Anreize für die Wirtschaft geschaffen.
etwas in **Anspruch** nehmen	Wenn man ein Kind bekommt, kann man Elternzeit in Anspruch nehmen.
Arbeitsplätze schaffen	Dank der Steuersenkungen wurden neue Arbeitsplätze geschaffen.
eine **Aufgabe** erfüllen	Der Praktikant erfüllt alle Aufgaben schnell und zuverlässig.
Aufmerksamkeit erregen	Ihr neuer Roman erregte die Aufmerksamkeit der Kritiker*innen.
etwas bei jdm. in **Auftrag** geben	Die Flyer wurden bei der Firma X-Design in Auftrag gegeben.
(sich) eine **Auszeit** nehmen	Nach der Schule habe ich (mir) eine Auszeit genommen und bin gereist.
über etwas **Bericht** erstatten	Ich muss meinem Chef täglich über das Projekt Bericht erstatten.
jdm. **Bescheid** geben/sagen	Bitte geben/sagen Sie mir Bescheid, sobald Sie mehr wissen.
über etwas **Bescheid** wissen	Weißt du schon über die neuen Deutschkurse Bescheid?
etwas im **Blick** behalten	Als Projektmanager muss er das Budget im Blick behalten.
eine **Diskussion** führen	Bei jeder Besprechung führen wir die gleichen Diskussionen. Das nervt!
jdn. unter **Druck** setzen / auf jdn. **Druck** ausüben	Die vielen Termine setzen die Kolleg*innen sehr unter Druck. Die Chefin übt Druck auf sie aus, indem sie von ihnen Überstunden verlangt.
unter **Druck** stehen	Ich habe so viel zu tun. Ich stehe bei der Arbeit unter großem Druck.
einen (guten) **Eindruck** auf jdn. machen / einen (guten) Eindruck bei jdm. hinterlassen	Die Bewerberin hat im Vorstellungsgespräch einen guten Eindruck auf den Mitarbeiter der Personalabteilung gemacht / bei dem Mitarbeiter der Personalabteilung hinterlassen.
auf etwas/jdn. **Einfluss** nehmen/ ausüben	Durch Volksabstimmungen können die Bürger*innen in der Schweiz Einfluss auf die politischen Entscheidungen nehmen/ausüben.
etwas *(Dat.)* ein **Ende** setzen	Ich nehme endlich Urlaub, um meinem Stress ein Ende zu setzen.
eine **Entscheidung** treffen	Die Bewerber*innen müssen im Assessment-Center verschiedene Alternativen diskutieren und am Ende eine gemeinsame Entscheidung treffen.
einen **Entschluss** fassen	Nach langen Überlegungen habe ich den Entschluss gefasst zu kündigen.
Erfahrungen machen	Ich habe sehr gute Erfahrungen mit dieser App gemacht.
Erfahrungen sammeln	Während ihres Austauschsemesters konnte sie viele neue Erfahrungen sammeln.
eine **Frage** beantworten	Er hat mir meine Frage leider noch immer nicht beantwortet.
eine **Frage** stellen	Entschuldigung, darf ich dir eine persönliche Frage stellen?
eine **Frist** einhalten	Wer seine Stelle kündigen will, muss die Kündigungsfrist einhalten.
eine **Frist** setzen	Im Arbeitsvertrag wird auch die Kündigungsfrist gesetzt.
die **Gefahr** besteht	Durch die Digitalisierung besteht die Gefahr, dass Arbeitsplätze verloren gehen.
auf eine **Idee** kommen	Wie seid ihr damals auf die Idee gekommen, ein Restaurant zu eröffnen?
Interesse wecken	Mit der Kampagne konnten sie das Interesse der Kunden wecken.
einen **Konflikt** lösen	Es ist nicht einfach, den Konflikt zwischen den beiden Kollegen zu lösen.
in **Kontakt** bleiben	Über die sozialen Medien können wir leichter mit anderen in Kontakt bleiben.
den **Kopf** schütteln	Auf die Frage, ob er Zeit habe, schüttelte er den Kopf.
in **Kraft** setzen	Durch das Veto der USA konnte der Vertrag nicht in Kraft gesetzt werden.
in **Kraft** treten	Damit er in Kraft treten kann, gibt es neue Verhandlungen.
einen **Kredit** aufnehmen	Wir mussten einen Kredit aufnehmen, um das Restaurant eröffnen zu können.
Kritik an etwas/jdm. äußern/üben	Die Studierenden haben Kritik an den Themen des Seminars geäußert/geübt.
in der **Lage** sein	Durch die digitalen Medien sind wir in der Lage, schneller zu kommunizieren.
auf dem **Laufenden** bleiben	Ich nutze die sozialen Medien vor allem, um über das aktuelle politische Geschehen auf dem Laufenden zu bleiben.
ein (gutes) **Leben** führen	Sie führen ein glückliches und erfülltes Leben.
Leistungen erbringen	Im Beruf wird erwartet, dass man höchste Leistungen erbringt.
eine **Lösung** finden	Wir müssen schnell eine Lösung für das Problem finden.
Maßnahmen[1] treffen	In den Fabriken werden Sicherheitsmaßnahmen getroffen.
eine **Meinung**[2] teilen	In diesem Punkt teile ich Ihre Meinung nicht.
eine **Meinung**[2] vertreten	Er vertritt die Meinung, dass Online-Shopping viele Nachteile hat.
zur **Miete** wohnen	Sie wohnt zur Miete in einer kleinen Wohnung.

[1] genauso: *Vorkehrungen*; [2] genauso: *die Ansicht / die Auffassung / den Standpunkt*; [3] genauso: *eine Hypothese*

im **Mittelpunkt** stehen	Er ist eher zurückhaltend und steht nicht gern im Mittelpunkt.
sich **Mühe** geben	Ich habe mir viel Mühe mit meiner Masterarbeit gegeben.
Neugier wecken	Die Rezension hat meine Neugier auf das Buch geweckt.
eine **Perspektive** einnehmen	Als Coach muss er die Perspektive seiner Klient*innen einnehmen.
Potenziale ausschöpfen	Selbstoptimierung bedeutet, alle Potenziale voll auszuschöpfen.
eine **Präsentation** halten	Sie hat eine Präsentation über eine neue Entspannungs-App gehalten.
ein **Problem** lösen	Die Umweltprobleme müssen schnell gelöst werden.
(ein) **Protokoll** führen	Sie führt regelmäßig bei den Vereinssitzungen Protokoll.
ein **Referat** halten	In meinem Seminar werde ich ein Referat über Körpersprache halten.
sich an die **Regeln** halten	Im Straßenverkehr muss man sich an die Regeln halten.
einen **Rekord** aufstellen	Mit dem Flyboard hat der Erfinder einen Weltrekord aufgestellt.
ein **Risiko** eingehen	Ich will mich selbstständig machen. Natürlich gehe ich damit auch ein großes Risiko ein.
eine (wichtige/große) **Rolle** spielen	Ein guter Lebenslauf spielt bei der Bewerbung eine wichtige Rolle.
sich (nicht) aus der **Ruhe** bringen lassen	Obwohl das Projekt sehr stressig ist, lässt sie sich nicht aus der Ruhe bringen.
zur **Ruhe** kommen	Sie macht regelmäßig Yoga, um nach der Arbeit zur Ruhe zu kommen.
sich zur **Ruhe** setzen	Nach 40 Jahren Berufsleben setzt sie sich jetzt zur Ruhe.
jdn. auf den neuesten/letzten/ aktuellen **Stand** bringen	Könnten Sie die Kolleg*innen bitte auf den neuesten Stand bringen, wie weit die Planung des Kulturfestivals ist?
zu etwas **Stellung** nehmen/ beziehen	Die Diskussionsteilnehmer*innen haben zu den verschiedenen Argumenten Stellung genommen/bezogen.
eine **These**[3] aufstellen	Hans Rosling stellte die These auf, dass unser Weltbild zu negativ ist.
im **Trend** liegen	Wandern und Klettern liegen bei gestressten Großstädtern voll im Trend.
den **Überblick** behalten	Das Projekt ist komplex. Es ist schwer, den Überblick zu behalten.
jdn. in **Verlegenheit** bringen	Mit der Frage nach der Höhe seines Gehalts hat sie ihren Kollegen in Verlegenheit gebracht.
einen **Vertrag** abschließen	Sie hat einen Vertrag mit ihrem Geschäftspartner abgeschlossen.
sich an die **Vorschriften** halten	Sie können nicht einfach Feierabend machen, wann Sie wollen! Sie müssen sich an die Vorschriften halten!
zur **Verfügung** stehen	Für die Konferenz steht Ihnen ein Raum mit Beamer zur Verfügung.
einen **Vortrag** halten	Auf der Tagung wurde ein Vortrag über das Thema Burnout gehalten.
sich zur **Wahl** stellen	Für den Betriebsrat haben sich 15 Kandidaten zur Wahl gestellt.
zur **Welt** kommen	Letztes Jahr ist unsere Tochter zur Welt gekommen.
jdm. das **Wort** geben	Die Moderatorin gibt dem Gast das Wort.
jdm. ins **Wort** fallen	Bitte unterbrechen Sie mich nicht! Sie fallen mir immer ins Wort.
sich bei/für etwas **Zeit** lassen	Diese Aufgabe ist nicht dringend. Sie können sich dabei/dafür gern Zeit lassen.
sich für etwas/jdn. **Zeit** nehmen	Ich nehme mir leider viel zu wenig Zeit für meine Hobbys.

Quellen

Bildquellen

Cover: *Illustration* Carlo Stanga; *Smartphone mit Hand* Shutterstock.com/blackzheep; *Menschen vor einem Bild der East Side Gallery* LOOK-foto/Rainer Martini; **S. 3** *links* Apple, and the Apple logo are trademarks of Apple Inc., registered in the U.S. and other countries and regions. App Store is a service mark of Apple Inc.; *Mitte* Google Ireland Ltd.; *rechts* Cornelsen/ Raureif; **S. 12/S. 13:** Carlo Stanga; **S. 13** *Hintergr. Notizzettel* Shutterstock.com/Feng Yu **S. 14** Shutterstock.com/Dudarev Mikhail; **S. 16** *oben rechts* Shutterstock.com/Rocketclips, Inc., *Mitte links* Shutterstock.com/Dean Drobot; *unten links* Shutterstock.com/Lipik Stock Media; **S. 18** *A* Shutterstock.com/michaeljung; *B* stock.adobe.com/Marek Brandt/Sinuswelle; *C* Shutterstock.com/Olena Yakobchuk; **S. 20** *Hintergr.* Shutterstock.com/Kazyavka; **S. 21** *Hintergr. unten* Shutterstock.com/Kazyavka; **S. 24** *1* Shutterstock.com/Dudarev Mikhail; *2* Shutterstock.com/Strahil Dimitrov; *3* Shutterstock.com/sezer66; *4* Shutterstock.com/Chess Ocampo; *5* Shutterstock.com/wavebreakmedia; *6* Shutterstock.com/Bogdan Sonjachnyj; *7* Shutterstock.com/Ammit Jack; *8* Shutterstock.com/Sky Antonio; **S. 26** *1* Shutterstock.com/De Repente; *2* Shutterstock.com/Simon Annable; *3* Shutterstock.com/gpointstudio; *4* Shutterstock.com/Dietrich Leppert; *5* Shutterstock.com/Kanashkin Evgeniy; *6* Shutterstock.com/kurhan; **S. 29** *A* Shutterstock.com/mimagephotography; *B* Shutterstock.com/ESB Professional; **S. 30** *a* Cornelsen/Bianca Schaalburg (Illustration)/ Shutterstock.com/Undrey; *b* Cornelsen/Bianca Schaalburg (Illustration)/ Shutterstock.com/Paul.J.West; *c* Cornelsen/Bianca Schaalburg (Illustration)/ Shutterstock.com/terekhov igor; *d* Cornelsen/Bianca Schaalburg (Illustration)/ Shutterstock.com/romakoma; **S. 32** *1* Shutterstock.com/Monkey Business Images; *2* Shutterstock.com/Jacob Lund; *3* Shutterstock.com/Monkey Business Images; *4* Shutterstock.com/Photographee.eu; **S. 33** Shutterstock.com/Robert Kneschke; **S. 35** *Mitte* Shutterstock.com/Rido; *Haus* Shutterstock.com/runzelkorn; *Büro* Shutterstock.com/Rawpixel.com; *Kleinkinder* Shutterstock.com/Standret; *Fitnessutensilien* Shutterstock.com/Mariiaa; *Geldbündel* Shutterstock.com/Ewa Studio; *Koffer* Shutterstock.com/OlegDoroshin; *Geschäftsführung* Shutterstock.com/Leszek Glasner; *Tropenstrand* Shutterstock.com/icemanphotos; *Strandparty* stock.adobe.com/djile; *Puzzle* Shutterstock.com/nito; **S. 36** *links* Shutterstock.com/fizkes; *rechts* Shutterstock.com/Antonio Guillem; **S. 38** Shutterstock.com/AlessandroBiascioli; **S. 39** Wikimedia Foundation; **S. 40** *von links nach rechts: 1* Shutterstock.com/Stokkete; *2* Shutterstock.com/Monkey Business Images; *3* Shutterstock.com/dotshock; **S. 42** Shutterstock.com/Antonio Guillem; **S. 44** Shutterstock.com/wavebreakmedia; **S. 46** Nathalie Abendroth Scherf; **S. 48** *oben rechts* Shutterstock.com/Dean Drobot; *Mitte* Shutterstock.com/Dev_Maryna; **S. 53** *1* Cornelsen/Bianca Schaalburg (Illustration)/ Shutterstock.com/Pressmaster; *2* Cornelsen/Bianca Schaalburg (Illustration)/ Shutterstock.com/WorldWide; *3* Cornelsen/Bianca Schaalburg (Illustration)/ Shutterstock.com/DC Studio; **S. 54** *Mitte links* Shutterstock.com/Y Photo Studio; **S. 55** *A* Shutterstock.com/Rawpixel.com; *B* Shutterstock.com/DisobeyArt; **S. 56** Shutterstock.com/Yuricazac; **S. 60** *unten rechts* dpa Picture-Alliance/Bernd Settnik; **S. 62** *1* Shutterstock.com/Ysbrand Cosijn; *2* Shutterstock.com/Dean Drobot; *3* Shutterstock.com/Jakapong Paoprapat; *4* Shutterstock.com/Odua Images; *5* Shutterstock.com/Jonas Petrovas; *6* Shutterstock.com/mervas; *7* Shutterstock.com/wavebreakmedia; *Hintergr.* Shutterstock.com/Billion Photos; **S. 64** *a* Shutterstock.com/stockfour; *b* Shutterstock.com/Agata Kowalczyk; *c* Shutterstock.com/StepanPopov; **S. 65** *Hintergr. oben* Shutterstock.com/Feng Yu; **S. 66** *a* Shutterstock.com/Factory_Easy; *b* Shutterstock.com/julius fekete; *c* Shutterstock.com/Mark Agnor; *d* Shutterstock.com/OFC Pictures; *e* Shutterstock.com/Maxim Burkovskiy; *f* Shutterstock.com/Bildagentur Zoonar GmbH; *Hintergr. unten* Shutterstock.com/Feng Yu; **S. 67** *Daumen* Shutterstock.com/krzysmam; *Hintergr. oben* Shutterstock.com/Feng Yu; **S. 68** *oben rechts* Marc Elsberg, BLACKOUT. Morgen ist es zu spät © 2012 Blanvalet Verlag, München, in der Verlagsgruppe Random House GmbH; *Hintergr. unten* Shutterstock.com/Kazyavka; **S. 71** Shutterstock.com/Matej Kastelic; **S. 74** *a* Shutterstock.com/frescomovie; *b* stock.adobe.com/Kim Marston/Kim; *c* Shutterstock.com/Smolina Marianna; *d* Shutterstock.com/Andromed; *e* Shutterstock.com/Olena Andreychuk; *f* Shutterstock.com/HUANG Zheng; *g* Shutterstock.com/De Visu; *h* Shutterstock.com/Paul.J.West; *Hintergr.* Shutterstock.com/Pavel Abramov; **S. 76** *Gehirn* Shutterstock.com/Jolygon; **S. 78** *von links nach rechts: 1* Interfoto/Bluebird; *2* Bridgeman Images/SZ Photo/Sammlung Megele/ca. 1876, Fotograf unbekannt; *3* Bridgeman Images; *4* Imago Stock & People GmbH/ZUMA/Keystone; **S. 79** *A* Bridgeman Images/SZ Photo/Sammlung Megele/ca. 1876, Fotograf unbekannt; *B* Bridgeman Images; *C* Imago Stock & People GmbH/ZUMA/Keystone; **S. 80** Init/Jérôme Tabet; **S. 82** *Pins* Shutterstock.com/picoStudio; *a* dpa Picture-Alliance/AP Photo; *b* Interfoto/Friedrich; *c* Shutterstock.com/Arsgera; *d* Shutterstock.com/An Vino; *e* Shutterstock.com/S.Bachstroem; *f* Interfoto/Sammlung Rauch; *g* Shutterstock.com/Castleski; *h* akg-images/Heritage-Images/Keystone Archives; *Korkwand* Shutterstock.com/taviphoto; **S. 83** *Hintergr.* Shutterstock.com/Feng Yu; **S. 86** *1* Shutterstock.com/AYA images; *2* Shutterstock.com/Corinna Haselmayer; *3* Shutterstock.com/Monkey Business Images; *4* Shutterstock.com/rainbow777; *5* Shutterstock.com/Mario Hoesel; *6* dpa Picture-Alliance/APN; **S. 92** *1* Shutterstock.com/Ashihara; *2* Shutterstock.com/Peter Gudella; *3* Shutterstock.com/SRj Photo Gallery; *4* Shutterstock.com/rsooll; *5* Shutterstock.com/Pushish Images; *6* Shutterstock.com/Pavel Ignatov; *7* Shutterstock.com/Andrey_Kuzmin; *8* Shutterstock.com/Kruglov_Orda; *9* Shutterstock.com/VioNetta; *10* Shutterstock.com/ShutterStockStudio; *11* Shutterstock.com/Donald A.Katchusky; **S. 94** Shutterstock.com/studiostoks; **S. 96** *von links nach rechts: 1* Shutterstock.com/The Art of Pics; *2* Shutterstock.com/AJR_photo; *3* Shutterstock.com/Page Light Studios; **S. 100** Shutterstock.com/MR Gao; **S. 101** *Kühlschrank* Shutterstock.com/Mile Atanasov; *Mann* Shutterstock.com/Khosro; **S. 102** *Weltkarte* stock.adobe.com/agrus; *Fußabdrücke* stock.adobe.com/SDuggan; **S. 104** *Korkwand* Shutterstock.com/taviphoto; *Pins* Shutterstock.com/picoStudio; *Schokocreme* Shutterstock.com/Jiri Hera; *Einkaufswagen* Shutterstock.com/William Potter; *Gummibären* Shutterstock.com/Nataly Studio; *Stuhl* Shutterstock.com/Vadym Andrushchenko; *Schokolade* mauritius images/emotive images; *Zeitungshintergr. unten* Shutterstock.com/Feng Yu; **S. 105** *Zeitungshintergr.* Shutterstock.com/Feng Yu; **S. 108** *a* Shutterstock.com/LightField Studios; *b* Shutterstock.com/szefei; *c* Shutterstock.com/Luis Santos; *d* Shutterstock.com/Mangostar; **S. 110** *1* Shutterstock.com/UfaBizPhoto; *2* Shutterstock.com/Monkey Business Images; *3* Shutterstock.com/LightField Studios; *4* Shutterstock.com/GaudiLab; *5* Shutterstock.com/Halfpoint; *6* Shutterstock.com/Chutimun Kasun; *7* Shutterstock.com/Pawel Jablo; *8* Shutterstock.com/Dragana Gordic; **S. 113** *A* Shutterstock.com/Monkey Business Images; *B* Shutterstock.com/eakkachai halang; *C* Shutterstock.com/SFIO CRACHO; **S. 114** *Emoticon* Shutterstock.com/Cosmic_Design; *Mann* Shutterstock.com/Dean Drobot; **S. 116** *Hintergr. Buchseite* Shutterstock.com/Kazyavka; **S. 117** *Hintergr. Buchseite* Shutterstock.com/Kazyavka; **S. 118** *Zeitungshintergr.* Shutterstock.com/Feng Yu; *Gebäude* Shutterstock.com/Pixachi; **S. 119** *oben* Shutterstock.com/Chubarova Iryna; *Mitte* Shutterstock.com/LEKSTOCK 3D; *unten* Shutterstock.com/GP Studio; **S. 122** dpa Picture-Alliance/JORGEN HILDBERANDT/TT NEWS AGENCY/Jorgen Hildebrandt; **S. 124** Shutterstock.com/MattLphotography; **S. 126** *Hintergrund A* Shutterstock.com/mapman; *Hintergrund B* Shutterstock.com/katatonia82; **S. 129** Shutterstock.com/Cosmic_Design; **S. 132** *a* Von Tobias Jung [CC BY-SA 4.0 (http://creativecommons.org/licenses/by-sa/4.0)], via kartenprojektionen.de; *b* By Tobias Jung [CC BY-SA 4.0 (http://creativecommons.org/licenses/by-sa/4.0)], via kartenprojektionen.de; *c* Shutterstock.com/Bardocz Peter; **S. 134** *Buch* Shutterstock.com/Becky Starsmore; *Theater* Shutterstock.com/aerogondo2; *Pyramiden* Shutterstock.com/WitR; *Familie vor Fernseher* Shutterstock.com/Lisa-S; *Notenblatt* Shutterstock.com/Wongsiri Subhayon; *Laptop* Shutterstock.com/13_Phunkod; *Höhlenmalerei* Shutterstock.com/Dmitry Pichugin; *Bücher* Shutterstock.com/Billion Photos; *alte Fotos* Shutterstock.com/Hank Frentz; **S. 136** *links* Shutterstock.com/Suti Stock Photo; *Mitte* Shutterstock.com/Valery Rybakow; *rechts* Shutterstock.com/Kellis; **S. 139** Shutterstock.com/13_Phunkod; **S. 142** *Archiv* Shutterstock.com/WiP-Studio; *Server* Shutterstock.com/wavebreakmedia; *mobile Festplatten* Shutterstock.com/TK 1980; *DNA-Molekül* Shutterstock.com/vchal; *Hieroglyphen* mauritius images/alamy stock photo/Zoonar GmbH; *Mikrofilm* stock.adobe.com/Dominique BIDON/Dominique; *Martin Kunze* Memory of Mankind/WERNER DEDL; **S. 143** Memory of Mankind/WERNER DEDL; **S. 144** *Zeitungshintergr.* Shutterstock.com/Feng Yu; *Solaranlage* Shutterstock.com/abriendomundo; **S. 146** *Boarding Pass* Shutterstock.com/M.Stasy; *Buch im Bad* Shutterstock.com/Roberta Gerosa; *Schlagzeuger* Shutterstock.com/Gorodenkoff; *Kürbisauflauf* Shutterstock.com/Cesarz; *Gutschein* Shutterstock.com/mythja; *Tisch mit Weinflasche* Shutterstock.com/Twin Design; *Segelboot* Shutterstock.com/RENEE' JORDAN; **S. 152** *Zeitungshintergr.* Shutterstock.com/Feng Yu; **S. 153** *Zeitungshintergr.* Shutterstock.com/Feng Yu; **S. 154** Shutterstock.com/Dan Rentea; **S. 155** Shutterstock.com/Cosmic_Design; **S. 156** *USB-Stick* Shutterstock.com/Anton Starikov; *Stabhochspringer* Shutterstock.com/mezzotint; *Smartphone* Shutterstock.com/octdesign; *Seil* Shutterstock.com/CapturePB; *Notizblock* Shutterstock.com/Macrovector; *Kreiszeichen in Smartphone* Shutterstock.com/retro67; *Glühbirne* Shutterstock.com/Billion Photos; *Feuerwerk* Shutterstock.com/Botond Horvath; *Fernglas* Shutterstock.com/zendograph; *Ballon* Shutterstock.com/Fosin

Textquellen

S. 20, 21 Kurt Tucholsky. Gesammelte Werke, Anaconda Verlag GmbH, Köln 2018; **S. 68** Marc Elsberg, BLACKOUT. Morgen ist es zu spät © 2012 Blanvalet Verlag, München, in der Verlagsgruppe Random House GmbH; **S. 80** Tammet, Daniel: Wolkenspringer. Aus dem Englischen von Maren Klostermann. München, Piper 2010, Taschenbuchausgabe, S. 2, Klappentext / Düsseldorf, Patmos 2009, gebundene Ausgabe; **S. 83** Songreiter Musikverlag Alexander Zuckowski bei Budde Music Publishing GmbH; Universal Music Publishing GmbH, Berlin; Wintrup Musikverlag Walter Holzbaur, Detmold/Robin Grubert; Dominik Republik; Mark Tavassol; Henrik Trevisan; Peter Trevisan; Alexander Zuckowski; **S. 122** *Testfrage rechts oben* Testfrage von: Gapminder.org; „Free videos from www.gapminder.org"; URL: https://forms.gapminder.org/s3/test-2018; lizenziert unter Creative Commons CC BY 4.0; Original wurde auf Deutsch übersetzt; **S. 116, 117** „Heinrich Böll. Werke. Kölner Ausgabe. Bd. 12. 1959-1963" Herausgegeben von Robert C. Conrad © 2008, Verlag Kiepenheuer Witsch GmbH Co. KG, Köln

WEITBLICK
Das große Panorama

Deutsch als Fremdsprache
Kursbuch B2

Im Auftrag des Verlages erarbeitet von
Nadja Bajerski, Claudia Böschel, Julia Herzberger, Dr. Elisabeth Lazarou, Dr. Hildegard Meister, Anne Planz, Matthias Scheliga sowie Ulrike Würz (Phonetik)

In Zusammenarbeit mit der Redaktion: Claudia Groß, Alexandra Lemke, Jacolien de Vries
Konzeptentwicklung: Claudia Groß, Andrea Mackensen
Redaktionelle Mitarbeit: Katerina Chrástová
Redaktionsleitung: Gertrud Deutz

Beratende Mitwirkung: May Asali (Amman), Dr. Renata Asali (Amman), Prof. Dr. Maureen Maisha Auma (Berlin/Stendal), Evangelos Koukidis (Athen), Cristina Maciel (Mexiko-Stadt), Andrea Rohde (Stuttgart)

Umschlaggestaltung: Rosendahl Berlin, Agentur für Markendesign
Layout und technische Umsetzung: Klein & Halm Grafikdesign, Berlin
Illustrationen: Bianca Schaalburg (S. 30, 53), Tanja Székessy (S. 21, 50, 52, 59, 60, 72, 77, 84, 90, 92, 98, 107, 116, 128, 140, 141, 150, 152), Carlo Stanga (Umschlag; S. 12+13)

Soweit in diesem Lehrwerk Personen fotografisch abgebildet sind und ihnen von der Redaktion fiktive Namen, Berufe, Dialoge und Ähnliches zugeordnet oder diese Personen in bestimmte Kontexte gesetzt werden, dienen diese Zuordnungen und Darstellungen ausschließlich der Veranschaulichung und dem besseren Verständnis des Inhalts.

Wir bedanken uns bei der Deutschen Welle für die freundliche Genehmigung des Videos in der Einheit 9 (S. 113).

Made for minds.

www.cornelsen.de

Die Webseiten Dritter, deren Internetadressen in diesem Lehrwerk angegeben sind, wurden teilweise von Cornelsen mit fiktiven Inhalten zur Veranschaulichung und/oder Illustration von Aufgabenstellungen und Inhalten erstellt. Alle anderen Webseiten wurden vor Drucklegung sorgfältig geprüft. Der Verlag übernimmt keine Gewähr für die Aktualität und den Inhalt dieser Seiten oder solcher, die mit ihnen verlinkt sind.

1. Auflage, 1. Druck 2020

Alle Drucke dieser Auflage sind inhaltlich unverändert und können im Unterricht nebeneinander verwendet werden.

Druck: Mohn Media Mohndruck, Gütersloh

ISBN 978-3-06 120885-1 (Kursbuch)
ISBN 978-3-06-121345-9 (E-Book)
ISBN 978-3-06-122516-2 (E-Book auf BlinkLearning)

PEFC zertifiziert
Dieses Produkt stammt aus nachhaltig bewirtschafteten Wäldern und kontrollierten Quellen.
www.pefc.de

PEFC/04-31-1033